靈魂的旅程

Journey of Souls

by Dr. Michael Newton

獻給 Peggy，我所深愛的妻子與靈魂伴侶

除了我妻子無可限量的幫忙之外，特別要感謝 Norah Mayper、John Fahey，以及所有花時間鼓勵我並給予編寫建議的人們。另外，感謝書中提及的所有當事人，由於他們的毅力並允許我一同體驗其心路歷程，這個研究才得以完成。

目　錄

你將認識這隱藏中的國度，
那是所有靈魂的居所；
經由迷霧般死亡的來臨，
這段旅程於焉展開；
在無止盡的行程中，
確實舞動著一道引領的光芒；
意識中早已遺忘的記憶，
卻於追溯中歷歷在目。

M.N.

前　言

　　你害怕死亡嗎？想知道死後會發生什麼事情嗎？你的靈魂是否有可能來自其他地方，而當身軀死後又回去了呢？或者，這只是因為你害怕而心生的企望？

　　這是人類異於地球萬物所獨有的矛盾。人必須抑制對死亡的恐懼才能過正常的生活。然而基於生物的本能，我們從未忘掉這個生命終極的危機。隨著年齡的增長，死亡的幽靈也在我們的意識裡成長，即使是宗教的信徒也會害怕死亡是存在的盡頭。我們對死亡的最大恐懼來自死亡所代表的空無，從此結束了我們與親友的所有連結；死亡使我們在人世間所做的一切徒勞無功。

　　如果死亡是我們所有事物的終點，那麼人生的確是無意義的。但是無論如何，我們心中總有某種力量，讓我們去想像來世，並且感受到與另一個更高深力量、甚至是永恆靈魂的連結。如果我們真的有靈魂，那麼死後它去了哪裡？在有形的宇宙之外，真的有滿是聰慧靈魂存在，如天堂般的地方嗎？它會是什麼樣子的呢？我們若是到了那裡能做什麼？有任何神負責管理這個天堂嗎？這些問題就跟人類自開天闢地以來般源遠流長，對大多數人而言至今依然成謎。

對多數人來說，死後生命之謎的真正答案仍受封於靈界之門；這是因為我們意識中內建的失憶功能，磨滅了辨認自身靈魂的能力，以便協助靈魂與人類的大腦結合。近幾年來，大眾普遍聽說過那些經歷了暫時死亡的人，又會回到世間來告訴我們：他們看見一條長長的隧道、亮光，甚至遇見友善的靈魂們；但是這些關於轉世之類的書所提及的敘述中，對於死後世界的描述最多僅是驚鴻一瞥，無法讓我們更明瞭死後的生活。

本書是關於靈界深入的記載，不僅提供一系列真實的案例，其中更詳述當我們在地球的生命結束後會發生什麼事。你將被帶領穿過靈界的隧道，步入靈界裡，親自去瞭解當靈魂再次轉世到地球前，究竟揭露了哪些祕密。

我天生是個懷疑論者，雖然在這本書裡或許看不出來。身為一個輔導者和催眠師，我的專長在於精神失序患者的行為矯正。我的工作有極大部分是在重組患者的短期認知力，幫助他們連結思想與情緒以激勵其健康的行為。基於我個人認為沒有任何精神問題是虛構的前提下，我和他們一起探究他們所相信的意圖、行動和後果。

在我早期的治療經驗中，由於我實習時接受的傳統治療訓練，我拒絕當事人想要回溯前世的要求。之後，當我運用催眠和回溯年代的技巧去判斷擾亂記憶和童年精神創傷的起源時，我還是覺得任何想回溯前世的意圖都是非正統、也非醫療性質的。我對於轉世和玄學的興趣，一直以來只不過是基於知識方面的好奇而已，直到我為了要治療一個年輕男子如何去調適身體的痛楚時，才有所改變。

這位當事人抱怨他身體右側的長期性疼痛。催眠裡有一項管理疼痛的方法，即是引導當事人去感受更劇烈的疼痛，藉此學習如何減輕疼痛的感覺，進而得以控制疼痛。有一回治療過程中，

我運用了這種增強疼痛的方式,這男子以被刺傷的比喻來形容自己所受的痛苦;為了尋找他此種疼痛的根源,我後來發現他的前世是參與第一次世界大戰中的軍人,他在法國被刺刀所殺,結果這個發現得以解除他所有的痛楚。

由於患者們的鼓勵,我開始試著引導一些人回到更早的時光,也就是他們出生之前。原先我以為當事人對於現今的需求、信念和恐懼會重新整合成某種幻想;然而很快我便發覺,一旦喚起深藏在心底的記憶,那一連串與我們緊密結合的浮光掠影,真實到無法忽略其真實性。我變得重視這個連結身軀、前世所經歷事件和現今身分三者之間的重要性,尤其是在治療方面。

然後,我偶然有個極大的發現。我發現透過被催眠者的心靈之眼,可以看清楚靈界,被催眠者還能回報他們每回轉世到地球前,在靈界所經歷的生活。

開啟我進入靈界之門的是一名中年女子的案例。她是個特別容易接受催眠觀念的人。回溯過最近一個前世的那種微妙階段後,她一直告訴我她感到寂寞和孤立,接著這名不尋常的當事人幾乎憑藉己力,迅速進入意識轉換後的最深沉狀態。我建議她去尋求找不到同伴那種失落感的源頭,在我自己尚未察覺對這行動所下的指令太過簡短的同時,我無意間用了一個喚醒靈性的關鍵語。我還問她是否有一群特別想念的朋友。

突然間,她開始哭泣。當我要她告訴我哪裡不對勁的時候,她脫口而出說:「我想念那群人中的幾個朋友,所以才會在地球上感到如此寂寞。」我聽得有點糊塗,進一步問她是否知道那群朋友到底在哪裡。「在這裡,我永遠的家。」她回答得很簡單:「我現在正看著他們所有的人!」

結束後,我又聽了一遍她的錄音帶。我體認到若是擴展回溯前世的方式,有助於探索靈界。坊間有許多談論前世的書,但是

我還沒看過一本提到當我們是靈魂時的生活，或是如何適切地去獲得人們對於靈界的記憶。我於是決定自己從事這方面的研究。藉由練習，我的技巧亦突飛猛進，足以透過當事人進入靈界。我還學習到比起回溯每一世投胎到地球的生活，發覺自己在靈界佔有一席之地更具意義。

　　然而怎樣透過催眠接觸到靈魂呢？不妨想像我們的心靈就像三個同心圓，由小而大環環相繞，每個圈圈之間是以心靈意識來連結。最外面的一層是我們理智的心靈，也就是判斷和分析的來源。第二層是潛意識，也就是透過催眠所喚出來的記憶，儲藏了我們此生和前世的經歷。第三層，也就是最裡面的核心，便是我所謂的超意識；這一層讓我們的本性曝了光，在此我們是以更有力量的方式展現。

　　超意識是我們本性的所在，並且藉由潛意識而增值，因為潛意識容納了許多隨累世身體而累積變化的自我意識。超意識不見得是一個境界，卻是靈魂的本性。超意識象徵我們智慧與意念的最高中心，我所有關於死後生活的資料便是來自這聰慧的能源。

　　運用催眠發掘真相的準確性到底有多高？在催眠狀態下的人們並不是在夢中，或是產生了幻覺。人們並不會按照年代順序來作夢，也不會在被引導的催眠狀態下產生幻覺。催眠狀態下當事人的腦波會從清醒的貝塔(Beta)狀態，持續減低震動而至冥想般的阿法(Alpha)狀態，然後到達賽塔(Theta)範圍的各種境界。賽塔是催眠狀態，而非睡眠。當我們睡著時，進入的是最後的達塔(Delta)階段，此時來自大腦的訊息便會掉進潛意識裡，藉由夢境釋放出來。在賽塔的階段，我們的意識並非毫無知覺，因此得以在所有記憶管道開放的情況下，收發訊息。

　　一旦進入催眠狀態，人的下意識會逐字記錄所看見的景象和聽到的對話。當事人在回答問題時無法說謊，但是有可能會誤解

下意識的所見所聞，就如同意識清醒時會發生的情況一樣。在催眠狀態下，人們對於自己不相信的事，就算親眼見到了，還是難以讓自己信服。

有人批評說，被催眠的人會為了迎合催眠師所提議的理論架構，而去捏造記憶或產生偏頗的回答，我認為如此一概而論是不對的。在我工作的時候，我看待每個案例就像初次聽聞一般。就算當事人能夠克服催眠的程序，卻蓄意建立對靈界的幻想，或對死後的生活抱有天馬行空的假想，我也能很快發現這些回答和其他案例不一致。我學到一開始便小心盤問的重要性。沒有任何證據顯示，有人會虛構自己的體驗來取悅我。事實上，催眠狀態下的當事人從不曾猶豫來指正我誤解了他們的敘述。

當我的案例增多，我經由錯誤和試驗發現依照適當的順序和措辭去詢問關於靈界的方法。處於超意識狀態下的當事人，並不會很主動地提供靈界中靈魂生活的概括。特定的門還需要特定的一組鑰匙。總之，既然曉得催眠過程中何時該去打開某扇門，我也能以嫻熟的技巧進入腦中的記憶體，以便到達靈界的不同地帶。

當我對各個階段的掌控越來越有信心之後，也有越來越多的人意識到我不介意這類話題，進而願意跟我討論對於來世的看法。在我的案例中，有些當事人對宗教非常虔誠，也有一些人對靈魂這類事沒有特別的信念，多數人則界於之間中立的立場，頂多持有個人哲學的包袱。當我更深入研究後，最令我震驚的是一旦當事人回到身為靈魂的狀態下，他們對於有關靈界問題的回答，出乎意料的一致，甚至用一模一樣的口頭禪和圖象描述靈界的生活。

即使如此，我並沒有因為這麼多的同質性而停止鑽研。我繼續嘗試去證實當事人對於靈魂參與特殊活動的敘述。有些案例的敘述存有較多的差異，但那多半由於靈魂境界的發展關係，而非當事人因為本身角度的不同，看待靈界的方式也不一樣的緣故。

　　這項研究的進展其實慢得令人痛苦，但是隨著案例逐漸增加，關於靈魂所在之永恆世界的雛型於焉形成。我發現關於靈界的想法與地球上人類對於宇宙定律的信念息息相關。這些由許多不同類型的人所組成的觀點，得以說服我去相信他們的陳述。我並沒有特定的宗教信仰，但是我發現人死後去的地方是一個井然有序的場所，也因此不由得感謝這個關於生命和靈界的宏偉設計。

　　當我思索展現研究成果的最好方式時，我決定直接以個別案例的陳述，讓讀者評估當事人回想靈界的過程。我選了幾個代表性的案例，其中有我和當事人之間的對話。案例裡的證言都是從我催眠中的錄音帶擷選出來的。本書並不是要以當事人的前世作為主要內容，而是記載與每一世相關的靈界經歷。

　　對於那些難以接受非物質性靈魂之觀念的讀者來說，頭幾章所提到的案例解釋了靈魂如何存在，以及他們活動的方式。因為版面有限，又為了給讀者一個循序之靈魂活動的介紹，因此或多或少簡化了每個案例。本書的章節排列方式是為了呈現靈魂從進入到離開靈界的一般程序，同時結合其他有關靈魂的資訊。

　　我從眾多當事人身上進行長達十年之久的蒐集與研究，以便瞭解靈魂自死後到下一回轉世之間的行程。起初，我很訝異有些人即使經歷過無數次轉世，他們對於靈界的部分生活卻記得的比前幾世的投胎經歷還清楚。然而基於某些原因，書中的當事人沒有一個記得起靈魂活動的完整年表；有些靈界的生活方式對他們來說歷歷在目，也有些是模糊不確定的。我發現，即使透過這二十九個案例，還是無法提供讀者我所蒐集到關於靈界的全面訊息，於是在這二十九個案例之外，我還補充了細節。

　　有些讀者可能會認為，我在一些案例裡所提出的問題太過強求，但是在催眠中，緊盯住當事人的思維是必要的，尤其在追溯靈界這範圍的主題時，有助於擷取資訊的追問遠比在回憶前世時

還重要。在催眠過程中，多數人的思緒比較喜歡跟著所看到的有趣情景遊走。當事人通常要我停止說話，好讓他們不用回報所見所聞，而以靈魂的身分去欣賞過去的經歷。我試著溫和對待而不過度干涉，但是每個案例通常長達三個小時之久，仍有許多事情有待發掘，結果千里迢迢來找我催眠的人常因此回不了家。

　　每當催眠結束後，看著當事人臉上詫異的表情，我會覺得做了一件有價值的事。對於我們這些有機會真正看到自身永恆靈魂的人來說，我們因此自我瞭解得更透徹，也更具備與身俱來的生命力量。在叫醒當事人之前，我常會灌輸他們適當的事後建議性記憶。對這些人來說，同時擁有靈界生活方式的記憶和世間的實質存在，給予他們生活更強烈的方向感和能量。

　　最後，我必須說的是，你將讀到的內容可能對你既有的死亡觀點造成一大衝擊。本書所呈現的內容或許會牴觸你的哲學信念或宗教信仰，也會有讀者發現自己的信仰獲得佐證。所有案例提供的訊息將是主觀的故事，類似科幻小說。不論你信仰什麼，假使我的當事人所說的死後世界是正確的，希望你能沉思其中對人性的涵義。

第**1**章

死亡與離去

◎案例1◎

當事人(人)：天啊！我不是真的死了吧？我死了嗎？我的意思是，我的身體是死了──我看得到它在下面，而我正漂浮著……我可以往下看，看見自己的身體正平穩地躺在醫院的床上，周圍的人都以為我死了，但我並沒有死。我想大喊，嘿！我並沒有真的死了！這實在令人難以置信……護士們正用褥單蓋過我的頭……所有我認識的人都在哭。理論上我應該死了，但我還活著啊！太奇怪了，當我自上方在身體附近漫遊時，它絕對是毫無生氣的。我竟然還活著！

以上這段話，是一名處於深沉催眠狀態下的男子，重新回溯時的一段死亡經驗。當他看到並感受到靈魂才剛與身體分離時，他的語氣簡潔、振奮，而且充滿敬畏。他是我的一位當事人，我剛剛協助他在舒適的躺椅上，重建一段前世的死亡經驗。稍早前，他隨著我的催眠指令重溫了兒時回憶，當他追溯至母親子宮內的

記憶時,他潛意識的種種知覺逐漸結合了起來。

　　接著,我引導他利用視覺想像出來的某種保護盾牌,帶他跳進時光的迷霧中。完成這階段重要的心理建設後,我讓他穿越一條虛構的時光隧道,回到他最近的前世生活中。那一世很短暫,他在1918年因感染流行性感冒驟然去逝。

　　目睹了自己的死亡,以及感受到靈魂飄出體外的震撼逐漸消退後,這位當事人連忙調整心裡的視覺影像。由於他心裡仍有少部分的審慎意識還在運作著,他曉得自己正在重建一段前世經歷。身為一個較年輕的靈魂,他不像其他當事人那樣熟悉生死循環和輪迴,因此花費較久的時間。

　　然而,很快他便安定下來,並且更能自信地回答我的問題。我趕緊將他潛意識的催眠境界提升到超意識狀態。現在,他已經準備好要告訴我靈界的事情了,我接著問他情況如何。

人：嗯……我繼續升到更高的地方……還是漂浮著……而且回頭看著我的身軀。好像在看一場電影,只不過我也身在其中!醫生正在安慰我的妻女。我太太在啜泣(當事人在椅子上不安地扭動),我試著與她的心靈溝通……告訴她我一切都好,但是悲傷佔滿了她的心,我進入不去。我要她瞭解,我不再痛苦了……我現在是自由之身了……不再需要我的身體了……我會等她來。我要她知道……但她……卻不聽我說……哦!我就要走了……

　　經由一連串的引導,當事人開始進一步踏入靈界,那是一條許多人在我辦公室的安全角落裡走過的路。處於超意識狀態下的記憶一旦清晰起來,被催眠的當事人更能聯繫上通往靈界之路。過了這個階段之後,當事人也更能以語言來表達所見到的心智影像,並且以簡短的描述來說明靈界的細節。

我們保存了很多文件，包括醫療人員的觀察報告，其中描述在意外中嚴重受傷者那種魂魄離身的瀕死經驗。這些人尚未被醫護人員從另一個世界救回來以前，都被診斷為死亡。當身軀將近死亡時，靈魂可以在身軀內外來去自如，尤其是在死亡威脅迫近的情況下；特別是在醫院這樣的場所，有些人提到徘徊於身軀內外，看著醫生對自己的身體施行急救。這些記憶遲早會因為他們又活過來而消失殆盡。

在回溯前世的催眠初期，當事人心靈上走過前世的死亡敘述，與這輩子曾於數分鐘內起死回生的人之陳述，並行不悖；唯一的差異是，處於催眠狀態下的當事人並不記得他們短暫的死亡經驗。那些處於深層催眠狀態的人，僅能描述身體確實死亡後的生活情形。

那些因為突來意外傷害所致的瀕死經驗，和因為回溯前世的催眠而想起來的死亡經驗，兩者之間又有何雷同呢？兩者皆會發現自己以一種奇怪的方式在身體附近漂浮，並且試圖去觸摸眼前非物質性的東西。他們也試圖要和活人交談卻得不到回應，因而感到十分沮喪。另外，他們都感到有一股拉力，將他們帶離原先死去的場所，此時的好奇與安心感遠勝過恐懼。

所有人皆異口同聲地表示，他們體會到無拘無束的極度喜悅感，以及被光明包圍著。有些當事人在死去的當頭，被燦爛的白光包圍著；另外有一些人則看到光芒遠從顏色較為深沉的一方，拉他們過去——這種情形經常被稱做隧道效應，如今已是眾所皆知的現象。

第二個案例所要探討的死亡經驗，將比案例一更為深入。當事人是一位六十歲左右的男子，描述當他前世為莎莉的年輕女子時之死亡事件。1866 年，奇歐瓦(Kiowa)族印地安人攻擊了她所乘坐的運貨馬車隊，將她殺害。雖然這兩個案例中，當事人皆提

到日期，但是既然這幾個前世經歷最接近此生，就算指出歷史上某個特別日期，其實並沒什麼多大意義。我發現，以影像式回顧靈界生活時，古代或現代的時間性其實沒什麼重要性，人生課程的品質也一樣。

另外應該提到的是，平均而言，處於催眠狀態的人都具備一種不尋常的能力，可以點出許多前世的時空，即使人類文明初期時的國界和地名與現存的並不相同。對於回去靈界和在那裡的生活描述，則一向如歷歷在目般生動。

第二個案例發生在美國南方的平原，當時莎莉被一支箭近距離射中頸部。當事人前世的死亡經驗若是牽涉到暴力意外事故，我總是小心翼翼地處理，因為通常在他們潛意識裡，仍然保有這些記憶。這位當事人因為長期以來的喉嚨不舒服才來找我。對於這類案例，鬆弛療法和記憶重整是必要的步驟。在所有回溯前世的案例中，我會利用接近死亡的時間，安排一個泰然自若的回顧，然後將當事人放在一個旁觀者的立場，以便緩和其傷痛和情緒。

◎ 案例 2 ◎

紐頓(紐)：你是不是因為這支箭感到很痛苦？

莎莉(莎)：是的……尖頭部分已經戳破我的喉嚨……我就快要死了(當事人的手握著喉嚨，聲音開始低啞)我被噎住了……鮮血湧出來……威爾(丈夫)正扶著我……這種痛楚……真是難受……我就要離開身體了……總算結束了。

備註：通常靈魂會在身體遭受極度痛苦時，於死亡的前一刻離開身體。誰能譴責他們？然而，他們會緊緊待在死亡的身體附近。經過一陣安撫後，我將這位當事人的潛意識狀態提升到超意識狀態，以便轉換至她的靈界記憶。

紐：好了，莎莉，你已經接受被印地安人殺害的事實。可不可以

告訴我，你死亡那一刻的確切感受為何？

莎：好像……有一股力量……把我從身體上方推出來。

紐：推你？從哪裡？

莎：從頭部的頂端被彈出。

紐：是什麼被彈出？

莎：嗯——我！

紐：敘述一下「我」指的是什麼？看起來像什麼樣的東西從你的頭跑出身體？

莎：(停頓)就像……一點點光芒……放射開來……

紐：你如何放射光芒？

莎：從……我的能量。我有點像透明的白光……我的靈魂……

紐：這一道充滿能量的光芒離開你的身體後，是否還保持原狀？

莎：(停頓)在我左右移動後……我好像變大些。

紐：如果你本身的光芒擴展開來了，那你現在看起來像什麼？

莎：一條……細絲狀……繩子……垂掛著……

紐：離開身體的過程中，你實際的感受像如何？

莎：嗯……就像蛻皮……像剝香蕉皮，一瞬間就擺脫掉身體。

紐：這種感覺不舒服嗎？

莎：哦！不！擺脫疼痛的自由真是太棒了，但是……我……迷惑了……我沒想到會死……(悲傷躡手躡腳地感染到他的聲音，我要他多專注在自己的靈魂上，而不是躺在地上的身體。)

紐：我瞭解，莎莉。成了靈魂後的你有點茫然。以你的情形來說，發生了這樣的事，這種感覺是很正常的。聽著，回答我的問題。你說你在漂浮，死後的你可以自由自在地四處移動嗎？

莎：真是奇怪……我好像停留在空氣中，但那並不是空氣……沒有限制……沒有地心引力……我一點重量也沒有。

紐：你是說，就像在真空中？

莎：是的……我周遭沒有一樣實體存在的東西……沒碰到任何障礙物……我正在漂流……

紐：你能控制自己的移動嗎？你要去哪裡？

莎：是的……我多少可以控制一點點……但是……有一股拉力……把我拉進白光中……好亮！

紐：那白光的強度到處都一樣嗎？

莎：更亮些……離我遠一點的地方……有點深層的白……灰色……在我身體的方向……(開始哭泣)哦！我可憐的身體……我還沒準備要離開呀！(他靠回椅背，好像在堅持什麼。)

紐：沒事的，莎莉，我就在你身邊。我要你放輕鬆，告訴我，那一股迫使你在死亡那一瞬間離開身體的力量，還繼續拉著你嗎？你可以阻止它嗎？

莎：(停頓)當我離開身體後，那力量便減弱了。現在我覺得是一種輕推的力量……將我拉離身體……我不想走啊！可是，有種力量希望我快走……

紐：我瞭解，莎莉，但我覺得你多少學會如何控制。你怎麼形容那股拉力呢？

莎：一種……吸力……但是……我想停留久一點……

紐：你的靈魂能夠如你所願地抵擋這股拉力嗎？

莎：(這當中有較長的停頓，因為當事人的內心似乎正在與前世的莎莉討論著)是的，如果我真的想留久一點，我可以這麼做。(開始哭泣)哦！那些野蠻人對待我身體的方式真是恐怖。鮮血染遍了我漂亮的藍色洋裝……我的丈夫威爾一邊試圖扶住我，一邊和我們的朋友對抗奇歐瓦人。

備註：我加強當事人對身旁保護盾的想像，這是穩定整個催眠過程的重要基礎。在我將場景拉到印地安人被運貨馬車的來福槍擊退後，莎莉的靈魂仍在自己的身體附近盤旋。

紐：莎莉，你受到攻擊後，你丈夫呢？

莎：哦！幸好……他沒有受傷……但是……(哀傷的樣子)他正抱著我的身體……在我身上哭……他無法為我做任何事，但他似乎還不能理解。我好冷，他的手撫摸著我的臉……親著我。

紐：當時你在做什麼？

莎：我正穿越他的頭，試著安慰他。我希望他感覺得到，我對他的愛並沒有真正離去。我要他知道，他並沒有永遠失去我，我和他會再度相遇。

紐：你有辦法傳達你的訊息嗎？

莎：他並沒有過度悲痛……而他……感覺到我……我知道。我們的朋友圍繞著他……最後將我們分開了……他們要他重整貨車，再度啟程。

紐：那麼，你的靈魂現在又在做什麼？

莎：我還在抗拒那股拉力……我想留下來。

紐：為什麼？

莎：嗯，我知道我已經死了……但是我還沒準備好要離開威爾，而且……我要看他們埋葬我。

紐：你有沒有看到或感覺到，這時有其他靈魂在你周圍呢？

莎：(停頓)他們在附近……我很快就會看到……我可以感受到他們的愛，就像我想要威爾感受到我的一樣……他們會等我，直到我做好離開的心理準備。

紐：時間越久，你就越有辦法安撫威爾嗎？

莎：我正試圖走入他的心靈。

紐：成功了嗎？

莎：(停頓)我想……一點點……他感覺到我了……他可以理解……這分愛。

紐：好了，莎莉，我們又要往相關的未來時間前進了。你是否看

到那些貨車朋友，將你的身體埋在類似墳墓的地方？

莎：(較具確定的聲音)是的，他們已經埋葬我了……是我該離開的時候了……那些靈魂現在靠向我……我朝更光亮的地方……

　　靈魂在生理方面確實死亡後，通常對自己的身體不怎麼感興趣，這恰好與一些人所想的背道而馳。這並不是說他們對自己的狀況或留在地球上的親友無情，而是領悟到凡人難免一死，反而急著想去美好的靈界。

　　然而，也有許多靈魂希望在死亡的地方，多盤旋幾天地球的時間，而往往待到葬禮之後。時間對於靈魂來說，顯然快速多了；地球上幾天的時間，對他們來說可能只是幾分鐘的光景。留戀不去的靈魂也有各種可能的動機。比如，在意外事件中被謀害或遭殺害的人，通常不想馬上離開。我發現，這類靈魂總是處於迷惘或生氣的狀態，尤其是年輕人，他們的靈魂更容易盤旋不去。

　　對大部分的靈魂來說，即使久病在床，靈魂突然與身體分離的事實仍然令人驚駭，這也是為什麼靈魂在身體死亡後，不太願意離開的原因。三到五天的葬禮期對靈魂來說，也具有某種意義。靈魂其實不會對自己如何被埋葬存有病態的好奇，畢竟，在靈界的情緒反應與我們在地球所經歷的並不一樣。仍活在地球上的親友們對於死者身體的回憶所表達的尊重，會令靈魂相當感激。

　　如同上一個案例，許多靈魂不想立刻離開死亡現場的根本原因，是希望去靈界之前能夠與心愛的人心靈相通，安慰他們的傷痛。那些才面臨過死亡的靈魂並不會被嚇壞，因為他們知道自己只是離開了地球，將來還會與親友於靈界重逢，或在以後的輪迴中相遇。然而，在另一方，送葬者卻以為他們已經永遠失去心愛的人了。

　　催眠時，當事人會想起自己因為無法運用能力，在心靈上有

效地觸動活著的世人，而感到沮喪。那些尚在人間的親友因為震驚與傷痛，無法接收到靈魂的訊息。情緒上的創傷淹沒了他們的心念，因而阻礙了與靈魂溝通的潛能。剛與身體分離的靈魂一旦得以撫慰尚在人世的親友，不論有多短暫，他們通常因而滿足，跟著恨不得快點離開地球。

我自己便有過典型靈魂慰藉的經驗。我母親因為心臟病發過世，我和姊姊因為太過悲傷，在葬禮舉行時內心失去了知覺。幾個小時後，我們和伴侶回到母親的空房子，決定必須好好小憩一下。我和姊姊應該是在同時間進入阿法狀態，就在兩個不同房間裡，母親像白色夢境般立在上頭，抹過我們的潛意識。接觸到我們的心靈後，她微笑了，彷彿也象徵她接受了死亡這個事實，而且現在很好，然後飄離而去。短短幾秒鐘，卻是個很有意義的結束，我和姊姊因此放鬆下來，進入達塔階段的沉睡。

其實，我們可以感受到逝去靈魂對我們的安撫，尤其在葬禮舉行期間或才剛結束之後。為了讓靈性溝通排除因傷痛而產生的震驚，傳輸到我們的心靈，我們應該試著放鬆自己、整理心情，至少在短時間內盡可能做到。唯有在此種情況下，我們接收超現象的感官才能更開放，接收一切正面的訊息，比如愛、寬恕、希望、鼓勵，同時感受到你心愛的人正身處於好地方。

當某個帶著年幼孩子的寡婦對我說：「在我遭遇困難時，我可以感受到丈夫的一部分靠向我。」我也相信她的說法。那些當事人告訴我，身為靈魂後的他們可以協助地球上人們的心念與靈界連結。根據一些深具智慧的說法，人並不會真正離開這世界，只要他們還記得留在世間的親友。接下來的章節中，我們將會看到獨特的記憶如何反映靈魂本身的特性，而集體記憶為何是所有靈魂純淨能量的原子。死亡並不會切斷我們與所愛之人的持續牽絆，只因為他們失去了有形的身體，成了永恆的靈體。即使他們

得從事許多活動，一旦我們呼喚他們，這些離開的靈魂還是會及時出現。

　　偶爾，焦慮的靈魂在身體死後仍不願離開地球，因為一些尚未解決的問題會嚴重影響其意識。對於這些不尋常的案例，另一個世界較高等、善心的靈魂便會在此調適期間伸出援手。同時，我們也能幫助這類靈魂順利地離開地球。第四章將會更深入探討惹麻煩的靈魂，也將大量揭發書籍和電影中關於鬼魂的謎樣描述。

　　我們要如何做好心理準備來面對死亡呢？生命或長或短，時而健康、時而生病，人終究會以適合自己的方式死去。如果是久病而死，在經歷初發現時的驚慌、拒絕接受、消沉後，便比較有充分的時間去面對隨之而來的死亡。如果是突發身亡，心靈便被迫選擇捷徑去經歷同樣的過程。當有形身體的死亡逼近時，每個人都有能力與自己較高等的意識結合。一旦感覺到自己的靈魂與永恆的時光連結時，死亡卻是靈性自覺的過程中最簡單的一環。

　　雖然有些死者認為，接受死亡比順從死亡更難以接受，他們身邊的看護人員卻發現，多數人臨終時皆是平靜地離去。我相信死者被授與了永恆意識中至高無上的智慧，這樣的結果也經常顯現在他們臉上。許多人理解到某種宇宙的東西正等著他們，而且那一定是美好的。

　　正在死亡的人，經歷的是靈魂與寄宿身體的蛻變過程。人們以為死亡就是失去了生命力，事實卻正好相反。儘管因為死亡失去了身軀，永恆的生命力也因而與聖靈的能源合為一體。死亡並非黑暗，而是曙光。

　　我的當事人都提到，回溯前世的死亡經驗，重新想起離開臭皮囊的自由後，令他們感到好滿足。他們更殷切盼望啟程靈界之旅，回到那個充滿和平又似曾相識的地方。下一章，你們將瞭解離開人世後的生活。

第 2 章

通往靈界之路

　　千年以來，美索不達米亞平原的人們相信，天堂的出入口就在銀河大轉彎處的對面尾端，一個稱為靈魂之河的地方。人死後，靈魂必須等待秋分，當射手座的大門上升，白晝與黑夜等長時，才能回去天堂；而唯有春分時，雙子座自夜空退場，才有機會回到地球輪迴。

　　然而，我的當事人告訴我，靈魂遷徙事實上簡單多了。在他們離開地球時所經歷的隧道效應，其實是通往靈界的入口。儘管靈魂離開身體時的節奏相當迅速，但在我看來，進入靈界是一個精心策劃的過程。稍後，當我們談到以一個新生命重新來地球輪迴時，這段歸途的描述會較為迅速。

　　通往靈界的隧道所在，以地球的地理位置而言，會因當事人的狀況而不同。有些剛死的人，看見隧道的開口就在死亡的身軀旁，有些人則說要先飛高至地球上面，才得以進入隧道。無論如何，一旦靈魂離開了地球，他們進入隧道的時間上差距是可以商量的。接下來的案例便是這個過程的紀錄。

◎ 案例 3 ◎

紐： 現在，你正離開你的身體。你看到自己離死亡的地點越來越遠，離地球也越來越遠。告訴我你的感受。

人： 首先……非常光亮……接近地球……現在有點暗了，因為我已經進入隧道。

紐： 描述一下這個隧道。

人： 那是一個……空洞，模糊的入口……另一端有個微小的光圈。

紐： 好，接下來發生了什麼事？

人： 我感覺到一股拉力……一種溫和的拉力……我想我應該要飄過隧道……而且我做到了。那個光圈就在我的面前膨脹，原本的深沉如今看起來比較接近灰色，就好像是……(停住)

紐： 繼續。

人： 我被傳喚前進……

紐： 讓那個隧道末端的光圈繼續在你面前擴散，然後告訴我發生了什麼事。

人： 那光圈擴散得非常廣……我走出隧道了。有一道……雲朵般的光芒……是薄霧，我正穿越它。

紐： 當你飄越隧道時，除了看不到完全清晰的影像，心裡還有過什麼念頭？

人： (壓低聲音)這真是太……仍然沒變……這真是安靜的好地方……我正在靈界……

紐： 身為靈魂，此刻你還想表達什麼？

人： 意念！我感覺到……身旁圍繞著意念的力量。我……

紐： 放輕鬆，讓你的感覺更容易表達出來，同時仔細地告訴我發生了什麼事，請繼續。

人： 嗯，這很難用言語表達。我可以感覺到……愛的意念……友

情……共鳴……同時夾雜著……期望……好像有人正……等著我。

紐：你有沒有安全感？或是說，你有沒有一點害怕？

人：我不害怕。當我還在隧道裡面的時候，我比較……茫然。對！我現在覺得很安全……我意識到許多意念靠向我……關愛……培育。奇怪，也有某種理解的意念，曉得我是誰，以及我為什麼會在這裡。

紐：你身邊是否看得到任何足以印證你說法的東西？

人：(悄悄地說)沒有，我只憑感覺──到處充滿了和諧的意念。

紐：你剛剛說才一離開隧道，有種像雲的東西圍繞著你。你是在地球的上空嗎？

人：(停頓)不，不是那樣。我似乎飄過像雲一樣的東西，卻又不是地球上的雲朵。

紐：你看得到地球嗎？是不是在你的下面？

人：或許吧！但是，因為當時我人已經在隧道裡了，所以沒看到。

紐：有沒有一種可能，你還是可以藉由另一個空間和地球保持聯繫？

人：那有可能──沒錯。在我心裡，我還是覺得地球很近……我還是感覺得到與地球的聯繫……但是我也清楚地知道，自己身處在另一個空間。

紐：關於你目前的所在位置，還有什麼可以告訴我的嗎？

人：還是有一點……昏暗……但是我正離開這個地方。

　　這位特別的當事人經歷過死亡和隧道後，在隨之而來進入靈界的過程中，繼續以靈魂的心態平靜地調整心情。儘管開始時凡事都不確定，度過那個階段後的第一個回報，卻是很吸引人的幸福感覺。這情形普遍發生在我的當事人身上。

　　一旦通過隧道，靈魂也就通過了靈界之旅的第一道閘門。多數人在這個階段已經理解到自己並不是真的死了，只是離開在地

球已經死掉的身體。由於這層領悟而接受死亡的程度,視靈魂而不同。有些人會持續對身旁的一切感到不可思議,有些人則是以就事論事的態度,向我報告所見所聞。這多半與各人的成熟度和最近一世的人生經驗有關。我最常碰到的反應大約是說:「哦!太棒了,我又回到這美麗的家園。」然後鬆了一口氣。

有些高度發展的靈魂很快就離開了身體,回靈界的過程也相當迅速,因此對於這階段的描述顯得模糊不清。我認為他們是地球上少數優異的一群,與其他人截然不同。多數靈魂的行動不會那麼迅速,有些是非常猶豫的。除了那些爭著想和死掉的身體維持聯繫的靈魂——他們是情緒過度不安的少數案例,我發現較少輪迴的年輕靈魂,死後仍對地球的生活環境依依不捨。

多數人指出,當他們剛離開隧道出口時,短時間內對於周遭情況仍是似懂未懂。我認為這是因為星狀層面充斥在最接近地球附近的緣故,也就是靈學家所稱的業障所在地(Kamaloka,梵文)。下一個案例便是以分析力較強的當事人觀點,來描述這個區域。他以身為靈魂所具備的洞察力,呈現這階段對於型態、色彩、活躍級數等相當多的觀察。通常這類實在的圖像敘述,發生在靈魂已經涉入靈界更深處的時候,也就是他們習慣了周遭環境的時候。

◎ 案例 4 ◎

紐:當你漸漸遠離隧道後,盡可能仔細地告訴我你身旁的環境。

人:周圍都是……一層層的。

紐:怎樣一層層的?

人:嗯,有點像……蛋糕。

紐:就用蛋糕作例子好了,解釋一下你指的是什麼?

人:我的意思是說,有一種蛋糕是上面小小的,但是底層寬寬的那種。現在的景象跟我穿越隧道時看到的不一樣。我看到一層層

的……不同層次的光芒……在我看起來就像是……半透明……鋸齒狀的……

紐：你在這裡看到的靈界是以實體的結構組成的嗎？

人：那正是我試著想要解釋的。雖然一開始你可能會以為它是實體的，但它並不是，而是一層層的——不同層次的光芒以一種……分層線，編織在一起……我不希望你聽了我的敘述後，以為它們不對稱——因為他們是對稱的。不過，我看到其中粗細的不同和顏色的折射，還會挪來挪去。在我離開地球的途中，一直注意到這點。

紐：你覺得為什麼會這樣？

人：我不知道，不是我設計的。

紐：根據你的描述，我想像靈界就像是一個大梯層，從上到下的每一層都有色調。

人：沒錯，而且是圓的。我飄過時見到的是彎曲的部分。

紐：從你的角度來看，能不能告訴我每一層各是什麼顏色？

人：我的意思並不是每一層有任何主要的色調。它們全是各種不同的白。這裡比較亮……我正往前去的這裡比較亮，比我之前經過的地方亮。現在我身邊是霧濛濛的白，比隧道裡頭亮多了。

紐：當你飄過這一層層的靈界時，你是往上、還是往下移動？

人：都不是。我只是穿越過去。

紐：那麼，在你穿越時，你看到的靈界是以線條和稜角組成的線狀空間嗎？

人：(停頓)對我來說，是的……簡直是大範圍的，藉由光芒和各類較深的顏色，將非物質性的能量劃分成不同的層次。我感覺到某種力量正在……牽引我進入適合我行進的層次，而且試著要讓我放鬆……

紐：以什麼樣的方式？

人：我聽到了聲音。

紐：什麼樣的聲音？

人：一種……音樂的回音……音樂性的激盪……風鈴聲……跟著我的行進而震動……好輕鬆的感覺啊！

紐：有些其他人認為，這些聲音本質上就是一種震動，就好像跟著音叉震動後的共鳴聲在行進似的。你贊同這種說法嗎？

人：(點頭贊成)是的，就是這樣……此外，我還保有嗅覺和味覺的感覺。

紐：這是不是表示，即使是死後，我們身體的感官仍然存在？

人：是啊！不過，只是還保有對這些感官的印象……這裡的音符波動好優美……鐘聲……絃樂聲……真是安詳。

　　許多悠遊靈界的人都會提到，這類音樂性的震動放鬆了所有的感官。人死後，聽聲音的感官很快就開始運作。有些當事人告訴我，他們一離開身體便聽到嗡嗡聲，就好像站在電話線路旁所聽到的聲音，而在靈魂被拉離我所認為的地球之前，那音量的大小會隨之變化。有人說，他們在一般麻醉狀態下也會聽到相同的聲音。這些平淡的叮噹聲在我們離開隧道後，會變得較具音樂性；由於它帶給靈魂新的活力，所以曾被稱宇宙的能量，恰如其名。

　　對於提到靈界有如層型分布的當事人來說，我提出了一種可能，也就是說，他們看到的或許是層狀分布的星球。我從探討玄學的文章中，讀到不少關於地球上方的星球知識。始於古代印度的韋陀(Vedas)經，而後有東方的經典，歷史上對於星層的敘述多半是在有形或實體世界的上方，一系列層層上升的空間。幾千萬年以來，人們已經透過冥想、靈魂出遊的觀察，經歷過這些無形的國度。曾經有人描述這些星層時提到，離開地球的強烈影響越遠，星球分布的密度也就越低。

下一個案例中的靈魂，即使離開隧道後還是放心不下。這名男子於 1902 年，也就是他三十六歲的時候，因為心臟病死於芝加哥的街頭。他死後留下一大家子的人、一群年幼的孩子和他深愛的妻子。這家人過得非常貧困。

◎ 案例 5 ◎

紐： 在你離開隧道的同時，可以清楚地看到周遭環境嗎？

人： 我還在離開的過程中……身邊都是泡沫般的雲團。

紐： 我要你繼續前進，然後告訴我，現在你看到了什麼？

人： (停頓)哦……我要離開隧道了……我的天啊！這地方真大！好明亮又好乾淨，甚至連聞起來的味道都好好。我正注視著一座美麗的冰宮。

紐： 再多告訴我一點。

人： (驚嘆)這地方真是龐大……看起來像光亮、燦爛的水晶……帶有顏色的石頭在我身旁閃耀著。

紐： 當你提到像水晶的時候，我還以為是透明的顏色。

人： 嗯！大部分是灰色和白色……但是當我在飄行的時候，的確看到其他顏色……馬賽克……全都閃耀發光。

紐： 從你目前身處冰宮的位置望向遠方，你看得到任何界線嗎？

人： 看不到。這地方是一望無際的……如此莊嚴……祥和。

紐： 你現在感覺怎麼樣？

人： 我……無法完全享受這一切……我不想繼續走下去……梅格……(當事人的未亡妻子)

紐： 我覺得你仍然受到過去芝加哥生活的羈絆，這是否會阻礙你前往靈界的過程？

人： (彷彿在椅子上跳了起來)真棒！我看到我的嚮導正朝我走來，她知道我需要什麼。

紐：說說你與嚮導之間的互動情形。

人：我跟她說，我沒辦法繼續走下去……我必須知道梅格和孩子們是否無恙。

紐：你的嚮導怎麼回答？

人：她正在安慰我，但我實在很擔心。

紐：你跟她說了什麼？

人：(喊叫)我對她說：『你為什麼讓這一切發生？你怎麼可以這樣對我？你讓我和梅格經歷這些苦難，現在又剝奪了我們在一起的日子。』

紐：你嚮導的反應為何？

人：她試著安撫我，說我做得很好，還說我會看到自己的人生走完它預定的行程。

紐：你認同她的說法嗎？

人： (停頓)在我心中……不斷有資訊傳向我……是發生在地球的未來……我的家庭即使沒有我，還是會繼續走下去……他們接受了我已經不在的事實……他們將能度過這一切……而且，我們大家將會重逢。

紐：這一切讓你感覺如何？

人：我覺得……平靜……(嘆氣)……我已經準備好要出發了。

在談到案例五與嚮導會面的重要性之前，值得一提的是這名當事人描述靈界有如冰宮的這一項。接下來的章節中，更深入靈界後，有些人會談到看見建築物，以及身處在備有家具擺飾的房間裡。這階段的催眠並不會創造影像。理論上，當事人在非物質的世界裡，應該不會去回想這類實體性構造，除非這些地球的自然環境景象是有計劃地被設置，好幫助那些肉體死亡的靈魂來轉換和適應靈界。這些景象對每個與我交流的靈魂來說，都有其獨

特涵義。他們全深受地球經歷的影響。

靈魂在靈界看到自己在地球上住過或拜訪過的地方，皆有其原因。他們之所以能看到一個難忘的家、學校、花園、山脈、海岸，是由於在靈界仁慈的允許下，地球上海市蜃樓般的幻影便會呈現於靈魂面前，以期藉由熟悉感來安頓靈魂的情緒。我們在星球上居住的記憶永遠都不會消失——它們藉由虛幻的夢境乘風而來，與靈魂的心靈永遠地私語，正如同靈界那些世間幻想在心靈的作用一樣。

我很喜歡聽當事人談到他們對靈界的第一個印象。回到戀戀已久卻缺席好一陣子的地方後，人們可能會看見一大片的花海、遠處高起的城堡高塔、或寬闊天空下的彩虹。即使個別的敘述或多或少有些差異，然而在靈界看到類似地球的第一個虛幻景象，似乎並不會因為過了幾世的輪迴而有多大的改變。我還發現，在催眠狀態下的當事人一旦更深入靈界，對於靈界各項功能面的描述，就會更趨一致。

之前提到的案例五，可以說是放不下的靈魂，因為他的心靈受到留在世間的靈魂伴侶——梅格，緊緊牽繫住。無庸置疑的，即使身處靈界祥和的氣氛，有些靈魂還是會因為某一世較為困難的遭遇，放不下隨之而生的負面情緒和包袱。人們總以為靈魂於身體死亡之際是無所不知的，這並不完全正確，因為每個靈魂的調適期並不盡然相同；每個靈魂的調適期會因為臨死的情境、對於剛結束那一世的留戀程度、以及各個修行的水平而有所不同。

我常遇到當事人在回溯時，因為年紀輕輕卻驟死而憤怒不已。在這種情形下重回靈界的靈魂，常因為沒有得到任何警告就離開所愛的人，感到迷惑和茫然。他們都還沒準備好迎接死亡，有些甚至在剛離開身體時，覺得哀傷和受到不合理的對待。

靈魂尚有未完成的事情而意外身亡時，通常死後見到的第一

個事物便是他的嚮導。這些修行高深的導師首當其衝，準備好面對因為提早夭折而備感挫折的靈魂。案例五中的當事人在接下來的靈界行程中，因為接受了嚮導的幫助，得以健康地調適自己，進入靈界。

我還發現，嚮導並不會鼓勵當事人在通往靈界的隧道中，完全整理好紛亂的思緒。關於生死的業障學習課程，自然有其他更合適的時間與地點來做細節回顧，我將在後續章節說明。案例五中的嚮導利用加快地球時光的方式，讓當事人看到未來妻兒生活的視訊，如此他才能安心地繼續他的行程。

先不考慮人剛死時的心靈狀態，我的當事人們重新發掘到神奇的靈界後，皆備感震驚。通常這種震驚夾雜著狂喜，畢竟，總算可以將人世間的煩惱拋諸腦後，尤其是身體上的痛苦。對這些旅途中的靈魂而言，最重要的是，靈界代表了一個崇高的歇息地方。儘管將死之際，我們或許以為自己是孤單的，但我們並未受到隔離，或是求救無門。其實某種無形的智慧，正引導著我們每一個人邁入靈界。

初到靈界的人，事實上只有少許時間可以到處逛逛、探索自己究竟身在何處、或是即將發生什麼事，因為我們的嚮導和一大群靈界的朋友會在入口處等我們接近，然後跟我們相認，表達他們的思念之情，並以自身為例讓我們安心、曉得一切都很好。事實上，我們從死亡的那一刻起，就可以感覺到他們的存在了；回靈界的靈魂剛開始的許多調適，其實都依賴這些仁慈者的影響。

第 **3** 章

回　鄉

　　既然死後遇見友善的靈魂是這麼重要的一件事，那麼，我們要如何認出他們呢？透過催眠狀態下當事人的敘述，我發現了靈界裡靈魂彼此觀察的通則。靈魂可能會以聚集能量的型式出現，然而其不具形體的能量，顯然也能以人類的特徵呈現。當他們互相交談時，經常運用本身的能力，投射出曾擁有的人類模樣。投射出人類模樣的方式，只是靈魂運用基本能力來呈現無以計數的外觀的方法之一。在第六章裡，我將會探討另一種靈魂相認的特色——也就是依靠靈魂所具備的獨特氣色。

　　絕大多數的當事人指出，嚮導是他們在靈界第一個見到的人。無論經過幾世，我們皆能遇見自己的靈魂伴侶，然而，嚮導與靈魂伴侶是不一樣的。假如前世的親友出現在某個回鄉的靈魂面前，這個靈魂的專屬嚮導或許就缺席了。根據我的資料顯示，通常這個靈魂的專屬嚮導會在近距離的地方，以自己的方式遙控靈魂抵達目的地。下一個案例裡的靈魂才剛通過靈界的隧道，遇見了一位和她持續在過去幾世中，顯然關係相當密切的一位高級靈魂。

雖然這個高級靈魂並不是當事人的嚮導，他仍然在此出現歡迎她，並且以愛的關懷來鼓勵她。

◎ 案例 6 ◎

紐：你在身邊看到了什麼？

人：感覺⋯⋯我正獨自漂流著⋯⋯就像有純白的沙⋯⋯在我身邊流動著⋯⋯而我在一把巨型的海灘傘底下──鑲了明亮顏色的質料──全都是水氣，但還是連結在一起⋯⋯

紐：這裡有人要見你嗎？

人：(停頓)我想⋯⋯我是一個人的⋯⋯但是⋯⋯(猶豫很久)遠遠地⋯⋯嗯⋯⋯有一道光線⋯⋯快速朝向我⋯⋯哦！我的天啊！

紐：什麼？

人：(興奮)查理叔叔！(大聲喊) 查理叔叔，我在這裡！

紐：為什麼這個特別人士是第一個來見你的人？

人：(遙遠而全神貫注的聲音)查理叔叔，我好想你呀！

紐：(重複問題)為什麼這名特別人士是第一個來見你的人呢？

人：因為所有親戚中，我愛他勝過任何人。他在我小時候去世，這件事我一直無法釋懷(此事在當事人最近的前世中發生在內布拉斯加 Nebraska 的農場上)。

紐：你怎麼知道他是查理叔叔？他外觀上有什麼特徵讓你認出來嗎？

人：(興奮地在椅子上扭動)當然，當然，就跟我印象中的他一模一樣，好玩、親切、討人喜歡，他現在就在我旁邊(低聲輕笑)。

紐：什麼事這麼好笑？

人：查理叔叔和以前一樣胖。

紐：然後呢？他的下一步是什麼？

人：他笑著向我伸出手⋯⋯

紐：這表示他有類似像身體和雙手的形體嗎？

人：(笑)嗯，說對也不對。他和我一樣漂浮著。那是……在我心中……他向我完全地展現自己……而我最清楚的是……他正對我伸出雙臂。

紐：他為什麼要以具體表現的方式，對你伸出手呢？

人：(停頓)為了……讓我安心……引導我……進入這道光芒。

紐：你接下來怎麼做？

人：我跟隨他，然後一起回想在農場的乾草堆上玩耍的美好時光。

紐：是他讓你在心裡看到這一切，好讓你認出他是誰嗎？

人：是的……我在前世就認識他……所以我並不會害怕。他曉得我對自己的死亡還有些震驚(當事人因為車禍而意外喪生)。

紐：是不是人在死後，不管先前經歷過多少次的死亡，還是有可能感到害怕，直到我們再度習慣靈界？

人：那並非全然是害怕，害怕是不正確的說法，或許應該說是我比較多慮。其實對我來說，每次死亡的感覺都不一樣。這次車禍讓我毫無準備，我還有一點迷惑。

紐：好了，現在再前進一些……查理叔叔在做什麼？

人：他正帶我……去我該去的地方……

紐：當我數到三後，我們就會到達那裡。一、二、三！告訴我現在的情形。

人：(長時間停頓)那裡有其他人……他們看起來……很和善……當我靠近時……他們似乎要我加入他們……

紐：繼續朝他們走。是不是有一種他們或許在等你的感覺？

人：(辨認中)沒錯！事實上，我想起自己曾經和他們在一起……(停頓)不，不要走！

紐：發生了什麼事？

人：(非常難過)查理叔叔離開我了。他為什麼要離開呢？

紐：(我停止這段對話，用一般專業技巧先讓處於這類情況下的當

事人冷靜下來，然後才繼續)深入探究你的內心，你一定瞭解查理叔叔為什麼會在此刻離開你。

人：(稍微放輕鬆，但有些遺憾)是的，因為他住在一個……和我不同的地方……他只是想來見我……帶我到這裡來。

紐：我懂。查理叔叔的任務是擔任你死後第一個見到的人，確保你安心。我想知道，現在你是不是覺得好多了？比較有在家裡的感覺？

人：對，這就是為什麼查理叔叔已經放心把我留在這裡，讓我和其他人在一起的緣故了。

靈界有個奇特現象——我們人生中的重要人士，總是會來迎接我們，即使他們已經轉世成另外一個新生命——第六章將對此作說明。另外，第十章將探討靈魂分身的能力，此能力讓靈魂投胎到地球時，可以於同一世中存在於不同的身體裡。

通常在靈魂回鄉的緊要關頭上，對於世間身軀的依戀和精神負擔，會因為以下兩個原因而逐漸褪色：第一，靈界的和諧以及顯然經過精心策劃的指引，喚醒了我們投胎前的靈界記憶；二，原本以為再也見不到那些過世的人，一旦見到了，在情緒波濤洶湧的影響下，也就逐漸放下之前拋不下的了。接下來是另一個例子。

◎ 案例 7 ◎

紐：現在，你已經適應了靈界的環境，告訴我這地方對你有什麼影響？

人：這裡是如此……溫暖又舒服。離開地球令我欣慰。我只想一直待在這裡，沒有緊張局勢、沒有煩惱，只有舒服的感覺。我正漂浮著……多美麗啊……

紐：當你持續一個人漂浮時，在通過靈界隧道的過程中，你接著有什麼印象？

人：(停頓)似曾相識。

紐：怎樣的似曾相識？

人：(一陣猶豫後)嗯……人們……朋友們……都在這裡，我認為。

紐：你認得出這些人就是你在地球上認識的人嗎？

人：我……感覺到他們的存在……那些我曾經認識的人……

紐：好，繼續前進。你接下來看到什麼？

人：光線……輕柔的……像雲霧般。

紐：即使你正在移動，光線看起來還是一樣嗎？

人：不，他們會壯大……一團團的能量……我曉得他們是人！

紐：你正朝向他們移動嗎？還是他們朝你而來？

人：我們向彼此靠近，但我的速度比他們慢，因為……我不確定該做什麼……

紐：你只要放輕鬆、繼續飄就行了，一邊告訴我你見到的一切。

人：(停頓)我現在看到半人形的型態──只有腰部以上。他們的輪廓也是半透明的……我可以看穿他們。

紐：你看得出這些型態的任何特徵嗎？

人：(焦急)眼睛！

紐：你只看見眼睛？

人：……還有一點點嘴巴的模樣──跟沒有差不多。(驚慌)這些眼睛現在全圍過來了……越來越近……

紐：是不是每個靈魂都有兩個眼睛？

人：沒錯。

紐：這些眼睛是不是和凡人一樣，也有虹膜和瞳孔？

人：不……不一樣……它們……更大……黑眼球……發出光芒……向我……意念……(寬慰地鬆了一口氣)哦！

紐：繼續。

人：我開始認出他們了——他們正傳遞許多影像到我心裡——關於他們的想法，而且……這些外形正在改變……變成人！

紐：具備人形的特徵嗎？

人：對。哦……你看！是他！

紐：你看到什麼？

人：(開始又哭又笑)我想那是……是的——那是賴利——他在所有人的前面，他是第一個我真正看見的人……賴利，賴利！

紐：(給當事人一段調適情緒的時間)賴利的靈魂是不是在你認得的一群人前面？

人：是的，現在我知道了，我最想見的人都在前面……其他一些朋友則在後面。

紐：你能看清楚所有的人嗎？

人：沒辦法。在後面的人……模糊不清……很遠……但是，我感覺得到他們的存在。賴利在前面……走向我……賴利！

紐：賴利就是你之前告訴我的那位……你前世的先生？

人：(脫口而出)對！我們共同度過美好的人生——昆瑟是如此堅強，他家裡每個人都反對我們的婚姻——吉恩成了海軍的逃兵，只為了去馬賽救我脫離那段苦日子——他總是要我的……

　　當事人對於前世一個接著一個重現，感到相當興奮。賴利、昆瑟、吉恩都是她前世的先生，但全是同一個靈魂。我很高興在回溯靈界之前，當事人有這機會回想一下這些人是誰。除了她最近一任美籍的先生——賴利之外，吉恩是十九世紀的法國水手，而昆瑟則是十八世紀德國貴族的後裔。

紐：你們兩位現在正在做什麼？

人：擁抱。

紐：如果這時有第三者正看著你們擁抱，他看到的會是什麼景象？

人：(沒有回答)。

紐：你能看清楚他們嗎？

紐：(當事人全神貫注在重逢靈魂伴侶的景象，淚水劃過她臉龐；我等了一下後才又問)在他人眼中，現在靈界中的你和賴利看起來像什麼？

人：他們會看到……兩種亮光繞著彼此轉，我猜……(當事人開始安定下來，我以紙巾幫她擦掉臉上的淚水)

紐：這象徵了什麼呢？

人：我們正抱著對方……表達愛……心相聯繫……我們因此很快樂……

紐：在你見到靈魂伴侶後的下一步是什麼？

人：(緊握椅臂)哦！他們全在這裡——之前我只感覺到他們，現在有更多人靠向我了。

紐：在你先生走向你之後嗎？

人：是的……媽媽！她正走向我……我好想她……哦！媽……(又開始哭泣)

紐：沒事了……

人：哦！現在請別問我任何問題，我要享受這一切……(當事人看起來像是正與前世的母親進行一段沉默的對話)

紐：(等了一會)我知道你正享受這次重聚，但我需要你幫我瞭解情況。

人：(遙遠的聲音)我們……我們只是互相擁抱……能和她重聚真是太好了……

紐：你們沒有身體，又如何擁抱？

人：(生氣)我們當然是以光芒裹住對方。

紐：告訴我，那對靈魂而言像什麼？

人：就像以愛的光亮毯子包裹住。

紐：我懂了，接下來……

人：(像是認出某人似的尖笑聲打斷我的話)提姆！……是我哥哥……他很年輕的時候就死了……(發生在當事人前世十四歲時的一場水中意外)能在這裡見到他真是太好了！(揮動手臂)還有我最好的女性朋友——威瑪，住我家隔壁。我們又在一起取笑那些男孩們，就像以前坐在她的小閣樓裡一樣。

紐：(在當事人又提到她嬸嬸和一些朋友後)你覺得是什麼決定了這些人來跟你敘舊的順序呢？

人：(停頓)是什麼？不就是在彼此生命中的重要性，不然呢？

紐：是不是有些人已經和你一同轉世了好幾世，有些人卻可能只有一、兩世？

人：是的，我和我先生在一起最久。

紐：你有沒有在附近見到嚮導？

人：他在這裡，我看到他飄到另一邊。他也認識我的一些朋友。

紐：你為什麼稱你的嚮導為「他」？

人：我們都是以自己想要的模樣呈現，而他總是以一個男性化的角色和我相處。

紐：他看護著你投胎的每一世嗎？

人：當然，在我死後也一樣……而在靈界，他一直是捍衛我的人。

我們來到靈界後，負責招呼的接待委員會早就事先安排好了。上述的案例顯示，見到熟悉的面孔對於剛到靈界的靈魂來說，是多麼令人振奮的一件事。另外，我發現接待委員會的靈魂數目會隨每一世而不同。即使接待的方式視靈魂的特定需求而變化，靈魂的輔導人員皆能確實掌握我們抵達的時間，以及當我們到了靈

界後，要去哪裡與我們碰面──一切皆非偶然。

　　穿越靈界隧道時，對我們深具意義的靈魂通常會出現在那些隨時待命之靈魂的前面。歡迎會的大小不但會因為每一世而不同，還會隨著靈魂的精神層次越高而驟減到甚至沒有，畢竟高級靈魂不是那麼需要被安撫。本章末的案例九，就是這類過程的例子。

　　案例六和案例七介紹了靈魂剛到靈界後，受到款待的三種方式之一。這兩個靈魂死後沒多久，便見到最重要的靈魂，然後是影響程度較小的靈魂們。案例七的當事人比案例六更快認出人來。我們死後見到那些聚集過來的靈魂時，會發覺那些靈魂在前幾世中都曾經是我們的配偶、父母、祖父母、兄弟姊妹、叔舅、嬸姑、堂表和摯友。我曾目睹當事人在此階段一些柔腸寸斷的動人情節。

　　上述發生在靈魂通往靈界路上的動人會面，只是我們回到最終歸屬之特定靈魂族群前的一段序曲。這些會面提供當事人在回溯潛意識的記憶時，另一階段情緒發展的高潮。至於靈魂組織的安排，牽涉到族群的形成以及如何與其他族群的靈魂配對等，將在後續章節中說明。

　　在此階段最重要的是我們瞭解到，歡迎我們的靈魂在靈界中不見得都和我們同屬於一個學習族群，因為每一世中，我們身邊親近的人的成長進度並非一致。儘管他們出於愛與體貼，選擇在我們死後立刻來見我們，這並不表示當我們到達靈界旅程的終點時，他們也是我們學習族群的成員之一。

　　舉例來說，案例六中查理叔叔的靈魂顯然比當事人高深，甚至可能擔任過靈魂的嚮導。我可以清楚地察覺到，查理叔叔的基本任務之一是幫助當事人度過剛結束那一世的童年期，他的責任在當事人死後仍持續下去。至於案例七，第一個重要會面是見到賴利，他也是當事人在同等成長階段中真正的靈魂伴侶。案例七中另外值得注意的一點是，當事人的靈魂嚮導在其前世的親朋好

友中，並不十分引人注目。然而隨著過程的進展，可以發覺靈魂
嚮導在幕後指揮整個會面程序的跡象。我在許多案例裡都曾見過
這樣的情形。

　　其次，就像案例五一樣，死後若是身旁沒有他人現身，這表
示我們將在寧靜且有意義的情況下，與靈魂嚮導會面；案例八對
於這類會面有更多著墨。不論死後經歷了何種會面方式，似乎都
與靈魂嚮導的獨特風格以及我們個別具備的特質脫離不了關係。
我發現，第一次和嚮導會面的時間長短，會因每一世所經歷的情
況而有所差異。

　　案例八是靈魂與嚮導非常親近的例子。許多靈魂嚮導的名字
聽起來很奇怪，也有些很傳統。有件事我一直覺得很有意思——
古時宗教裡「守護天使」的用語，如今被抽象化，用來表示具備
力量的靈魂；坦白說，我曾經藐視這個用語，認為那不過是愚蠢
的癡心妄想，在現代社會屬於過時的怪誕神話——但我現在不再
這麼認為了。

　　我一再聽到當事人說靈魂是陰陽同體的，他們同時也表示，
性別並非無關緊要。我見識到所有靈魂皆能在其他靈魂面前，以
男性或女性的心智形象呈現出可被辨認的外形。案例六與案例七
顯示，對一個才剛抵達靈界的靈魂來說，看到一張張熟悉又能辨
別出男女的面孔是多麼重要的一件事，這點對下一個案例來說亦
同等重要；另一個讓我選擇案例八的原因是為了說明靈界的靈魂
如何以及為何選擇以人類的外貌出現在他人面前。

◎ 案例 8 ◎

紐：你現在才真正開始要離開這個星球，而且正一步步進入靈界。
告訴我你現在的感覺。

人：寧靜⋯⋯如此的祥和⋯⋯

紐：有任何人來看你嗎？

人：有，我的朋友瑞秋。每當我逝世，她總會在這裡等我。

紐：瑞秋曾經是你輪迴幾世的靈魂伴侶嗎？還是，她一直待在這裡？

人：(有些憤怒)她並不是一直待在這裡。她常常跟我在一起——在我心裡——當我需要她的時候。她是我專屬的守護天使(以某種佔有者的驕傲口吻強調)。

備註：關於嚮導、靈魂伴侶和其他給予支持的靈魂夥伴，他們之間不同的特性將於第八章詳作說明。

紐：你為什麼稱你的嚮導為「她」？靈魂不應該有性別的區分，不是嗎？

人：沒錯——實際說起來的確如此，因為我們具備兩性的特質。瑞秋想以女性的外貌讓我認得她，其中也有些心理因素存在。

紐：你在靈界時，是否會受限於男女性別的框架呢？

人：不會。身為靈魂的時候，有時候我們比較喜歡以某種性別存在，之後，這樣的偏好會平衡過來。

紐：你可不可以描述一下，此刻瑞秋的靈魂看起來如何？

人：(悄然)相當年輕的女性……就像我記憶中她最美好的一面……小巧、細緻的五官……堅定的表情……充滿學識和愛。

紐：這麼說，你在地球的時候就已經認識瑞秋了？

人：(懷念地說)曾經，很久以前，她跟我在生活中很親近……現在她是我的守護天使。

紐：那麼，當你看著她時，你有什麼感覺？

人：平靜……寧靜……愛……

紐：你和瑞秋是像人類那樣，用眼睛看著彼此嗎？

人：(猶豫)類似……但還是不同。你可以從所謂的眼睛看出她的心意，因為那是我們在地球的聯繫。當然，我們也能以地球人的

方式處理相同的事……

紐：什麼是你能用眼睛在地球和靈界做的事？

人：當你看著某些人的眼神時，即使是剛見面的人，你會看到一種熟悉的光芒……嗯，那道光芒讓你瞭解那些人。當你是人類的時候，你不曉得為什麼，但是你的靈魂卻記得。

備註：我從許多當事人的口中聽過，他們靈魂伴侶的那雙人類眼睛，以各種不同的方式反射出屬於個別靈魂的光芒。至於我自己，一生中只經歷過一次，就是第一次見到我太太的那一剎那──不僅令人震驚，而且詭異。

紐：你的意思是說，有時候在地球上的兩個人見到對方的時候，他們可能會有以前就認識的感覺？

人：是的，似層相識。

紐：回到靈界的瑞秋身上，如果你的守護天使沒有以人類的外形呈現在你面前，你還是會認得她嗎？

人：嗯，我們還是很自然就能以心靈認出對方，只是以人類的外形呈現是比較好的方式。我知道這聽起來荒唐，但它是一種……社交……看到熟悉的面孔令人安心。

紐：所以說，看到你前世認識的面孔是件好事，尤其當你正處於剛離開地球時的調適階段？

人：(焦急)哦，是的──她的確給了我安全感；我看到其他以前認識的人也有同感……

紐：你和這些人交談嗎？

人：沒有人說話，我們以心靈溝通。

紐：心靈感應？

人：是的。

紐：靈魂是否可以進行私人對話，而不被其他靈魂接收到？

人：(停頓)……為了隱私──可以。

紐：怎麼做？

人：用接觸的方式——叫做碰觸溝通。

備註：當兩個靈魂靠近到連結在一起時，我的當事人說他們可以藉由碰觸流動於彼此之間的電聲推動，來傳達私人意念。多數例子中，大部分處於催眠狀態下的當事人並不願意告訴我這類個人祕密。

紐：你能不能為我釐清一個觀念，究竟靈魂是如何向你呈現人類的面貌呢？

人：透過……我的能源……我只要去想我要的容貌……但我無法說出是什麼給了我這項能力。

紐：嗯……那，你可不可以告訴我，為什麼你和其他靈魂會在不同的時候呈現某類外形特徵？

人：(長時間停頓)那全憑你活動時所在的地點而定……當你看到另一個靈魂的時候……以及你當時的心境。

紐：那正是我想瞭解的。告訴我更多關於辨認靈魂外形的事。

人：你看，辨認的方式取決於個人的……心情——當你在這裡遇見他們的時候。他們會呈現他們想要你看到的他們，還有他們覺得你想要看到的樣子。另外，也取決於會面時的周遭環境。

紐：你可以說得更精確一點嗎？什麼樣的環境會導致靈魂的能源在他人面前形體化？

人：外型之所以變化是看你處於他們的地盤還是你的地盤。他們可能選擇在某個地點以某種外形呈現在你面前，而在另一個地方，你又可能看到不同的外形。

備註：當我們進一步深入靈界後，將說明所謂靈界的「地盤」。

紐：你是說，靈魂可以在靈界隧道以某種面貌見你，稍後又在不同的情況以另一種形象見你嗎？

人：沒錯。

紐：為什麼？

人：就像我剛剛告訴你的，我們呈現在他人面前的樣子多半取決於當時的心情⋯⋯還有和這個特定人士的關係以及所在地點。

紐：如果我理解得不夠正確，請告訴我。靈魂用來辨認的外形取決於身處靈界的時機、地點和心情，還可能包括見面時的心態？

人：當然，而且取決於見面時雙方的互動⋯⋯那是互通的。

紐：那麼，既然每個靈魂在外形上有這麼多變化，我們如何得知靈魂真正的特質？

人：(笑)你所呈現的外形從未能對其他人隱藏真正的你。無論如何，這和我們在地球上所理解的感情不同，在這裡更⋯⋯抽象。我們之所以呈現某種外形和意念⋯⋯是基於⋯⋯確定某些想法。

紐：想法？是指當時的觀點？

人：是的⋯⋯類似⋯⋯因為這些人類外形是我們在其他地方有形生命的一部分，當我們探索事物的時候⋯⋯還有發展觀點的時候⋯⋯這些都會延續⋯⋯供我們在此運用。

紐：嗯，如果我們在過去的每一世中都有不同的面孔，那麼，哪一個才是我們沒有投胎時採用的呢？

人：我們會混在一塊。你會採用那個最能被人認出你的外形，全賴於你想要表達的是什麼。

紐：那如果不用外形來溝通呢？

人：當然，我們也會那麼做——那很平常——但在心理上，我跟藉由外形呈現的靈魂更容易相互交流。

紐：你是否偏好某類面貌？

人：嗯⋯⋯我喜歡有鬍子的臉⋯⋯石頭般堅硬的下顎⋯⋯

紐：你是說，當你是傑夫坦納時的面貌，我們先前討論過那個前世來自德州的拳仔？

人：(笑)對，不過我在其他幾世也曾有像傑夫的面孔。

紐：但是，為什麼是傑夫呢？是不是因為他是你最近的前世？

人：不，當我是傑夫時感覺很好。那是一個既快樂又不複雜的一世。該死，我看起來真棒！我的臉就像你常在高速公路旁看到的吸煙廣告看板一樣。(輕聲發笑)我很喜歡秀出自己和傑夫一樣的八字鬍。

紐：但那只有一世，跟你在那世沒關聯的人可能在靈界便認不出你來。

人：哦，他們還是很快就能認出我。我可以換成別的樣子，但現在我最喜歡自己像傑夫的樣子。

紐：所以，這又回到你當初所說的，不管靈魂可以呈現多少種外貌，我們所有的人都只有一個本質？

人：對，你看到的都是每個人真實的一面。有些人只將自己最好的一面秀出來，因為他們在乎你對他們的想法——他們完全不瞭解，重點是你付出的努力，而不是你所呈現的外表。我們常笑那些自認為自己應該看起來怎樣的靈魂，甚至套上在地球上從未有過的臉孔，不過那都無妨。

紐：那，我們談的是較不成熟的靈魂囉？

人：是，經常是。他們可能沒想通……我們不加以評論……他們最後都沒事了。

紐：我還以為靈界是一個充滿無所不知、至高智慧靈魂的地方，而你的說法卻是靈魂也有情緒和虛榮心，就像在地球上一樣？

人：(爆笑)人就是人，無論他們是如何看待他們的有形世界。

紐：哦，你見過靈魂到過地球以外的星球嗎？

人：(停頓)偶爾……

紐：從地球以外的星球來的靈魂，在你面前是呈現怎樣的外貌呢？

人：(迴避似的)我……似乎比較喜歡黏著同一夥人；反正，我們可以採用任何我們想要的外形來進行溝通……

備註：有些當事人能夠想起過去幾世中，以非人形在其他世界存在；從這些人身上取得資訊總是相當具挑戰性，通常從較年長、更高級的靈魂身上，或是如同接下來的案例，比較容易得到這類經歷的記憶。

紐：靈魂基於心靈上的需要，能在不同的面貌中轉換，這是不是造物者所賦予的天賦呢？

人：我怎麼知道──我又不是上帝！

　　有些人對靈魂並非完美的觀念感到意外。案例八和我其他當事人的說法顯示，我們大多數人在靈界離完美還遠的很。輪迴的主要目的是為了自我成長。不管是在靈界裡還是靈界外，成長過程中心理所受到的各種影響是我工作的基礎。

　　我們已經看到靈魂進入靈界後，與其他靈魂會面的重要性。除了與嚮導和家人重逢，我也提到死後重回靈界可能面臨的第三種情形──見不到任何人的靈魂，這實在令人覺得奇怪。

　　雖然對多數的當事人而言，這種情況並不常發生，對於那些提到自己如何獨自讓看不見的力量拉到終點，而終於聯繫上他人的當事人而言，我還是感到有點遺憾。這就像你重遊一個曾去過的國家，只是沒有人替你提領行李，或是有任何旅客諮詢處能協助你辨識方向。我想，這類進入靈界的方式最令我不舒服的地方是明顯缺乏任何靈魂的歡迎與慶賀。

　　上述我對於獨自通過靈界隧道和後續歷程的觀點，並未得到那些選擇一個人回去的靈魂的共鳴。事實上，這類靈魂是很有經驗的旅行家。較年長、成熟的靈魂，似乎並不需要開頭的協助。他們清楚地知道死後該往哪裡去。我猜，對他們而言，這個過程也是在加速進行，因為比起那些停下來見其他人的靈魂，他們足以更快地回到屬於自己的地方。

　　案例九的當事人輪迴過好幾世，跨越了好幾千年。大約在他
此生的前八世，其他靈魂才停止與他在靈界的入口會面。

◎ 案例 9 ◎

紐：在你死亡的那一刻，發生了什麼事？

人：我感覺解脫了，而且非常快速地移動。

紐：你如何描述離開地球後到靈界的情形？

人：我像一道光芒似的射出，現在正在路上。

紐：你一直都是這麼迅速的嗎？

人：不，只有在我最後輪迴的幾世。

紐：為什麼？

人：我曉得路，不需要見任何人——我很匆忙的。

紐：見不到任何人並不會困擾你嗎？

人：(笑)那曾經讓我感覺很好，但我再也不需要了。

紐：是誰決定讓你進入靈界時不需要任何協助的呢？

人：(停了一下，聳聳肩)那是……彼此的決定……我和我老師之
間……當我認為自己可以處理的時候。

紐：你現在不會覺得很迷惘或是孤單嗎？

人：你在開玩笑嗎？我再也不需要人家扶著我的手了。我知道要
去哪裡，也渴望到那裡去。我被磁鐵般的力量拉動，僅僅享受這
趟行程。

紐：告訴我這個帶你到目的地的拉動過程是怎樣發生的？

人：我坐在波上……一束光線……

紐：這束光是電磁波？還是什麼？

人：嗯……就像有人為你撥正收音機的電波，找到我正確的頻率。

紐：你是說，你被某種見不到的力量引導，沒有太多的主控權，
也無法在死後加速事情的進行？

人：是的，我必須跟著這束光線的波動走……這些波動具有方向，我正跟著流動，這很簡單，他們為你安排了一切。

紐：誰？

人：掌控者……我不太清楚。

紐：那麼，你並不能掌控。你不用去找出自己的目的地。

人：(停頓)我的心跟這波動一致……隨著波的共鳴漂浮……

紐：共鳴？你聽到聲音了嗎？

人：是的，這波動……震動……我也被它鎖住了。

紐：讓我們回到你剛剛說的收音機。你在靈界的行程是不是受到高、中、低震動頻率的影響？

人：(笑)那沒什麼不好——是啊！我在一條線上，像聲光具備的燈塔……那是我音樂調性的一部分——我的頻率。

紐：我不確定自己是否瞭解光線和震動如何結合在一起設定方向的頻帶。

人：試想閃動的光束裡有個巨大的音叉。

紐：哦，那也有能源嗎？

人：我們有能源——在一片能源場地中。所以，我們並不只是在路線上移動而已……我們自己產生能源……根據經驗運用這些力量。

紐：那麼，你的成熟度確實給了你控制行徑的頻率和方向。

人：是的，但不是在這裡，而是在之後，等我安頓好了，我可以自己移動更多。此時的我仍被拉動著，而我照理應該跟著走。

紐：好，那就這樣吧！接下來告訴我發生了什麼事？

人：(短暫的停頓)我獨自移動著……被引領回到適合我的地方……屬於我的地方。

催眠中，理智分析和潛意識的心境同時進行，以便直接收取和回覆我們深層的記憶。案例九的當事人是一名電機工程師，他

因此用到一些技術性的描述來說明在靈界的感受。在我建議和鼓勵之下，而不是擺佈，這位當事人以技術性用語來解釋他對靈界旅程的想法。所有當事人皆依照本身既有的各類片段知識，來回答我關於靈界的問題。此案例中的當事人以他熟悉的物理定律來描述移動，而其他當事人則可能說——就像在真空中的一大片裡移動。

跟隨靈魂繼續進入靈界之前，我想先討論一下那些死後走不到這個階段的靈魂，還有從正常的行徑軌道中轉向的靈魂。

第 **4** 章

難民靈魂

　　那些受到嚴重損壞的靈魂，會從回靈界靈魂的主流區隔離出來。與所有回鄉的靈魂比較起來，這類不尋常的靈魂數目並不算多，然而，這類靈魂在地球上的遭遇佔有舉足輕重的意義，因為這將影響到他們轉世後的其他肉體。

　　難民靈魂有兩種：一種是無法接受自己死亡的事實，而且因為個人極度的痛苦，抗拒回靈界；另一種是人身受過傷害，或是與變態的罪犯共謀。對第一種靈魂來說，成為難民靈魂是他們自己的選擇；第二種靈魂卻讓嚮導蓄意將他們與其他靈魂分開一段無法預估的時間，避免更多的相處。在上述兩種情形下，這些靈魂的嚮導都會想盡辦法幫助他們恢復正常；基於每種難民靈魂的情況大不相同，我將會個別討論。

　　第一種也就是我們所說的鬼魂。這些靈魂在身體死後拒絕回靈界，而且經常帶給我們這些想要平靜結束人生的人一些不愉快的影響。這類難民靈魂有時被誤稱為「惡鬼」，因為他們被指責說為了害人去侵擾人類的心靈。類似這樣負面的靈魂主題在靈學

上引起許多嚴肅的調查。不幸的是，這部分的靈性研究成了神祕儀式肆無忌憚的藉口，折磨著那些容易受影響者的情緒。

這些遭遇麻煩的靈魂是不成熟的靈體，在地球的輪迴中並未完成自己的任務。他們和受其干擾的人或許沒有任何關係，然而有些人就是容易接納天生愛發牢騷的負面靈魂；也就是說，當有些人的意識處於深度冥想狀態時，偶爾可能會和靈魂的嘈雜訊息接上線，其中的信號形式可以小至瑣務、大到具有刺激性。這些不安定靈魂並不是嚮導。真正的嚮導是治療師，他們不會用尖酸刻薄的話來干擾靈魂。

這類鬼魂的出沒多半有地緣因素。研究鬼魂的專家表示，那些失常的靈魂會被抓到一個介於靈界與地球低層星帶的無人境地。根據我自己的研究，我既不相信這些靈魂會憑空消失，也不認為他們邪惡。他們因為極度不滿才會選擇死後仍憑意志力待在地球。我認為他們是受到傷害的靈魂，因為他們經歷了迷惑、絕望，甚至仇視的程度大到要求嚮導遠離他們。我們的確可以用各種方法來引導難民靈魂，比如驅邪，可以停止他們干擾人。霸佔肉體的靈魂會因為受到勸導，最後得以安然進入靈界。

如果靈界是有秩序的，也有關心我們的嚮導，那怎麼還會有適應不良的靈魂釋放負面能源到人身上的事情發生呢？有一種解釋是，我們甚至在死後仍擁有自由意志；另一種說法則是，既然我們忍受得了有形世界這麼多的動亂，那些失常的靈魂和偏離正常出境程序的靈魂，當然也可以參一腳。那些陷入困境的鬼魂、不快樂的靈魂，可能是這偉大設計中的一部分。一旦這些靈魂準備好了，他們就會被帶離地球而引導至靈界適合他們的地方。

接下來是更普遍的第二種擾亂份子，這類靈魂參與過惡魔般的行徑。首先我們應該思索，擁有犯罪頭腦的靈魂究竟該受譴責，還是無罪；究竟是靈魂的心靈還是人類的自我該負責任，還是兩

者根本是同樣的東西？有時候，當事人會告訴我說：「我覺得受到某種內在力量的支配才去做壞事。」也有些精神失序的人覺得同時受到善與惡的支配，自己根本無法掌控。

長久以來，我經由催眠瞭解人的超意識心靈，獲得到了一個結論——具備感官的肉體確實能以負面的行為影響靈魂的心靈狀態。我們透過具主導地位的生物需求，以及外在環境刺激的壓力——這一切對投胎後的靈魂來說都只是暫時的，從中表現永恆的自己。雖然我們人類的內在並沒有隱藏的、邪惡的自我，有些靈魂還是無法完全被肉體同化。那些無法與自己身體和平共處的人，會在生活中感到孤離。

上述情況並不是給靈魂藉口，讓他們不必盡其所能防止自己涉及地球上的邪惡活動。我們也從人類的良知看到了正面的情形。重要的是，我們要區別清楚什麼會運用負面力量影響我們心智，而什麼不會。聽到內心或是他人建議我們自我毀滅的聲音，都不是來自惡鬼、異形，或是反叛的惡毒嚮導。負面的力量是從自己散發出來的。

如果不妥善處理造成情緒失常的毀滅性念頭，將會阻礙靈魂的發展。那些生命中未獲得解決的個人心靈創傷，將從此帶著自我毀滅的種子，隨之而來的苦楚會讓人覺得自己似乎少了什麼。比如說，源自個人痛苦的過度渴望和上癮行為會阻礙健康靈魂的表現，甚至可能將靈魂與其肉身束縛在一起。

難道時下社會暴行的發生，就表示今日犯錯的靈魂比以前多嗎？如果找不到別的原因，當今過度膨脹的人口和扭曲心靈的迷藥般文化，應該是助長此結果的原因。從正面觀點來看，地球上的人類顯得提升了苦難意識的國際水平。

曾經有人告訴我，地球上每個紀元的血腥歷史中，總會有相當數量的靈魂無法成功抵抗和反擊人性的殘酷。有些靈魂因為投

胎的身體遺傳有異常化學基因的腦袋，在暴動的環境中更是危險。我們也見過這樣的例子：從小身心受虐的孩子在成年後預謀駭人聽聞的罪行，也不會有任何悔意。由於靈魂並不是以完美為指標而創造出來的，他們的本質在人生發展中也會遭到污染。

　　過分違反常態的行為，我們稱之為罪惡。我的當事人告訴我說，即使靈魂在世時被貼上惡魔的標籤，沒有一個靈魂是生來邪惡的。人類對於病態罪惡的刻劃，來自個人的軟弱感和無助受害者的缺陷。雖說一般而言，涉及邪惡行為的靈魂處於低發展階段，不成熟的靈魂並不會因為人身的人格缺陷而主動產生惡行。靈魂的進化包括從不完美轉變到完美，其中在完成差事為要務的幾世裡，必須克服許多高難度的肉身。靈魂也可能選擇自己一直處理不好、或受到顛覆的環境。然而如此一來，靈魂就可能因為不佳的人生選擇而使自己受到傷害。無論如何，所有靈魂對自己佔有之身體的行為都應負責。

　　下一章，我們將見到靈魂與親友會合前，如何在嚮導的陪同下先就前世的人生回顧。然而，靈魂因為自己所投胎之身體的行為造成別人不幸後，又會有什麼後果？如果靈魂沒有能力去改善身體這主人所持有的惡念，來世又怎能負責任呢？這又引出人會因為行為的好壞而被送到天堂或地獄的話題，因為長久以來，為自己負責一直是我們的宗教傳統。

　　在我辦公室的牆上掛有一幅埃及圖畫，描繪死者之書（The Book of the Dead）中「審判」一景，是七千年以上關於死亡的神話儀式。古埃及人一心總想著死亡和入土之後的世界，因為在他們宇宙眾神的信仰中，死亡解釋了生命。這幅畫是一名剛死去的男人到達介於生之地與死之國間的某個地方。他站在一組天秤旁，等著自己前世在地球上的行為接受審判。儀式的主人是阿奴比斯神（Anubis），他仔細將這男子的心放在秤盤上衡量，另一

邊則放著象徵真理的鴕鳥羽毛。這顆心，不是頭，對埃及人而言是將一個人的靈魂意識具體化了。這是一個令人緊張的時刻。鱷魚頭怪獸張著嘴，蹲伏在一旁等著，要是這男子一生做的錯事多於對的事，怪獸就會吞掉他的心。靈魂若無法通過這天秤的標準，便得結束本身的存在。

我從當事人們那裡得到許多關於這幅畫的意見。思想比較深奧的人堅持，以這量秤來評判一個人過去的行為，不管其結果多麼不利或天秤多麼不平衡，沒有人會被拒絕進入死後的國度。這樣的信念對嗎？不論與其佔有的身體聯合做出何種行為，所有的靈魂是不是都有機會以相同的方式回到靈界呢？

為了回答這問題，我必須先提到一點，現今社會多數人相信「靈魂不是去同一個地方」。比較中庸的神學不再強調罪人所面臨的地獄之火和硫黃。許多宗教派別指出，善惡兩種精神境界是可以共存的；古代的哲學論述則透露，壞靈魂會與神界中心分離以作為死後的懲罰。

比聖經還要早數千年之宗教信仰的依據之一——西藏死亡書，描述了人的意識在尚未輪迴的過渡期間——中陰(the Bardo)，就像是當「我們所犯的罪投射我們到靈界不同區域」的時期。如果東方人相信靈界有個特殊場所收留作惡多端的人，這樣的觀點是否和西方人指的滌罪所相似呢？

早期的基督教義將滌罪所定義為給那些犯了違反人性而罪較輕的人，也是一個暫時受到驅逐的過渡境界。基督徒的滌罪所被認為是一個贖罪、隔離、受苦的地方。清除了所有負面業障後，這些靈魂終究獲准進入天堂。另一方面，犯下重大罪行(致命)的靈魂則被判永遠下地獄。

難道地獄的存在是為了將善、惡靈魂永遠分開嗎？透過所有當事人的靈魂案例，讓我信服了一件事：並沒有為了折磨靈魂而

存在的地方，除了地球。我被告知所有靈魂死後都會回到同一個靈界，在那裡，每個人都受到耐心及愛的對待。

然而，我也曉得有些靈魂確實在靈界受到隔離，而且發生在與嚮導接受新生訓練時。他們的回鄉路線也和其他靈魂不同。那些克服不了犯罪的當事人說，影響力太弱的靈魂因為無法擺脫源自肉身的害人念頭，一旦回到靈界便會受到隔離。這些靈魂不依常規與其他靈魂共處的情況，似乎會持續一段時期。

我還注意到，那些起初幾世裡經常行為不良的初級靈魂，必須忍受個別的精神隔離。他們終究會回去加入自己的族群，在周密的督導下增強學習。前面所說的並不是處罰，而是類似讓這些靈魂的自我意識重新建造的滌罪所。

在地球上，因為犯錯的形式有很多種，靈性再造和隔離的方式也因人而異。這些差異的本質顯然在每一世結束後的新生訓練期間被評估。隔離與重新灌輸思想的時間長短也不一致。比如曾有當事人說，適應不良的靈魂也有可能在隔離一段時間後，為了儘快藉良好的表現抵銷過去的惡行而直接回地球投胎。以下的例子是一個與這類靈魂熟識的當事人告訴我的。

◎案例 10◎

紐：那些肉身有缺陷的靈魂，是否必須擔負起因肉身而傷人性命的責任呢？

人：是的，那些兇殘傷人性命的靈魂──我就認識一個。

紐：你對他瞭解多少？他在那世之後回到靈界，又會發生什麼事？

人：他……傷害過一個女孩……很慘……然後沒有再回到我們的族群。因為他擁有那個身體時的表現很差，必須接受密集的個人課程。

紐：處罰他的方式有哪些？

人：處罰是……錯誤的說法……應該說是再造。你必須曉得這對你老師而言是一件大事。老師對於那些曾經涉及殘酷行為的靈魂比較嚴厲。

紐：對你而言，「比較嚴厲」在靈界指的是什麼？

人：嗯，我那朋友再也沒回來我們身邊……也就是他朋友們的身邊……在他害了那女孩……可悲的那一世之後。

紐：在他死後，是否也跟你一樣經過相同的靈界隧道呢？

人：是的，但他沒有見到任何人……他直接到一個只有他和老師的地方。

紐：然後發生了什麼事？

人：過了一陣子以後……並沒有多久……他又以一個女子的肉身投胎到地球……她身邊的人都很殘忍……身體上的虐待……那是一個慎思過的選擇……我朋友必須去經歷那些……

紐：你覺不覺得這個靈魂會怪他投胎的腦袋——為什麼要去傷害那個女孩？

人：不，他承擔自己的所作所為……怪自己……他怪自己能力不夠，無力克服人類的劣根性。是他要求下一世要成為受虐女子的，為了去體會……瞭解他對那女孩做出的傷害。

紐：如果你這朋友無法體會，還是繼續跟做壞事的人牽扯不清，他的靈魂會被靈界的人毀滅嗎？

人：(停頓良久)你無法真正去毀滅能量……但它可以再造……那些掌控不好的負面效應……在許多世……可以再調整。

紐：怎麼做？

人：(含糊)……不是透過毀滅……而是再造……

　　案例十的當事人並沒有進一步回答這問題，而其他認識這類受損靈魂的當事人，他們提供的訊息又很匱乏。稍後，我們將會

更瞭解關於靈魂能量的修復。

多數犯了錯的靈魂都有辦法解決自己控制力的問題。善有善報、惡有惡報，是以業障為中心的法則。在公正的業障循環中，傷害他人的惡行是會自食其果的，只會讓自己成為未來的受害者。另一個經過數千年考驗的早期東方文獻——薄伽梵歌(The Bhagavad Gita)，其中一段提到「受邪惡影響的靈魂必須挽救其美德。」

對所有靈魂來說，業障若無涉及因果和公正，那麼關於死後世界的研究也是不具意義的。業障本身並未意味著行為的好或壞，而是人一生中正面和負面行為的結果。所謂「世間並無偶然」的說法，並非表示一切安排皆受業障的驅使。業障只能讓我們學到教訓，推動我們前進。我們未來的命運決定於本身逃避不了的過去，尤其曾經害過人的話。

成長的關鍵在於領悟到自己擁有中途改變命運的能力，以及所做所為發揮不了作用時，我們勇於改變現況的能力。一旦克服恐懼而且敢於冒險，我們的業障便會順應新選擇而生的新結果。在每一世結束時，我們將比老師和嚮導們早一步成為自己最嚴格的批判者，而不會讓怪獸等著吞食掉我們的靈魂。這就是為什麼說業障是公正且慈悲的。藉由靈界指導者和同輩的幫助，我們為自己的行為決定合適的審判原則。

有些相信輪迴的人認為，如果犯錯的靈魂未在合理的幾世輪迴間學到應有的教訓，他們將被淘汰，然後被較有心的靈魂取代。然而，我的當事人否定了這種說法。

這世上並沒有專為所有靈魂設計的自覺之路。某位當事人告訴我：「靈魂在自身成長的戰爭期間被分派到地球。」這表示靈魂被賦予時間和機會，以便為了成長而改變。那些藉由人類的肉身持續作出負面行為的靈魂，必須不斷地努力改變自己以便克服這些困難。依我所見識到的，只要靈魂在這星球上的幾世輪迴中

願意努力，沒有任何負面業障會緊跟不放。

　　靈魂究竟是否該為人性的無理、不合群和破壞性行為負起全部的責任，是個值得公開討論的問題。靈魂必須學習如何以各種方式來應付被指定用來投胎的身體。靈魂永久的本性會在人類的心靈裡烙印出獨特的個性，對靈魂來說是非常個人化的行為。我還發現介於靈魂的心靈與人類的大腦之間，存有奇怪的雙重特質。等讀者曉得更多靈魂在靈界的生存方式後，我將在後續章節對此觀念做進一步的討論。

第**5**章

輔導座談會

　　回靈界的途中，歡迎我們的那些靈魂四散開後，我們也就準備好被帶去復建中心了。緊接著是再度針對靈魂適應靈界環境的輔導座談會，我們通常在此接受嚮導的審問。

　　由於我們所處的宇宙沒有實體，為求方便，我習慣將宇宙中所有靈界的地點稱為地方或空間。關於接下來結合的兩個停留點，身為靈魂時的當事人對其敘述的相似性實在過於巧合，儘管他們對這地方的稱呼並不相同。我曾聽到這樣的措詞：臥室、旅行艙位、介於空間之間的停留區，但是最普遍的稱呼是「復建中心」。

　　我所想像的復建中心就像戰地醫院或是流動醫療單位(MASH unit, Mobile Army Surgical Hospital——美國陸軍流動外科醫院)，讓受傷的靈魂在離開戰場般的地球後得以棲息。我選了一位曾多次經歷這種恢復元氣過程的高級靈魂，這位男性當事人敘述了靈界下一個停留站的特質。

◎ 案例 11 ◎

紐：離開了那些在你死後來打招呼的朋友後，你的靈魂接著去了靈界哪個地方？

人：我獨自一個人好一陣子……在巨大的空間中移動……

紐：然後發生了什麼事？

人：我被一股看不見的力量引導，進入一個比較封閉的空間——那是一個入口，可以到完全只有能量存在的地方。

紐：這地方像什麼？

人：對我來說……是個治療的容器。

紐：告訴我你在這地方所經歷的事，越詳細越好。

人：我被推進去，看到一束明亮而溫暖的光芒，以一種流質能量般的水流方式接近我。剛開始有一種……像煙霧般的蒸氣……在我身邊旋轉……然後溫和地撫摸我的靈魂，好像它是活的。之後，它像火一樣被我吸收，我沐浴其中，受過的傷害也都得以洗滌乾淨。

紐：是有人在幫你沐浴嗎？還是這光束不曉得從何處將你裹住？

人：只有我一個人在這裡，但是受到某種引導。我的本質被洗滌了……走過地球一遭後，這地方幫我恢復原狀。

紐：我聽說，這地方就像是辛苦了一天後，讓你洗個澡消除疲勞。

人：(笑)工作一輩子之後，這樣當然更好了，而且又不會弄濕自己。

紐：既然你不再擁有一個有形身體了，這種能量淋浴的方式要怎樣治療靈魂呢？

人：藉由觸及……我的本質。我因為前世和那時的身體感到很累。

紐：你是說，身心上的傷害會在死後影響靈魂的情緒？

人：天啊！沒錯。我最真的感情——以我的本質而言——受到我所佔據的身體和腦袋的影響。

紐：即使你現在已經永遠與那身體分離了？

人：每個身體都會……對你留下某種印記，至少會持續一段時間。有些我曾經擁有過的身體，永遠也無法拋下。即使你已經得到解脫，在輪迴的某幾世中，你還是會保有那些身體不可磨滅的記憶。

紐：好，現在我要你結束治療性質的淋浴，然後告訴我你的感受。

人：我被懸在光芒中……它滲透到我的靈魂……洗掉大部分不良的病毒，讓我解脫前世的束縛……得以轉化，再度恢復完整的我。

紐：這淋浴方式對每個人都有同樣的療效嗎？

人：(停頓)當我比較年輕、經驗也不是很夠的時候，我到這裡時的負傷比較重——這裡的能源對當時的我來說，似乎功效不大，因為我並不清楚怎麼運用它來完全洗滌不良物。即使受過治療的能源，我帶著舊傷的時間也比較長。

紐：我想我能了解。那麼，你現在怎麼做？

人：復原後，我離開這裡，到一個安靜的地方和嚮導談。

　　這個被我稱為淋浴治療的地方，對於回鄉靈魂的復建而言，只是個序曲。緊接而來的輔導座談會(特別是針對年輕靈魂)，則牽涉到與嚮導的重要輔導階段。新來的靈魂到達此站後，會先經歷關於才剛結束那一世的詢問。導引訓練同時也被設計成一個面談的入口，以便提供更進一步的情緒釋放和回靈界的重新調適。

　　在催眠狀態下，談到輔導座談會中這類輔導的人表示，他們的嚮導溫和卻又追根究底。想像一下你在小學時最喜歡的老師，你就能理解箇中道理了。試想，一個堅定而關心你的靈魂，瞭解你所有學習的習慣、你的優缺點、你的恐懼，只要你繼續嘗試，他總是準備好與你共同努力。你若不想，你的成長也就靜止不變。在精神導師面前，學生無法隱瞞任何事。在心靈感應的世界裡，任何花招和欺騙都無法存在。

　　關於輔導座談會的景象存有好幾種差異，皆依靈魂的個別性格和剛結束那一世的心靈狀態而定。常有許多靈魂說他們的輔導座談會發生在一個房間內。至於這些場景的家具和第一次會談的感受強弱，則因每一世而不同。以下案例是一個發生在輔導座談期間的簡短例子，足以證明來自高層的靈魂想要撫慰回鄉靈魂的心。

◎ 案例 12 ◎

人：在這地方的正中央，我看到小時候的房間，我以前在那房間非常快樂。我看見遍佈玫瑰的壁紙，四腳床上有張吱吱作聲的彈簧墊，上頭鋪著奶奶為我做的一條粉紅色厚厚的被子。每當我遇到麻煩，她總會和我貼心地談談，而她現在也在這裡——就坐在我的床邊，我喜歡的動物玩偶圍繞著她——等我來。她帶有皺紋的臉如同往常一樣，充滿了愛。過了一會，我發現她其實是我的嚮導——阿曼菲斯。我跟她談到剛結束的那一世中令我難過和快樂的時光。我知道自己犯了錯，但是她對我很仁慈。當我回憶往事時，她陪我又哭又笑。然後，我們談到所有我可能在前世裡做得到卻沒做的事，但是後來都沒關係了。她曉得我必須在這美麗的世界稍作休息。我想好好放鬆一下。我不在乎是不是還能回到地球，因為我真正的家在這裡。

　　顯然，較高級的靈魂在此階段並不需要任何新生訓練。這並不表示被我歸為此類中百分之十的當事人，會隨著從地球回來的浪潮，直接航向他們的嚮導。每個人對於自己的前世皆負有責任。他們的表現是根據自己如何詮釋和扮演他們的人生角色來評價。高級靈魂入口時的面談，稍後會由資歷更深的老師來主持。經驗較少的靈魂通常會受到輔導人員特別的關注，因為從有形到靈體

的突然轉變，對他們來說還是比較難接受。

　　我選的下一個案例對於治療性輔導座談有較深入的描述。仔細探討面對事情的態度和情緒，以便再度引導未來的言行，是嚮導的典型作法。案例十三中的當事人海絲特是名體格健壯的三十二歲女性，身高與體重皆在一般人之上。她身穿牛仔褲、長靴和寬鬆的毛衣來到我辦公室那天，顯得焦慮不安。

　　她提出的問題可以分成三部分；即使身為成功的房地產仲介，她並不滿意自己的人生。她認為這樣的生活太物質化，無法從中得到滿足感。海絲特還認為自己缺乏女性魅力。她提到自己擁有滿滿一衣櫃的漂亮衣服，但她討厭去穿它們。她還告訴我在她一生中，她是如何輕而易舉地操縱男人，因為「我性格中喜歡向男人挑釁的那部分，讓我無法感覺自己是個完整的女人。」當她還是小女孩的時候，她不玩洋娃娃也不穿洋裝，因為她對男孩子之間競爭性的運動遊戲比較感興趣。

　　即使她找到一個能接受她強勢作風的人結婚，她的男性氣概並未隨年齡而改變。海絲特說，只要讓她握有掌控權，她就能享受與先生的性關係，而她先生也為這點感到興奮。此外，她抱怨頭部右側的耳朵上方在經過密集的醫療檢查後還是會痛，醫生卻將之歸因於壓力所致。

　　在催眠過程中，我發覺當事人最近這幾世經歷了一連串男性的輪迴；1880年代，她是奧克拉荷馬州一名叫做羅斯·菲爾登的律師，那世短暫的人生最具代表性。羅斯，也就是這個當事人，三十三歲時在飯店房間裡對著頭舉槍自殺。羅斯對於以法庭檢察官為一生的志向感到失望。

　　隨著以下對話的展開，讀者將會感覺到其中緊張的情緒，回溯治療師稱之為甦醒階段(賦予新生命之意)中的「增強回應」。它不同於催眠狀態下既是觀察者又是參與者的當事人角色。

◎案例13◎

紐：你現在已經離開淋浴治療了，接下來要去哪裡？

人：(憂慮)去見我的指導老師。

紐：那是誰？

人：(停頓)……狄斯……不……他的名字是克羅狄斯。

紐：當你進入靈界時，你和克羅狄斯說過話嗎？

人：我那時候還沒準備好，當時我只想見我父母。

紐：那你現在為什麼要去見克羅狄斯呢？

人：我……將要去做某種……報導……關於我自己。我在過去的每一世結束後，都會經歷這個階段，但是這一次，我陷入了困境。

紐：為什麼？

人：因為我自殺。

紐：當一個人在地球上自殺，是否表示他們的靈魂會受到某種懲罰？

人：不，不，這裡沒有所謂的懲罰——那是在地球才有，只是克羅狄斯將會對我失望，因為我太早放棄，又沒有勇氣去面對困難。即使我選擇了死亡，還是得在下一世回來面對所有相同的情況。我的提早離開只是浪費更多的時間罷了 。

紐：所以，沒有人會怪你自殺？

人：(仔細考慮了一下)嗯，我的朋友當然也不會拍拍我的背說做得好。我為我所做的事感到難過。

備註：這是一般靈魂面對自殺的態度，但我要補充說明的是，那些在地球上藉由自殺來脫離肉體上長期痛苦或幾乎完全殘廢的人，其靈魂多半不會懊悔。他們的嚮導和朋友們也比較能接受他們這類動機的自殺。

紐：好，讓我們繼續你和克羅狄斯的會談。先描述一下你進來這

空間見你指導老師時的周遭環境。

人：我走進一個房間——有牆壁……(笑)哦，那是「雄角」酒吧！

紐：那是什麼？

人：在奧克拉荷馬州一個很棒的牛仔酒吧。我在那裡是個快樂的顧客——友善的氣氛——美麗的木牆——皮椅墊。(停頓)我看見克羅狄斯坐在其中的一張桌子旁等我。現在我們要開始談話了。

紐：你怎麼評斷這件事——在靈界有個奧克拉荷馬州的酒吧？

人：那是他們為了讓你放鬆心情所做的好事之一，不過也是結束的地方。(深深嘆息)這次談話將不會像是酒吧裡的聚會。

紐：聽起來你似乎因為要和嚮導好好談論前世而沮喪？

人：(辯護似的)因為我搞砸了！我必須去見他，還要解釋為什麼沒處理好。人生是如此艱難！我試著要做對……可是……

紐：做對什麼？

人：(痛苦狀)我和克羅狄斯曾協議過，先設定好目標再逐步完成，他對身為羅斯的我有所期望。該死！現在我得在這種情況下去見他……

紐：你並不覺得自己身為羅斯時，完成了和指導老師約定過的學習？

人：(沒耐心)不，我很糟糕。而且，當然，我還必須全部重來一遍。我們似乎從來沒有完美達成。(停頓)你曉得，如果不是為了地球的美麗——那些鳥——花——樹——我絕對不會再回去。那實在太麻煩了。

紐：我看得出來你很不高興，但你不認為……

人：(激動地打斷我的話)你也無法避談任何一件事。在這裡的每個人都對你很清楚。我沒有任何一件事瞞得了克羅狄斯。

紐：我要你深呼吸一下，在雄角酒吧裡繼續前進，然後告訴我接下來的發展。

人：(屏息，然後正了正肩膀)我飄進去，坐在克羅狄斯的對面，我們坐的圓桌靠近吧台的前方。

紐：你現在就在克羅狄斯的身邊了，你覺得他和你一樣為你的前世不高興嗎？

人：不，我對自己做了和沒做的事更感到不高興，他知道。指導老師會不悅，但他們不會侮辱我們，他們在這方面太棒了。

在此期間，嚮導會於過程中給予靈魂鼓勵的訊息，但那並不表示阻礙前進的防禦性障礙已被完全移除。我們過去痛苦的記憶不像身體那般容易死去。海絲特必須和羅斯一樣，毫無成見地去看出前世不正確的一面。

催眠狀態下重建輔導座談會的情境，對身為治療師的我也有所幫助。我發現心理劇中角色扮演的技巧，在揭露情感以及與現有行為相關的舊信念方面相當好用。由於案例十三的輔導座談過程實在很長，我不得不濃縮一下。在這案例的緊要關頭，當事人的嚮導也捲入我所提出的問題中。

當羅斯的一生逐步展開時，我扮演的是他和嚮導之間的第三者。在這個輔導模式中，我也會運用角色轉換的技巧，讓海絲特或羅斯敘述克羅狄斯的看法。當事人與其嚮導的整合是引出高級靈魂的協助和釐清問題焦點的好方法。有時候，我甚至感覺到自己的嚮導也在指引著我。

在沒有好理由的情況下，我會小心翼翼地傳喚嚮導。直接與當事人的嚮導自由溝通的結果，總是令人無法預料。如果我的干擾既笨拙又沒必要，嚮導就會以沉默或含糊的言語讓當事人不曉得如何回應我。

我曾遇過嚮導以刺耳的音調發出當事人的聲音，那聲音非常不和諧，我很難聽懂他對問題的回答。當事人若為其嚮導發言，

而不是嚮導借當事人的喉嚨為自己發言時，話中的抑揚頓挫通常不會斷裂。在此案例中，克羅狄斯輕易地穿梭在海絲特和羅斯之間，讓我可以隨意和他的學生進行談話。

紐： 羅斯，我們兩個都需要瞭解從你開始和克羅狄斯談話後心理上的變化。我要你幫我，你願意嗎？

人： 我願意。

紐： 好，那麼從現在開始，你將會做出一些不尋常的舉動。數到三後，你將有能力擔任克羅狄斯和你自己的雙重角色。這能力可以讓你告訴我你和你嚮導的想法。當我問你時，你就會真正成為你的嚮導。準備好了嗎？

人： (躊躇)我……好了。

紐： (迅速地)一——二——三！(為了加速轉移，我將手掌放在當事人的前額)現在，讓克羅狄斯透過你說出他的想法。你正坐在桌子的對面，也就是羅斯的靈魂面前，你對他說了什麼？快(我要當事人馬上做出我的指令，而不去想太多其中的困難度)！

人： (當事人反應慢，然後他嚮導說話了)你知道……你可以做得更好的……

紐： 現在快點——再當羅斯。移到桌子的另一邊回答克羅狄斯。

人： 我……試過……但我喪失了目標……

紐： 再次轉換位置，變成克羅狄斯來回答羅斯。快！

人： 如果你能改變生命中的任何事，那會是什麼？

紐： 以羅斯來回答。

人： 不那麼……腐敗……為了權力與財富。

紐： 以克羅狄斯來回答。

人： 你為什麼讓這些東西毀了你最初的承諾？

紐： (降低聲音)做得不錯。繼續在這張桌子旁來回換座位。

人：我要讓社會……感覺到我的重要性……鶴立雞群而且受人推崇……憑我的能力。

紐：以克羅狄斯回應。

人：特別是想讓女人愛慕……我觀察到你試著要在性關係上掌握她們，只為征服而無任何依戀。

紐：以羅斯來回答。

人：是的……那是事實……(左右搖頭)我不用解釋，反正你都曉得。

紐：以克羅狄斯回應。

人：哦，但你還是得解釋。你必須自我意識到這些事情的緣由。

紐：以羅斯來回答。

人：(挑釁)如果我沒有掌控這些人，他們就會掌控我。

紐：以克羅狄斯回應。

人：這沒什麼功績可言，而且對你來說不值得。你後來的樣子並不是你開始時的模樣。我們還小心選擇了你的父母。

備注：菲爾登家是小康的農人家庭，夫妻倆誠實、寬容，而且為了讓羅斯讀法律而做了很多犧牲。

紐：以羅斯來回答。

人：(匆促地)是的──我知道──他們讓我理想化──去幫助弱勢，而我也想這麼做，但就是不成功。你也看到發生了什麼事。我開始當律師時，還在負債中……起不了作用……沒什麼結果。我不想再窮下去，為那些沒錢付給我的人辯護。我討厭農場──那些豬和牛。我喜歡被重要人士圍繞。當我以檢察官的身分進入權力機構時，我想要改良制度並且幫助農民，都是因為那個制度錯誤……

紐：以克羅狄斯回應。

人：哦，你因為那個制度而墮落──跟我解釋一下。

紐：以羅斯來回答。

人：(激動)人們必須繳納負擔不起的罰款——其他人，我就送他們進監獄，只因為他們無意犯下的罪——我還絞死一些人(聲音中斷)！我成了合法的劊子手。

紐：以克羅狄斯回應。

人：你為什麼因為起訴那些傷害他人的罪犯而自責？

紐：以羅斯來回答。

人：他們少數……其實是大部分的人……只是像我父母一樣的平凡人，他們被這制度絆住……需要錢才能生存……而且有些人……腦袋病了。

紐：以克羅狄斯回應。

人：還有，你為什麼起訴受害者？你不是選擇以法律幫助社會，以公理讓農場及城鎮更安全嗎？

紐：以羅斯來回答。

人：(大聲)你沒看到嗎？我並沒有成功——我成了早期社會的謀殺犯！

紐：以克羅狄斯回應。

人：所以你謀殺了自己？

紐：以羅斯來回答。

人：我偏離了人生軌道……我也不想再回到從前，成為毫無身分地位的人……也無法再往前走了。

紐：以克羅狄斯回應。

人：你太容易與那些只求個人名利的人為伍，進而成為參與者。這不是你。你為什麼隱藏了本性？

紐：以羅斯來回答。

人：(氣憤)你為什麼不多幫我一點——在我剛成為公眾辯護律師的時候？

紐：以克羅狄斯回應。

人：這麼想對你有什麼好處？你認為我必須在你人生每個轉捩點拉你一把嗎？

紐：(我要求海絲特以羅斯的身分回答，但是她保持一陣沉默)羅斯，如果我可以打岔的話——我相信克羅狄斯正在詢問你的感受，在你經歷過現在的痛苦和為了前世責備他之後。

人：(停頓)想要同情……我猜……

紐：好，針對這想法以克羅狄斯回應。

人：(非常緩慢)你還要我做什麼？你不夠深入探索自己的內心。我在你的心靈培植了節制、自我控制、負責、理想、你父母的愛——你忽視了這些念頭，卻對其他行為固執己見。

人：(羅斯沒有得到我的指令就回答)我知道，我錯過了你設置的警告標誌……我浪費了機會……我感到害怕……

紐：以克羅狄斯回應你的敘述。

人：你認為自己最有價值的地方是什麼？

紐：回答你的嚮導。

人：我想要改變地球的期許。起初，我想要為地球上的人類做一些改變。

紐：以克羅狄斯回應。

人：你先前留下的任務，我現在看你又再次錯失了機會——害怕承擔風險——走上自毀的路——試圖成為不像自己的人，然後又在那邊難過。

　　重建輔導座談會並不會對我進行的催眠過程產生突如其來的變化。當案例十三以克羅狄斯的身分說話時，她的回應較為清楚、果決，與我當事人海絲特或她的前身羅斯完全不同。早期的輔導座談會階段，我要當事人轉述其嚮導的評論時，並不是每次都能成功而且如此具有洞察力。不論在靈界先選擇好何種投胎環境，

前世的記憶經常會浮現出來成為眼前的問題。

當我轉換時空的時候，不管此當事人或其嚮導是否真正主導著雄角酒吧裡的對話，對我來說並不重要。畢竟，羅斯這人已經死了，然而海絲特陷入相同的泥沼，我想要盡我所能去打斷這種毀滅性的行為模式。我花了幾分鐘的時間和這個當事人回顧她嚮導指出的缺點：欠缺自我意識、疏離人群、失去價值觀。我要求克羅狄斯繼續協助後，結束了這個輔導座談會的情景，接著馬上帶海絲特移到稍後的階段，也就是她重新投胎前的這一刻。

紐： 想起你身為羅斯時的所有事情後，加上你來到靈界，更瞭解自己真正的靈性，你又為什麼選擇目前的身體呢？

人： 我選擇成為女人，如此一來，別人就不會覺得受到我的威脅了。

紐： 是嗎？那為什麼要挑二十世紀一個強壯有力的女人身體呢？

人： 他們就不會在法庭看到一個身著黑衣的訴訟律師了——此時的我是個意外的包裝。

紐： 意外的包裝？什麼意思？

人： 身為女人，我曉得自己對男人比較不構成威脅，我可以突然把他們嚇得半死。

紐： 什麼樣的男人？

人： 大人物——社會上的權力核心——當他們因為我是女人而有安心的錯覺時，逮到他們。

紐： 逮到他們之後做什麼？

人： (左掌握住右拳)抓住他們——將弱勢者從那些想吃盡天下小魚的鯊魚口中救出來。

紐： (當她處於潛意識狀態下，我將時空移到現在)我想瞭解你這世選擇女人的原因。你想幫助當你前世身為男人時無法幫助的同類族群——對嗎？

人：(悲傷)是啊，但那不是最好的方法。事情的發展跟我所想的不同。我還是太強勢和陽剛，我的能量往錯誤的方向傾洩。

紐：什麼錯誤的方向？

人：(惆悵)我又重蹈覆轍，不當地利用人們。我選的女人身體對男人構成威脅，而且我並不覺得自己是個女人。

紐：舉例來說？

人：商場上的性。我又捲入權力遊戲中……將原則推向一邊……像羅斯一樣偏離正軌。這回，我操縱不動產的交易，對賺錢過於感興趣。我要地位。

紐：海絲特，這又如何傷到你？

人：金錢與地位的影響對我來說，就像嗑藥嗑上癮，跟我前世一樣。現在即使身為女人，還是改變不了愛控制人的毛病，好……傻……

紐：那麼，你覺得選擇女人的動機錯了嗎？

人：是的，當男人對我來說比較自然。但是我以為這次身為女人會讓我……更婉轉。我要藉此機會以不同的性別再試一次，克羅狄斯也讓我試(她在椅子裡頹然倒落)。真是一個愚蠢的疏失。

紐：你不覺得對自己太苛刻了嗎，海絲特？我感覺，你選擇成為女人還因為你想要女人的洞察力和直覺，好讓你以不同的觀點去應付你的學習課程。你可以擁有男性化的能量，如果你要這麼稱呼它的話，而同時保有女性氣質。

　　結束這個案例之前，我應該提一下同性戀的議題。大部分的當事人在百分之七十五的輪迴中會選擇同一種性別。從很多靈魂身上可以見到這類行為模式，但並不適用於高級靈魂；高級靈魂在選擇身為男或女時，維持比較平衡的狀態。多數常來地球投胎的靈魂對某種性別的喜好，並不表示當他們以另一種性別在其他

百分之二十五的輪迴中活得不快樂。

海絲特並不見得會因為所選的身體而成為同性戀或雙性戀。同性戀可能會、也可能不會對自己的身體構造感到舒服。我的當事人若是同性戀，他們經常會問自己之所以是同性戀是否因為這世選錯了性別。這問題在催眠結束後，通常也獲得了解答。

不論靈魂是在什麼情況下選擇性別，這個決定在他們來地球之前就已經完成了。有時我發現，同性戀之所以事先選擇他們現在的人生，是為了體驗前幾世較少經歷過的性別。

同性戀在我們的社會背負著性向上的恥辱，人生道路也較一般人來得艱辛。當事人若是選擇這樣一條人生道路，通常可歸溯其業障需要他們面對前幾世發生過的性別認同問題，以便加速個人瞭解其中複雜的差異。案例十三的當事人選擇在今生成為女人，就為了要克服羅斯經歷過的絆腳石。

海絲特是否可以因為知道自己身為羅斯的前世而受益，並且不用等到三十年後經由催眠得知呢？對前世毫無記憶可稱為失憶症，這種情形讓對輪迴感興趣的人甚感困惑。為什麼要讓我們終身試著去探索自己到底是誰、該做哪些事，和思考是否有神真正在乎我們呢？我也問了當事人關於失憶的問題。

紐：為什麼你對身為羅斯的前世沒有任何記憶？你的看法呢？

人：當我們選好了身體、安排好回地球的人生計畫時，我們和指導老師有項約定。

紐：關於什麼的約定？

人：我們同意……不去記得……前世。

紐：為什麼？

人：以空白的狀態學習會比因為自己過去的行為而事先知道將發生的事還好。

紐：可是，曉得前世的錯誤而避免今生重蹈覆轍，不也很有價值嗎？

人：如果先曉得自己的前世，很多人或許會因此太注意以前的事，而不去試著以新方法解決同樣的問題。

紐：還有其他原因嗎？

人：(停頓)我們的指導老師說，忘記過去的記憶，比較不會全神貫注於……試著……為過去雪恥……為自己的不平報復。

紐：咦，我聽到目前為止，這似乎是你此生身為海絲特的動機和行為。

人：(強而有力)所以我來找你。

紐：你還是認為在地球上全面封鎖人們對永恆靈界的記憶是成長的關鍵嗎？

人：一般來說，是的，但並不是全面封鎖。我們會在夢境裡獲得一些浮光掠影……危機時刻中……必要時，人會自內心曉得往哪個方向走。有時，你的朋友也能敷衍你一下。

紐：說到朋友，你指的是來自靈界的？

人：啊—嗯……他們會給你暗示，藉由浮光掠影——我就做過。

紐：可是，你還是得來找我喚起你的記憶。

人：(停頓)我們有……能力去意識到何時為明瞭因緣的時機。當我聽到關於你的事時，我已經準備好要有所改變。克羅狄斯允許我和你一起去看前世，因為那對我有好處。

紐：要不然，你的失憶症會持續下去？

人：沒錯，那也表示說，讓我曉得某些事情的時機還未到。

　　依我看，任何時候當事人若無法進入催眠狀態，或在催眠狀態下得到的只是浮光掠影，這類障礙絕對事出有因。那並不表示這些人沒有前世的記憶，只是揭露這一切的時機未到。

這位當事人領悟到自己的成長受到阻礙，想要揭露原因。靈魂的超意識儲藏了我們永續的記憶，包括目標。一旦時機成熟，我們必須協調人類的物質需求和靈魂的目的——為了在這裡生存。我試著以常理來連結過去和現在的經驗。

不管目前的狀況如何，我們的本性從來不會丟下我們與所選擇的身體相處。冥想、靜坐、或是禱告的時候，我們對於本性的記憶確實每天以選擇性的方式過濾給我們。以少許、直覺感受的方式——穿越失憶的雲朵——我們獲得辨識自己的提示。

減低海絲特頭痛的來源之後，我向她強調，她選擇女人的原因並非只為了威脅男人，然後結束了這次輔導。我讓她少一點自我防衛、少一點爭強好鬥。我們討論了重設工作目標的一些選擇，比如助人的職業和從事社工的可能性。最後她總算能視今日的生活為很好的學習機會，而不是性別選擇下的失敗品。

每當完成一個案例，我從未停止欽佩靈魂嚴峻的誠實。我注意到靈魂若造就出富饒的一生，而且不僅造福自己、也造福了身邊的人，他們就會滿懷興奮地回到靈界。然而，若是像案例十三裡的當事人說自己浪費了一生，特別是在人生早期就自殺的，那麼他們回靈界的描述便相當沮喪。

我發現輔導座談會若是令當事人的心情不佳，其潛在因素是他們突然回想起所有往事。有形的身體死後，靈魂不再受人類身體的拖累，智慧也就突然湧現，因此一生做過的蠢事會在輔導會談中深深打擊自己。當我讓當事人更深入靈界時，我見到他們更放鬆，思路也更清晰。

靈魂是以愛和智慧的正面模子創造出來的，以至於當他們來到像地球這樣的星球、進入自原始狀態演化而來的有形身體時，人性中的粗暴讓他們相當震驚。人類未開化、生氣和仇恨的負面情緒，衍生自石器時代以來為求生存而產生的恐懼與痛苦。

　　正面和負面的情緒為了靈魂與身體之間的相互利益而混在一起。只知道愛與和平的靈魂將無法學到洞察力，也無法真正體會到正面情緒的價值。靈魂來到地球的輪迴測驗，是要以人類的身體來征服恐懼。靈魂藉每一世投胎中堅忍不拔的精神，試著去克服所有與恐懼相關的負面情緒，進而成長，也因此常身負創傷地回到靈界，如同案例十三的當事人一樣。即使身在靈界，一部分的負面情緒還是會保留下來，然後可能重新浮現在另一世的新身體中。從另一個角度來看此現象，我們也從中學習到權衡。唯有在喜悅和泰然自若的歡樂中，靈魂的本質才能在地球上快樂人類的臉孔中呈現出來。

　　與嚮導的輔導座談會讓我們在每一世投胎之間，展開長期的自我評價。很快又會有另一個座談會，這次將有靈性更高的靈魂參加。上一章我提到，古埃及人的傳統會將剛死亡的靈魂帶到審判廳，評估他們過去的所作所為。不論是以何種形式，死後將有嚴刑拷問般的法庭審訊等著我們的觀念，已經成為許多文化裡宗教信仰的一部分了。有些敏感的人遭遇苦難時，會提到惡夢中被鬼魂帶出身體的經歷，然後進入死後的黑暗中，在惡魔般的法官前接受審判。我懷疑在這些案例中，當事人對地獄事先存有強烈的信念。

　　在寧靜、放鬆的催眠狀態下，心靈思路仍持續運轉，處於此種狀況下的當事人提到，一開始與嚮導的輔導座談會讓他們足以在面對一組優秀的靈魂之前做好準備。但是，法庭和審訊常用的字眼都沒有被用來描述這些過程。許多當事人稱那些人為智者、領導、甚至法官，但是多數當事人稱之為大師或長老委員會。這個回顧委員會通常包含三到七個成員。因為這些人的身影在靈魂回到靈界的家後才出現，我會在下一章的末尾進一步討論這類座談會的細節。

　　所有靈魂自我評價的座談會，不論是隨同嚮導、同伴或是一群大師，當中都有一個共通點：我們得到的回覆和前世分析，若要受人評斷，也是基於一生中的行為與任何抉擇的原始動機。我們的動機會被質疑和批判，但不會以責備的方式讓我們難受；然而，如同我在第四章解釋過的，那也並不表示只要靈魂事後懺悔，就不必對自己傷害他人的行為承擔責任。業障的報應會在未來的人生浮現。我曾聽說，靈界的大師會不斷對我們耳提面命，因為人腦並沒有與生俱來的道德感，良心則歸屬於靈魂。靈界是非常寬宏大量的。這世界永不衰亡，我們需要學習的課程也永無止盡；為了成長而奮鬥的過程中，我們也會不斷被給予機會。

　　與嚮導最初的輔導座談會結束後，我們就會離開這個地點，加入其他許多靈魂活動的潮流中，然後進入類似中央收訊系統的站台。

第 **6** 章

過渡時期

　　所有的靈魂，不管有沒有經驗，最後都會到達靈界的中央港埠，一個我稱為驛站的地方。我曾提過，靈魂死後的行程速度隨靈魂的成熟度而不同。任何進入靈界的靈魂一旦通過輔導座談會，似乎就不必再繞來繞去了。多數回鄉的靈魂顯然以大群移動的形式被運送到靈界。

　　有時候，靈魂由他們的嚮導護送到驛站，我發現這情形對較年輕的靈魂來說尤其正確。其他靈魂則由一股看不見的力量引導進入驛站和後來的地方，靜靜等待其他人現身。依我看，是否有人陪伴全憑嚮導的意願。在多數案例中，倉卒與否並不是討論的重點，而是靈魂不至於在旅程中閒蕩。我們在途中的心情取決於每一世死亡之後的心理狀態。

　　靈魂的聚集和遷移涉及兩個階段。驛站並不是靈魂落腳的地方。靈魂被帶到這裡集合，然後被分派到他們最後真正的目的地。當我聽到這個特別匯合處的描述時，我想像自己正和一大批旅人通過機場的乘客集散中心，那裡容納得下我們所有的人，並能輪

送我們至不同的目的地。某個當事人描述這個區域像是「大型運貨馬車的車輪轂，在那裡，我們從中心點沿著輪輻被轉送到指定的地點。」

這地方對我的當事人們來說，就像是讓一大群互不相識的靈魂進進出出，有效率而不擁擠。有人稱之為「交通不會壅塞的洛杉磯高速公路」。或許靈界還有類似這種車輪轂的地方，也有類似高速公路般的出入口坡道，不過每個當事人都認為自己進出這驛站的路徑是唯一的。

進入這個靈界過渡區時，我所聽到對靈界的觀察已經不再是分層排列和朦朦朧朧的第一印象了。靈魂彷彿正穿越過巨大星雲的疏鬆臂彎，進入更一致的天界。當靈魂在驛站的開放空間徘徊，準備之後轉往的預定地點時，我喜歡聆聽當事人此刻興奮的語氣。他們為呈現在眼前的永恆世界而迷惑，秉信在某個地方存有創造的源頭。

當他們見到四周完全開放的環境，眼前的靈界也成了充滿千變萬化的亮光之處。一般人談到深邃空間連想到的漆黑，從未於此時被任何人用來描述當下的情景。在這類似圓形競技場的空間，當事人所看到的前景是靈魂匯聚之後，便像無數星光射向四面八方；有些快，有些則飄然而行。比較遠的能量匯聚處，被形容為「朦朧紗罩之島」。我聽說靈界最棒的一點是有一股永續強大的心靈力量，以某種神祕的和諧引導著每件事。人們說這是一個純粹只有意念存在的地方。

意念有許多種形式。靈魂回鄉時，對他們最有利的就是開始會見等在那裡的靈魂；儘管可能在通道入口時便見過其中幾個靈魂了，但大多數都還沒見過。毫無例外的，當靈魂想與對方聯繫時，特別是在移動的時候，他們只需要在心裡想一下對方就行了。剎那間，被呼喚的靈魂便會在這位翱翔中的靈魂心靈裡現身。靈

魂的這種心電感應足以讓兩個實際上相互接近的能量，在沒有影像的條件下，建立更直接的聯繫。我所有當事人對於靈魂在靈界的行程、路線和目的地的敘述，具備某種一致性，雖然他們在途中的所見所聞各不相同。

　　我從檔案中找出一個經歷過此路線而至最後終點的當事人，而且其對此過程要比其他人來得更具敘述性與代表性。我選了一個四十一歲、領悟力高、從事平面設計的成熟靈魂。這名男子的靈魂已經在長期輪迴中多次遊歷過這段行程。

◎ 案例 14 ◎

紐：現在你已經準備好踏入回鄉旅程中的最後階段，你就要回你靈界的落腳處了。當我數到三，這段最後過程的所有細節將會清楚地呈現出來。因為你很熟悉這條路線，所以回報你的所見所聞將是輕而易舉的一件事。準備好了嗎？

人：好了。

紐：(提高我的語調成命令的口氣)一——我們就要開始了。二——你的靈魂現在已經離開了輔導座談會。三！快點，你的第一印象是什麼？

人：距離……無邊際……看不到盡頭的空間……永恆……

紐：所以，你的意思是說，靈界是毫無邊際的？

人：(長時間停頓)老實說——從我飄浮的地方來看——它看起來是沒有盡頭的，但是當我開始要真正移動的時候，它卻變了。

紐：變得怎樣？

人：嗯……每樣東西都……沒有形狀……但是當我……滑快一點……我看到自己正在一個巨大的碗裡面移動——上下顛倒。我不知道這碗的邊緣在哪，或甚至是否存在。

紐：這麼說起來，是移動讓你覺得靈界是球狀的囉？

人：對，但那只是一種感覺……圍起來的世界……當我快速移動時。

紐：為什麼快速移動──你的速度──會讓你覺得自己在一個碗裡？

人：(長時間停頓)奇怪，雖然當我的靈魂在飄的時候，每樣東西看起來都是直直地出去──當我沿著接頭路線快速移動的時候，那變成……一種圓的感覺。

紐：接頭路線是什麼意思？

人：朝某個特定的目的地。

紐：在既定的路線上快速移動，如何使你產生靈界是圓的感覺？

人：因為隨著速度的變化，這條路線似乎……變彎曲了。他們為我彎出一個更明顯的方向，給我較少的移動自由。

備註：其他當事人針對這類線性描述也說到在某種限制的空間內，跟著指定好方向的路線前進，有人稱之為「顫動的弦」。

紐：所謂較少的移動自由，是指個人掌控度較少嗎？

人：是的。

紐：可不可以更精確地描述一下，你如何沿著那彎曲的接頭路線移動？

人：那不過是比較有目標──當我的靈魂沿著路線被引導至某處時，就好像身處白淨的水流中──只是不像水那樣厚實──因為這水流比空氣還輕。

紐：那，在這靈界的氣氛下，你並不能感受到密度，比如像水的密度？

人：沒錯，但我想要說的是，我就像讓水面下的水流沿線運送。

紐：你為什麼這麼想？

人：嗯，就好像我們都正在游泳──沿途被輸送著──在無法掌握的快速水流中……在某人的引導下……在空間中彼此上上下下……周圍沒有任何實體。

紐：在你的上面或下面，你有看到其他靈魂也是有目標地前進嗎？

人：有，就好像我們從溪流開始，然後所有從死亡回來的靈魂一起被導向一條大河。

紐：你覺得這群回鄉靈魂的數目在什麼時候最多？

人：當這些河流匯聚成……我沒辦法描述……

紐：請試試看。

人：(停頓)我們被聚集成……海洋……在那裡打轉……慢慢地動。然後，我感覺像被拉開，又跑到另一個小支流去，那裡比較安靜……好多心靈裡的念頭……都跑去我所知道的那些地方。

紐：之後，在你身為靈魂的平常行程中，也會像你剛剛描述的那樣，彷彿在溪流和河水中被推來推去嗎？

人：不，一點也不會。那是不一樣的。我們就像鮭魚一樣往上游產卵──回家。一旦到達那裡，就不再像這樣被推動了，我們可以到處飄。

紐：是誰推你回家的？

人：更高級的靈魂，他們負責我們回家的行程。

紐：像你嚮導那樣的靈魂嗎？

人：在他之上，我想。

紐：這時你還有什麼感覺？

人：祥和。那裡是如此祥和，讓人實在不想離開。

紐：還有呢？

人：哦，我也有一些參與感，當我隨著充滿活力的水流緩慢移動時。

紐：好，現在我要你繼續隨著這充滿活力的水流向前移動，到你應該去的地方。仔細瞧瞧四周，然後告訴我你看到什麼。

人：我看見……各種光線……不完整的一塊塊……被走廊……區分開來……

紐：你指的走廊，是一連串圍起來的通道嗎？

人：嗯……比較像一條長長的……廊道……從每個地方突了出去……從我的方向朝遠方開展出去。

紐：那光線呢？

人：那些是人。在突出來的走廊裡面，那些人的靈魂朝我這方向反射出光芒。那就是我所看到的——一塊塊光芒上下快速移動。

紐：這些人群是有組織地沿著走廊突出的地方各自分組嗎？

人：不是，這裡並沒有牆。沒有任何東西是有組織、有稜有角的。我很難向你解釋，很難確切地解釋……

紐：你做得很好了。現在我要你告訴我，是什麼東西將光群沿著你所說的走廊分開來？

人：人們……被薄的、一小束的……細絲……分開……使得光線變得像牛奶般模糊，就像結了霜的玻璃那種透明度。我經過時，見到他們能量所產生的白熾光輝。

紐：你如何在這群光芒中見到個別的靈魂？

人：(停頓)就像許多的光點。我看到一大群叢生的光點……像掛著的葡萄，全都亮著。

紐：這一叢叢表示不同能量的靈魂，彼此之間保有距離嗎？

人：有……他們被分成小族群……我就要去自己的族群了。

紐：你在回去自己族群的途中，經過他們時還感覺到什麼？

人：我可以感覺到他們所傳達的想法……如此千奇百種……但湊在一起時……又是這樣的和諧……但……(停止)

紐：繼續。

人：我不瞭解現在身邊經過的這些……沒關係。

紐：好，就讓我們穿越這些看起來像沿著走廊突出去的光團。向我舉例說明一下，你從遠處看的時候，這一切像什麼。

人：(笑)一條長長發光的蟲，牠身體的周圍突來突去……而且行動是……有節奏的。

紐：你是說走廊本身會移動？

人：是的，一部分……當我離它更遠的時候，它就像微風中搖曳的緞帶。

紐：繼續飄，告訴我接下來發生什麼事。

人：(停頓)我在另一個走廊的邊緣……我慢下來了。

紐：為什麼？

人：(興奮起來)因為……哦，天呀！我正走入我朋友們的地方。

紐：這一刻你有什麼感覺？

人：太棒了！有一種似曾相識的心靈凝聚力……向我而來……我正要抓住他們風箏的尾巴……加入他們的意念中……我到家了！

紐：你族群特有的光團，是否脫離了其他走廊上的靈魂族群呢？

人：雖然有些年輕的靈魂會這麼想，但沒有人是真正孤立的。不過我已經來來回回一段很長的時間了，認識了不少人(以一種謙恭的自信口吻敘述)。

紐：所以你可以感覺到自己和其他走廊的聯繫，甚至和裡面靈魂的聯繫，即使你在前世可能不認識他們？

人：之所以如此是因為我曾經擁有過這些聯繫；這裡有集體意識。

紐：和在地球上的人類形式相比，當你以靈魂四處移動時，和其他靈魂互動時的最大不同點是什麼？

人：在這地方，沒有任何一個人是陌生人；對任何人完全沒有敵意。

紐：你是說，每個靈魂對其他靈魂都很友善，不管先前有過什麼關聯？

人：沒錯，而且超越只是對人友善的態度。

紐：怎麼說？

人：我們意識到彼此之間的普遍連結，那讓我們全都一樣，對彼此沒有懷疑。

紐：在靈魂初次見面時，這樣的態度如何顯露呢？

人：藉由完全的坦白和認同。

紐：那，對靈魂來說，在地球上生活並不好受吧？

人：的確，尤其對比較新的靈魂來說更是如此，因為他們到了地球後，期望被平等對待。當事實並非如此時，對他們是一大打擊。對某些靈魂來說，他們得花上好幾世的時間才能適應地球的身軀。

紐：如果這些比較新的靈魂必須因為地球的環境努力奮鬥，當他們以人類的心靈生活時，是不是會比較沒效率？

人：我必須承認，是的，因為大腦會對靈魂驅動許多恐懼和暴力意念，造成我們的困難，然而這也是我們來地球的原因……為了克服它……

紐：你認為比較新的靈魂是不是比較脆弱，一旦回到自己的族群就需要大家的支持與鼓勵？

人：絕對正確，我們都想回家。現在你可以讓我不用說話了嗎？這樣我才可以和朋友們好好地聚一聚。

　　透過不同的當事人對靈界現象的描述，我已經觸及到這方面普遍的遣詞用字。案例十四提供了更多這方面的例子。某人所說的「每個地方突出發光的蟲」，其實也就是另一個人所指的「氣球飄浮的路徑」。某個案例提及的「一大叢半透明的泡泡」，由另一個心靈已回到靈界的人形容則成為「巨大又透明的泡泡群」。我經常聽到關於水的用詞，比如以水流、溪流來解釋具方向性的飄行，而類似天空的用語，比如雲朵，則被用來表達飄行的自由感。以這類視覺上的描述來回想靈魂聚集的能量和族群的方式，尤其受到歡迎，我自己便採用不少這類靈界的用語。

　　對於初來乍到的靈魂，在這最後起航區等待他們的舊識可多可少，數目的多寡取決於來者的成熟度和其他原因，我將於後續的行程中說明。比起案例十四，下一個案例示範了較不成熟的靈

魂對靈界較狹隘的想法。

　　案例十五中，此靈魂從過渡階段到回自己族群的轉換過程中，在她心靈裡的速度相當快。這個案例提供許多資料，展現其對特定空間所認知的規矩，以及對系統掌管者的順從。由於這位當事人比較沒經驗，而且因為本身拘謹的個性，對於所看到的景象又有些不安，所以關於靈界族群安置上的引導，我們得到的又是另一種闡釋。

◎案例 15◎

紐：我要跟你談談你在靈界回到平常落腳處的行程。你的靈魂現在正朝這目的地前進，說一下你所看到和感受到的。

人：(緊張)我……正向……外面，可是……

紐：外面？

人：(迷惑)我……正飄浮著……沿著某種鏈子……好像我正迂迴在一列……相連的線上……霧一樣的迷宮……然後……它打開了……哦！

紐：那是什麼？

人：(驚懼)我已經進入……一個雄偉的場所……我看到許多人……以十字交錯的方式圍著我……(當事人開始覺得不舒服)

紐：放輕鬆——你現在正處於過渡時期。你還看得到嚮導嗎？

人：(遲疑)有……就在附近……不然我早就迷路了……這地方是如此……廣大……

紐：(我把手放在當事人的前額)繼續放輕鬆，記得自己以前曾經來過這裡，雖然每件事對你來說可能還滿陌生的。你現在在做什麼？

人：我被……帶走……快速地……直接穿過其他人……然後在……一個空空的地方……開放的……

紐：你所謂的空，是不是指身邊都是漆黑的？

人：這裡從來不會漆黑……只是光線……會因為我的速度造成較暗的影子。當我放慢速度，一切又變亮了(其他人也認可這類的觀察)。

紐：繼續，告訴我接下來你看到什麼。

人：過了一會，我看到……人們的窩……

紐：你是指人群嗎？

人：是的——像蜂群——我看到他們像移動的光團……螢火蟲……

紐：好，繼續前進，然後告訴我你的感受。

人：溫暖……友情……體諒……好像在作夢……嗯……？

紐：怎麼了？

人：我慢下來——事情不一樣了。

紐：怎麼說？

人：比較清楚了(停頓)——我曉得這個地方。

紐：你已經到了屬於自己的蜜蜂群(族群)了嗎？

人：(長時間停頓)還沒，我猜……

紐：我要你只看著自己，然後確實告訴我你看到和感受到什麼。

人：(開始顫抖)有……一群人……一起……在遠處……但是……在那裡！

紐：你看到什麼？

人：(害怕)我認識的人……我的一些家人……在遠處……但是(痛苦)……我似乎就是碰不到他們！

紐：為什麼？

人：(毫無頭緒地流淚)我不知道！天啊！難道他們不知道我在這裡嗎？(開始在椅子上掙扎，然後將雙臂伸展到我辦公室的牆)我碰不到我爸爸！

備註：我停止了詢問。當事人在最近一世裡受到父親深切的影響，

她需要額外的協助以平復情緒。我決定在繼續詢問之前,先加強她想像中的保護盾。

紐:你覺得為什麼你父親遠遠地讓你碰不到?

人:(我利用這段較長的停頓期間,擦乾她被汗水和淚水弄濕的臉龐)我不知道……

紐:(我將手放在當事人的前額,下指令)和你父親聯繫上——現在!

人:(停頓一陣後,當事人輕鬆多了)沒問題了……他正告訴我要有耐心,然後,每一件事都會變清楚的……我要過去待在他身旁。

紐:關於之前的情況,他怎麼說?

人:(悲傷)他說……只要我需要他,他永遠會在我心裡……我會學著將這情況處理得更好(心電感應般地思考著),但是他必須留在他現在的地方……

紐:你覺得你父親留在另一個地方的基本原因是什麼?

人:(流淚)他並不屬於我那族群……

紐:還有呢?

人:領導者……他們不……(又哭了)我不確定……

備註:一般而言,當事人在描述他們過渡時期時,我盡量避免干涉太多。然而這個案例裡的當事人因迷惑而亂了陣腳,所以我才提供她一些我的引導。

紐:現在讓我們來分析一下,為什麼你不能到達你父親的所在處。這次隔離會不會是因為較高級的靈魂認為這階段的你應該回想和反省,而且你應該只和相同發展水平的靈魂互動呢?

人:(逐漸恢復了)是的,那些訊息正向我傳遞過來。我必須自己解決問題……和其他同我一樣程度的人在一起……領導們鼓勵我們……我爸爸也在幫助我瞭解。

紐:你對這樣的程序滿意嗎?

人:(停頓)是的。

紐：好，請繼續你的行程，從你遠遠地看到一些家人開始，接下來發生了什麼事？

人：嗯，我還在放慢速度……慢慢移動……我被帶去一個以前經歷過的路線。我正經過其他人群(許多族群)。然後，我停下來了。

備註：最後這個內在轉換的心路歷程對年輕的靈魂來說特別重要。曾有當事人在醒來之後說，這個場景給他一種長途跋涉後，在黃昏時回到家的感覺。經過郊區回到他的城鎮，他終於抵達正確的街道。鄰居房子的前窗亮著，當他慢慢開車經過，還沒到達自己家的車道時，他還看得到裡頭的人。雖然催眠狀態下的當事人可能會用「叢」和「群」來描述從遠方望著自己回鄉處的情景，一旦真正加入自己的族群後，這景象就會越來越個人化；在當事人靈界的環境會出現城鎮、學校和其他代表地球歡樂和安心的路標。

紐：現在你是靜止不動的，有什麼想法嗎？

人：那是……大型……活動……好多人在附近……有些人我認識，有些人我不認識。

紐：可不可以接近他們一點？

人：(突然憤慨地提高聲音)你不懂！我不過去那裡(指向我辦公室的牆)！

紐：怎麼了？

人：照理我不該去那裡。你不能隨心所欲、想去哪就去哪。

紐：可是，你不是已經到達目的地了嗎？

人：那不相干，我不過去那裡(又一次指向心裡的圖)。

紐：這是你從父親那裡接收到的訊息嗎？

人：是的。

紐：你是說，你的靈魂不能任意到處飄——比如，飄離族群？

人：(指向外面)他們那裡不是我的族群。

紐：定義一下你指的那裡是什麼？

人：(音調嚴肅)那些在附近的——那是他們的地方。(往下指向地板)這是我們的地方。我們在這裡(點頭確認自己的陳述)。

紐：他們是誰？

人：嗯，其他人，當然，不是我族群的人。(突然緊張地笑)哦，你看！……我族群的人，再次見到他們真好。他們正朝我過來！

紐：(我假裝第一次聽到這類事情，鼓勵她主動回應)真的？聽起來的確很棒。這些人就是曾經出現在你前世的那些人嗎？

人：我可以告訴你，不只一世。(驕傲地)這些是我的人！

紐：這些人是你族群的成員嗎？

人：當然，是的，我已經和他們相處好久。哦，再看到他們真是有意思。(當事人喜不自勝，於是我給她一些時間重溫此景)。

紐：自從到了這裡後，我看到你在短時間內就能理解其中的改變。看看這空間遠一點的其他人。他們住的地方看起來像什麼？

人：(焦慮)我不想知道，那是他們的事。你還不瞭解嗎？我跟他們沒關係。我忙著和我應該在一起的人，那些我認識又深愛的人。

紐：我真的瞭解，但是幾分鐘前，你還因為不能接近父親而相當沮喪。

人：現在我曉得他和他的人聚集在自己的地方。

紐：為什麼之前在我們到達這裡時你不知道呢？

人：我也不清楚。我承認一開始覺得震驚，現在我曉得一切是怎麼回事了，記憶全回來了。

紐：你的嚮導為什麼沒在你見到父親之前，在你身邊跟你解釋這一切？

人：(長時間停頓)我不知道。

紐：或許除了你父親以外，其他你既認識又深愛的人也在那些族

群中。你說你和他們沒什麼聯繫,是指你現在處於靈界正確的位置嗎?

人:(對我生氣)不,我有心靈上的聯繫。你為什麼這麼難應付?我應該留在這裡的。

紐:(我再次刺激當事人以獲取更多訊息)你不是只要飄過去拜訪那些族群就好了嗎?

人:不!你不能那麼做!你不能走進他們的族群,干擾到人家的能量。

紐:可是精神上的接觸不會干擾到他們的能量吧?

人:必須選擇正確的時機,當他們有時間找我時……

紐:所以你要告訴我的是,這裡的每個人都待在自己族群的空間裡,你不能到處亂逛,或是在錯誤的時間做太多心靈上的交流?

人:(冷靜下來)是的。他們在他們的空間裡繼續接受指導。四處走動最多的是那些領導者……

紐:謝謝你為我釐清這一切。你是要讓我瞭解你和你族群的朋友特別小心不去侵犯到他人的空間,是吧?

人:沒錯。至少那是在我空間附近的原則。

紐:你不會因此覺得受到限制嗎?

人:哦,不會,只要我們注意規則,就可以自由地大幅度開拓空間。

紐:如果你沒注意到規則呢?誰能決定適合每一個族群的位置呢?

人:(停頓)老師會幫我們,否則我們會迷路。

紐:我們剛到這裡的時候,你似乎迷路了?

人:(不太確定的樣子)我當時還沒聯繫上……精神上還沒對位……我搞亂了……我覺得你並不明白這地方有多大。

紐:看看你四周受到佔據的空間,這地方是否擠滿了靈魂?

人:(笑)有時候我們的確會迷路——那是我們自己的錯——這地方

好大！所以它從來不擁擠。

　　這章節中的兩個案例，顯示初級靈魂和較高級靈魂在想起回靈界的最後階段時所表現出來的不同反應。從過渡時期到每個族群的終點站，每個參與者對於所看到的全景都有自己的詮釋。有些當事人覺得從入口處到族群所在地的這段過程太快速了，以致於落腳後需要時間調適。

　　在喚起當事人從回鄉到安頓的這段記憶時，他們有時很在乎某個重要人士並沒有以光的形式出現，或沒有以心電感應的方式與他們溝通。這位重要人士通常是指才結束那一世的父母或配偶，而其中原因往往在轉換時期結束前便明顯可見了，通常與化身有關。

　　我們已經見識到大部分靈魂回靈界之後，是如何被喜悅沖昏了頭。彼此熟悉的靈魂以明亮波動的光團形式聚在一起。偶爾，回旋的音樂伴隨特別的和音，引導著相繼而來的旅人。有人提到，「當我靠近屬於我的地方時，有許多聲音組合成一個單音，我只聽得出像是發 A 的音，好像是 Aaaaa。我還可以看到他們全部快速地擺動，像溫暖、明亮的能量。我曉得這些是如今脫離肉體的靈魂。」

　　這意味著此時此刻，那些投胎到一至多個肉體身上的靈魂，或許並沒有加入歡迎他人的活動。另一個當事人解釋說：「就好像以自動駕駛的模式睡著──我們總是曉得誰進誰出。」那些尚未完全投胎的靈魂則發出低頻率震動的暗淡光芒，而且似乎不太與任何人互動。即使如此，這些靈魂還是能在族群裡安靜地表達歡迎之意。

　　如案例十五所經歷族群之間的障礙感，我的當事人依其靈魂年齡的不同而各有不同的說法。我將於下一個案例裡，討論關於

靈魂流動性的另一種觀察。至於有許多基本工作要做的一般靈魂而言，與其他族群隔離的情形就像是在同一個學校裡的不同教室一樣。有些當事人覺得他們在自己的學校裡是完全被隔離的。催眠中的人經常使用「靈界以嚮導為老師的學校」這類比喻，於是我也習慣了使用這類用語。

之前提過，靈魂回到自己的族群後，會被召喚到長老委員會的面前。雖然委員們並不會起訴，然而他們確實會在靈魂被送回去之前，直截了當地審查每個靈魂的行為。比較不尋常的是，有些當事人無法透露這些會面的詳細內容，我相信這是蓄意的封鎖。

以下是某個案例的陳述：「見過朋友後，我的嚮導——維若妮卡(當事人較年輕的老師)帶我到另一個地方去見我的長老小組。她待在我身邊為我解說不懂的事，以及為我在前世的作為站台和解釋。有時她會代表我說話，就像維護我的辯護律師，但是夸賽爾(當事人較年長的嚮導，比維若妮卡早到)負責大部分與長老們的互動。總是有六位身穿白袍的長老在我面前，他們面容和善，逐一審查我在前世裡的學習，還有以我的能力如何能做得更好，以及我做了哪些有益的事。我可以自由地表達我的挫折感和意圖。我跟這些長者都很熟，尤其較常對我說話的那兩位，他們看起來也比其他人年輕。我覺得我可以從他們的外表分辨雄雌。每個問我話的人都有自己獨特的觀點。他們都很誠實而且誠懇，我總是受到公平對待。我在他們面前無所遁形，但是有時當他們快速地來回溝通彼此的意念時，我便聽不懂了。我無所適從的時候，維若妮卡就會翻譯他們談論我的部分，不過我覺得她並沒有告訴我一切。重回地球投胎之前，他們會再見我一面。」

當靈魂與族群中相熟的同修重聚之後，他們會認為總算回到家了。他們與其他靈魂在這裡出席的現象，在形式和功能上類似教育系統中的分組活動。分組的基準是建立在知識和每一個階段

的成熟度。不論是在何種教室情況，有些學生和老師的關係會比其他學生好。下一章將分析靈魂分組的篩選過程，以及靈魂在靈界個別的場所中是如何看待自己的。

第7章

安　頓

　　我對那些相信靈魂的人的印象是，在他們的想像中，所有靈魂可能會匯聚成一個空間的大會眾。許多當事人在催眠開始前，也相信這樣的說法。難怪在他們清醒之後，會因為曉得每個人在靈界都有既定的去處而感到驚訝。當我開始和催眠中的人們研究靈界的生活時，我沒想到會有支援靈魂的組織性族群存在。我所想像的只是一些離開地球後的靈魂，毫無目的地四處飄浮著。

　　族群的安頓取決於靈魂的成熟度。軀體死後，只要靈魂不是太年輕或是如第四章所提的原因而遭到隔離，在他們登上預定地點的那一刻，回鄉旅程便告結束。出現在群體中的靈魂是他們親密的老朋友，大家的覺醒程度幾乎一致。

　　催眠狀態下的人要是提到自己是某族群的一部分，他們指的經常是直接交流的主要單位，就像人類的家庭組織一樣，然而同儕之間對彼此的感應，遠超過我們在地球上的理解。

　　中等社群是以結合族群的互助模式形成，族群之間的接觸比較不那麼親近。較大規模的中等社群則是由類似池塘中睡蓮葉片

的大堆頭族群所組成。靈界的池塘無邊無際,在這些池塘中,我從未聽過有哪個中等社群的靈魂數在估計上是少於一千的。形成中等社群的許多族群似乎分布零散,或彼此毫無互動。我鮮少見到關係深具意義的靈魂分屬兩個不同的中等社群,因為靈魂的數目實在眾多而無此安排的必要。

較小規模的族群在數目上各有差異,包括三到二十五個靈魂數;我聽說平均組成數為十五個靈魂,稱為內圈。不同族群之間成員的接觸,取決於投胎後需要學習的課程;可能是來自前世的連結,或是牽涉到靈魂本身的特性。不同族群之間成員的泛泛之交,投胎到地球後經常在彼此生活中無關緊要。就好比曾經和你非常親近的高中同學,之後卻只在同學會的時候才遇到。

同一族群的成員會永遠緊密地聯繫在一起。這些緊密編織在一起的族群,經常是由心智相仿的靈魂所組成,而且有著持續共同追逐的目標。通常,他們會選擇以親屬或好朋友的關係來地球投胎。

我最常見到的情形是當事人與前幾世的兄弟姐妹同屬於一個族群,而不是與幾世以來扮演其父母角色的靈魂同一族群。我們死後會在回靈界的入口處與父母相見,然而到了靈界,卻不太可能常見到他們。這無關靈魂的成熟度,畢竟父母的成長進度有可能比身為人類時自己的後代還落後;況且,重點是處於同一時期如兄弟姊妹般之靈魂的群體學習。雖然孩子承襲了父母形體上的主要特徵,不論此點造成是好或壞的業障因果,我們與配偶、兄弟姐妹和選擇過的好朋友一輩子的關係,對個人成長的影響才是最為深遠的;然而這並不會減弱父母、姨嬸、叔舅和祖父母在不同年代以不同方式對待我們的重要性。

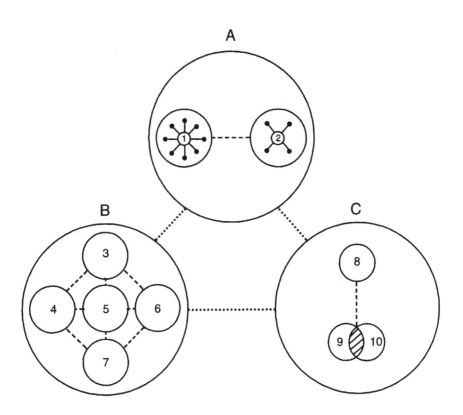

——— 主要族群中密集的互動

------- 中等社群裡族群之間較不頻繁的互動

············ 中等社群之間與發展程度較低的靈魂幾乎毫無互動

　　此圖表顯示了主要族群（1－10）和中等社群（A、B、C）之間的所有關係。族群與靈魂成員的數目都是假設的，因為每個處於靈界的當事人在這方面的回報皆有所差異。

圖一　族群和社群之間的群體互動

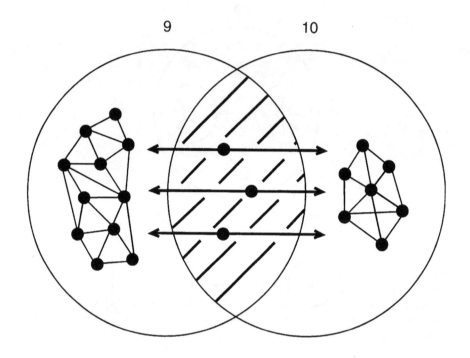

此圖為族群9和族群10（見圖一）的放大圖，是少見兩個擁有交集之族群的例子。在此有某些特定靈魂之間的（陰影的部分）相互聯繫，他們選擇與彼此族群中的靈魂一起努力。

圖二　　社群內的族群互動

圖一和圖二為隨意設定之靈魂族群的關係。圖一主要族群裡的某個靈魂，位於規模較大的中等社群 A 中，與其他同是族群 A 的靈魂密切努力。然而，族群 9 和族群 10(參見圖二的詳細內容)裡的某些靈魂也可以一同努力。中等社群 A、B 和 C 中較年輕的

靈魂，在靈界和地球上可能僅有一點點或甚至毫無接觸。靈魂之間的密切合作，涉及到他們於族群中的既有相近性，亦即來自共同的轉世經驗中，是否具有相近的知識與默契。

下一個案例提供大家瞭解靈魂在身體死亡後，回到所屬族群的情形。

◎案例16◎

紐： 一旦離開了過渡區，回到靈界屬於你的地方後，接下來又做了些什麼？

人： 我和朋友一起去學校。

紐： 你的意思是說，你去靈界一個像是教室的地方嗎？

人： 沒錯，也就是我們學習的地方。

紐： 我要你從到達這間學校開始，帶我經歷每個過程，好讓我瞭解發生在你身上的事。首先，告訴我你在外面看到的情景。

人： (毫無猶豫)我看到一座有大型雕柱的正方形希臘神殿——非常漂亮。我認得出這地方，因為每一世結束後，我都會回到這裡。

紐： 一座古典的希臘神殿在靈界有什麼意義？

人： (聳聳肩)我不知道它為什麼會以這樣的方式出現在我面前，不過這似乎很自然……畢竟我活在希臘。

紐： 好，我們繼續。有人來看你嗎？

人： (開懷地笑)我的老師卡拉。

紐： 她是怎麼出現在你面前的？

人： (篤定地)我看到她從神殿的入口處向我走過來……像個女神……高挑……身著飄逸的長袍……有一邊的肩膀露了出來……她的頭髮是盤起來的，以金鉤紮緊……她朝我來。

紐： 往下看看你自己，你也穿著同樣的衣服嗎？

人： 我們……衣服看起來都一樣……閃閃發光……而且我們可以

變化……卡拉曉得我喜歡她這個樣子。

紐：其他人在哪裡？

人：卡拉帶我進去我的神殿學校。我看到一座大型圖書館，有幾小群的人正小聲地談話……在桌子旁。安詳……溫暖……一種我很熟悉的安全感。

紐：這些人全是以成年男女的外貌出現嗎？

人：是的，不過在我的族群裡，女人佔多數。

紐：為什麼？

人：因為那是他們現在感到最舒適的原子狀態。

備註：這位當事人選擇以原子狀態來表示性別實在不太尋常，然而卻又名符其實。原子價在化學代表一個正向或負向的屬性，與其他元素結合時，便能達到某種比例上的協調。族群中的靈魂可能會傾向男和女的角色，或是混合體。

紐：好，接下來你要怎麼做？

人：卡拉帶我到最近的一張桌子，我的朋友們立刻和我打招呼。哦！回來真好！

紐：為什麼這些人會和你一起在這座神殿裡呢？

人：因為我們都是同一個研修團。我實在無法表達自己與他們重聚的喜悅(當事人因為這情景而分心，於是我又花了一點時間帶她回來)。

紐：告訴我有多少人和你一起在這座圖書館裡？

人：(停頓一下，在心裡算著)大約二十人。

紐：這二十人全都是你非常熟的朋友嗎？

人：我們都很熟——我認識他們很久了，其中五個是我最好的朋友。

紐：這二十人當中，每個人大約都在同一個程度嗎？

人：嗯……幾乎是。有些人比其他人進步一點。

紐：就知識層面來看，你會將自己定位在這團體裡的哪個位置？

人：中等左右。

紐：至於學習課程，你和那五個最好朋友的關係是什麼？

人：哦，我們大概都一樣──我們常一起共事。

紐：你怎麼稱呼他們？

人：(輕聲笑)我們每個人都有個綽號。

紐：為什麼要有綽號？

人：嗯……用來標明我們的本質。我們認為每個人都代表地球上的某樣事物。

紐：你的綽號是什麼？

人：薊(蘇格蘭的國花名)。

紐：它代表你的一些人格特質嗎？

人：(停頓)大家認為我……在生命運轉時(投胎)……對於新處境的反應敏銳。

紐：和你最親近的靈魂叫什麼？又為什麼？

人：(輕笑)水花。他在輪迴時全速前進，並且由於快速地運用能量，導致能量向各方飛濺，就像他在地球上最愛的水一樣。

紐：你的家族聽起來相當獨特。現在可否請你說明一下，你和你的朋友們到底在這座圖書館裡做什麼？

人：我走到我那一桌，我們全都在看書。

紐：書？什麼樣的書？

人：生命之書。

紐：請你盡可能地描述這種書。

人：它們就像繪本──厚白的邊──二或三寸厚──相當大本……

紐：打開其中一本生命之書，解釋一下你和朋友們在桌上看到了什麼？

人：(停頓，當事人的雙手合起來又分開，像在翻書似的)裡面沒有文字。我們看到的只是會動的圖片。

紐：動畫片──和照片不同嗎？

人：是的，它們是多度空間的，會移動⋯⋯變換⋯⋯從水晶的中心⋯⋯隨著反射的光芒而改變。

紐：所以，圖片不是平面的，而且它移動的光波有深度？

人：沒錯，它們是活生生的。

紐：告訴我你和朋友們如何使用這些書。

人：嗯，書剛打開的時候總是沒有焦點，然後我們想著自己要什麼，水晶就會由暗轉明，而且⋯⋯排列成行。接下來，我們可以看見⋯⋯一個縮影⋯⋯包括我們的前世以及其他可供選擇的變數。

紐：書裡的時間是怎麼劃分的？

人：透過一個個畫面⋯⋯頁面⋯⋯在生命之書裡，時間被濃縮了。

紐：儘管我現在不想談你的過去，但是請你看一下這本書，然後告訴我你第一眼看到的事物。

人：我在前世中缺乏自我紀律，那一直存在我的心中。我看到自己很年輕的時候就死掉了，在與愛人的爭吵中──生命一無是處地結束了。

紐：你可以在生命之書裡看到來世嗎？

人：我們可以看到來世的幾種可能性⋯⋯幾小片段而已⋯⋯以學習到人生課題的形式⋯⋯這些選擇大多隨著其他人的協助而在之後出現。生命之書著重的是我們過去的行為。

紐：你能否告訴我，你認為族群在圖書館這樣環境下的動機為何？

人：哦，我們都互相幫忙，重新檢討這次輪迴犯下的錯。老師都是進進出出的，所以我們大多一起研修，討論自己抉擇的價值。

紐：在這個建築物裡，還有其他供人研修的房間嗎？

人：沒有，這個建築物只提供給我的族群。離我們不遠的地方，有不同的建築物供其他族群研修。

備註：讀者可以參考圖一(第99頁)。B 圈代表這裡所舉的例子。

圖中族群3～7代表族群間並不頻繁的互動，儘管他們在靈界彼此熟稔、往來密切。

紐：在這些建築物中研修的人，和你的族群比起來是比較先進還是落後？

人：都有。

紐：你被允許去拜訪其他靈魂研修的場所嗎？

人：(長時間停頓)我們會定期去一棟建築物。

紐：哪一棟？

人：專門給較年輕的靈魂使用的地方。他們老師不在的時候，我們會去幫他們。被人需要的感覺真不錯。

紐：幫他們什麼？

人：(笑)幫他們做功課。

紐：但這不是老師或嚮導的責任嗎？

人：嗯……你也曉得那些老師……程度那麼高(在成長過程中)……這個族群很感激我們的協助，因為我們容易與他們感同身受。

紐：哦，所以你為這個族群從事一些指導？

人：是的，但靈魂不會在其他地方都這麼做。

紐：為什麼不？為什麼更高級的族群不能偶爾來一下你們的圖書館協助你們？

人：他們不來，是因為我們的程度比起較新的靈魂來得好。我們也不會侵犯到其他族群。如果我想和某人取得聯繫，我會在這學習中心以外的地方想辦法。

紐：只要你不打擾到其他研修區的靈魂們，就可以到處逛逛嗎？

人：(有些推托般地回答)我喜歡待在我的神殿附近，但是我還是可以接觸到任何人。

紐：我感覺你靈魂的能量受限於這個靈界的空間，儘管心理上你可以向外跨越更多。

人：我不覺得受到限制……我們有很多房間可以去……但我並不
會對每個人都感興趣。

　　案例十六中「沒有限制」的說法，似乎不同於上一個案例所
提的靈界裡設限空間的說法。當我最初引導當事人到靈界後，他
們看到的景象是自發性的，尤其是針對靈界的指示與族群生活所
在的議題上。儘管大部分的當事人會談到自己擁有私人空間，然
而關於生活和工作方面，沒有人認為靈界是有界限的。一旦他們
超意識中的記憶體開始運作，多數人都能告訴我說他們可以自由
移動，而且會到一個開放的空間去，在娛樂的氣氛下和不同研修
級數的靈魂聚在一起。

　　在這些公共場所裡，來來去去的靈魂會參與許多社交活動。
有些很愛玩，就像我聽到一些較年長的靈魂「揶揄」這些年輕靈
魂說：「你們眼前到底是有什麼好玩的事？」有位當事人如此提
到：「我們像一夥小孩子似的互相捉弄。玩捉迷藏時，有些年輕
的靈魂走丟了，我們還得幫他們找到方向。」我也聽過有時候「客
人」會出現在族群中，說些故事娛樂大家，有點像中古世紀的吟
唱詩人。另外，有個當事人曾經提到她的族群最愛遇到那位稱為
「幽默」的怪胎，他現身後的滑稽動作常逗大家開懷大笑。

　　催眠中的人們對於靈魂組織在一起的現象，經常很難解釋清
楚其背後的奇特意義。我較常聽到的說法是靈魂形成一個圓圈後，
更能結合起來投射他們的念力；有人提到這常是為了聯繫高層力
量。有些人曾經告訴我：「思路的旋律非常和諧，因而形成了某
種樂音。」當靈魂的能量混在一起快速旋轉時，優雅縹緲的舞蹈
也會出現，以某種異國情調的光芒和顏色，時而融合、時而分散。
廟宇、船隻、動物、樹木、或海灘等物質界的有形事物，也會在
舞蹈的中央出現。這些圖像對靈魂的族群而言，象徵其經歷過的

行星，具有特殊的意義，同時也加深了前世的正面回憶。複製這類有形物質顯然並不是要讓期待再擁有形體的靈魂感傷，而是讓他們與過去發生的事件愉快地溝通，以助其塑造本性。對我而言，靈魂這些神祕的表達方式，在本質上類似某種儀式大典，然而其意義遠超過基本的儀式。

雖然催眠狀態下的當事人對靈界某些地點的描述，也具有上述相同的功能，但是他們闡述每個地方的景象並不相同。因此，此案例中被稱為「希臘神殿」的地點，由另一個人描述則是現代學校的建築物。其他有些陳述可能更加矛盾。比方說，許多當事人在靈界從某個地點神遊到另一地點時，會告訴我說他們周圍的空間像是球狀物，就像上一章所看到的，但他們接著又會補充說靈界不是封閉的，因為它是「無窮無盡的」。

我們必須謹記在心的是，催眠狀態下的人們傾向以地球上的經歷和意識，組織可供參考用的資料架構。相當多的當事人從催眠醒來後告訴我，靈界有很多事物是無法以地球的言詞來描述。每個人將自己所經歷到的靈界情況，翻譯成理智上易於接受和可以解釋的象徵。有時候，當事人第一次被我引導進入靈界時，甚至無法相信自己的所見所聞，因為他們理智部分的批判區從未停止釋放訊息。催眠中的人們很快就會適應潛意識裡正紀錄下來的情況。

在我一開始蒐集族群方面的訊息時，我是以靈魂的知識程度來評估其所屬階層。由於只以此為基準，讓我很難迅速確認當事人的所在位置。案例十六裡的當事人是在我早期研究靈界生活時來找我的。這是個意義深遠的例子，我在整個過程中學到以顏色來界定靈魂。

在遇到此案例之前，我即使聽到當事人描述他們在靈界見到的顏色，還是忽略了此項關乎靈魂之顏色的重要性。當事人們也

提到靈魂能量聚集的色調，但我並沒有將這些觀察拼湊在一起。顯然當時我並沒有問對問題。

我對於蘇聯基利安夫婦(Kirlian)的人體氣場攝影和加州大學洛杉磯分校的心靈學還滿熟悉的，他們的研究報告指出，每個活著的人都具有自己的氣場色澤。以人體的型式來看，我們身體的周圍顯然有離子能量場放射出去，經由體內的活力點——稱為「能量中心」或「輪」(chakras)，連結成網路系統。由於曾經有人對我描述說，靈魂的能量是一種移動、活生生的力量，為了在這有形星球中維持靈魂所需的電磁能量，我們有可能在這世上放射出不同的色彩。

另一個說法是，人類的氣場反映出一個人的思想、情緒和身體健康狀況的綜合。我真想知道這些人類呈現出來的經緯圖，和我聽說靈魂在靈界放射出來的光芒，是否有直接的關聯。

透過案例十六，我瞭解到四射的靈魂光芒並非全是白色。在當事人的心裡，每一個靈魂都會產生某種獨特的氣場。此案例助我解開了能量的密碼。

紐：好，讓我們飄離你研修的神殿。你從身邊看到了什麼？或是遠處有些什麼？

人：人們——一大群聚在一起的人們。

紐：你說有多少人呢？

人：嗯……在遠處……我算不出來……數以百計……好多人。

紐：你認得出所有的靈魂嗎？你跟他們有任何關聯嗎？

人：不盡然——我甚至看不到全部的人——那裡有點……模糊……但是我這幫的人就在我的附近。

紐：如果我說你這幫二十人左右的族群為主要族群，那你們是否跟較大一點的其他族群有任何關聯？

人：我們……全都……相關——不過並不是以直接的方式，我不認識其他人……

紐：你見到其他靈魂的有形外表，是否和你在神殿看到自己族群的靈魂一樣？

人：不，沒必要那樣。在這個開放的空間中……感覺比較自然。我看到的都是靈魂的模樣。

紐：你現在從自己的所在位置往遠處看，你看到這些靈魂的感覺如何？他們看起來像什麼？

人：不同的光——像螢火蟲一樣到處嗡嗡飛。

紐：你是否能告訴我，像老師和學生那樣彼此合作的靈魂，是不是老是黏在一起？

人：在我族群裡是這樣沒錯，但是當那些老師沒協助我們研修時，他們自己倒是黏在一起。

紐：你現在看得到任何一位像老師般的嚮導嗎？

人：(停頓)有一些……是的……當然，他們的人數比我們少很多……我可以看到卡拉和她的兩位朋友。

紐：即使在沒有任何有形外表的情況下，你還是曉得他們是嚮導？你是不是看得到所有白色的亮光，然後意識到他們是嚮導？

人：我們當然可以那樣察覺到，可是他們並不是全都白色的。

紐：你是說，靈魂並不是完全白色的？

人：部分正確——我們能量的強弱會讓我們不那麼明亮。

紐：所以說，卡拉和她兩個朋友是不同色調的白？

人：不，他們根本就不是白色的。

紐：我不懂。

人：她和她兩個朋友是老師。

紐：這有什麼不同？你是說，這些嚮導放射出來的能量並不是白色的？

人：沒錯。

紐：那，他們是什麼顏色？

人：當然是黃色的。

紐：哦……也就是說，所有嚮導都放射出黃色的能量？

人：不，不是。

紐：什麼？

人：卡拉的老師是維拉爾斯。他是藍色的。我們有時候會在這裡見到他。好人一個，非常聰明。

紐：藍色？我們怎樣會變成藍色？

人：維拉爾斯是淡藍色的。

紐：我搞糊塗了。你沒有提到過有個叫維拉爾斯的老師也在你的族群裡。

人：你又沒問我。不管怎樣，他並不屬於我的族群。卡拉也不是。他們有他們的族群。

紐：而這些嚮導的氣場是黃色和藍色的？

人：是的。

紐：你在這裡還看到哪些能量的顏色在附近飄浮？

人：沒了。

紐：為什麼沒有紅色或綠色的能量光芒？

人：有一些偏紅，但是沒有綠色的光芒。

紐：為什麼沒有？

人：我不知道，不過有時候當我四處張望時，這地方看起來就像點亮的聖誕樹。

紐：我對維拉爾斯比較好奇。是不是每個族群都有兩個老師？

人：嗯……視情況而定。卡拉在維拉爾斯的指導下訓練我們，所以我們有兩個老師。我們很少見到他。除了我們以外，他還與其他族群研修。

紐：所以，卡拉她自己還是學生，而以較低階級的嚮導身分來教導你們？

人：(有些忿忿不平)對我來說，她已經很厲害了！

紐：好啦！你可不可以幫我搞清楚這些顏色的架構？為什麼卡拉放射出來的能量是黃色的，而維拉爾斯是藍色的？

人：簡單。維拉爾斯……他的知識遠超過我們，他釋放出來的是較為深沉的光芒。

紐：他這種藍色的色調，相較於黃色或是純白色，會讓靈魂之間有所差異嗎？

人：我正試著要告訴你，藍色比黃色更深沉，而黃色比白色更強烈，視你的程度高低而定。

紐：哦，那維拉爾斯放射出來的光芒是不是沒卡拉那麼亮？而卡拉的又沒你的能量那麼亮，因為你的成熟度低了很多？

人：(笑)低非常多。他們倆的光都比我的還要深沉、穩定。

紐：以你的進階程度來衡量的話，卡拉的黃色和你的白色有何差異？

人：(引以為傲)我正轉變為略帶紅色的白色。之後，我將會有淡金色。最近我注意到卡拉稍微變成深黃色。我早預料到了。她是如此博學又那麼好。

紐：真的？那麼之後她的能量會提升到深藍色嗎？

人：一開始會先是淡藍色。那都是慢慢來的，隨著我們越來越集中的能量。

紐：所以，白、黃、藍這三個基本光線顯示出靈魂的發展階段，而且對所有的靈魂來說，都是顯而易見的？

人：沒錯，而且這些改變非常緩慢。

紐：再看一看四周。你是不是看到所有靈魂的能量顏色平均地分布在這個區域？

人：哦，不！大部分是白色的，有一些是黃色，然後一點點藍色。

紐：謝謝你為我釐清了這點。

詢問每個催眠中的人他們的色系，成了我的例行問題。除了靈界本身的白色，當事人們回報大部分的靈魂是屬於白色系的。顯然，黯淡的白色或灰色是靈魂成長的起點，之後靈魂的氣場再以基本的白色與紅、黃、藍三原色相混合。有些人會看到淺綠色系混合了黃或藍色。

我只能以推測的方式，將我所聽過關於靈魂的能量光芒，與主宰天空的光譜原理作一比較。無論如何，我已經發現一些相似處了。天上較為冷卻的星星，放射出的光芒是橘紅色的，而其他溫度較高的星星則是從黃色轉為藍白色。溫度反映在光波上，也是一種可見光譜不同頻率的震動。在人類眼裡，這些波動便是深沉顏色的一系列光芒。

靈魂的能量顏色或許與氫、氦元素有一點關係，但也可能與電磁的高能量場相關。我懷疑所有靈魂的光芒皆受到靈界和諧、至高無上之智慧源頭的震動所影響。有些人基於物理的定量觀點認為宇宙是由波動所形成，這波動藉由不同頻率的互動去影響群聚的物質。光線、移動、聲音、時間在物理空間中都會相互影響。我在案例中也聽過類似的理論。

總之，我的結論是我們的靈魂和肉體意識皆能投射和接收光能。我相信各人個別的震波模式顯示了每個靈魂的氣場。身為靈魂時的我們所散發出的光線密度、顏色和模式，與我們本身的知識和理解力成正比；隨著我們的成長，光芒也越集中。獨特的能量形態不僅展現我們的身分，也顯示我們治癒他人和自我再造的能力高低。

催眠中的人們會以顏色來形容靈魂如何現身，特別是在一定的距離外，當靈魂沒有形體的情況下。我從案例中得知，較高級

的靈魂投射出更快速移動的能量形態，其顏色為藍色，而其最高集中點則為紫色。在地球上的可見光譜中，藍紫色的波長最短，擁有高能量的不可見紫外線。如果顏色的密度反映出智慧，那麼發自靈魂之黃色透出來的白光擁有較低的波長，也必然顯示出震動的能量中，集中力較低的靈魂。

學習階段	動能的顏色範圍	指導階級
第一級：初學者	白色（明亮而相近）	無
第二級：中下者	米色（微紅色系，最終轉而帶點黃色）	無
第三級：中級者	黃色（清楚而不帶任何白色）	無
第四級：中上者	深黃色（暗金色，最終轉而帶點藍色）	資淺級
第五級：先進者	淡藍色（不帶任何黃色，最終轉而帶點紫色）	資深級
第六級：高度先進者	深藍紫色（環繞著光輝）	大師級

圖三：靈魂發展程度的分類模式

圖三是我依照當事人的回報，以顏色將靈魂分類的圖表。第一欄是靈魂的靈性狀態，也可以說是學習成長的階段。最後一欄顯示我們指導他人的資格，同時意味著我們準備好多少能力去服

務他人,這些都將在下一章作進一步的說明。我們的學習始於靈魂被創造之際,隨著第一次被賦予有形生命體的學習作業而加速成長。每一回投胎後因為有了更多的瞭解,我們也就更懂得如何設身處地去體會了,即使於幾次投胎中有可能在前進之際又倒退回去;無論如何,以我所能觀察到的,靈魂一旦達到某個階段的程度後,至少就會留在那個階段了。

我以圖三展示了投胎中靈魂的六個階段。雖然我大致將當事人廣義區分為初級、中級和高級靈魂,在第二級和第四級之間的差異是很微妙的。比如說,若要決定某個靈魂是否自初學階段的第一級進展到第二級時,我不僅要知道其白色能量殘留多少,還要分析當事人對於測試其學習程度之問題所作的回答。過去人生成功的經歷、對未來的展望、群體間的相處、以及當事人和導師之間的對話,共同組成一份成長的略傳。

有些當事人反對我將靈界描述成一個受到管理的結構化社會,如同圖三顯示的組織化管理系統。然而,我持續聽到同一群當事人描述一個受到同儕和老師的影響、經過計劃而且井然有序的自我成長過程。如果靈界的確類似一個宏偉的學校,在全程監督我們之靈界老師的領導下,具備眾多教室──那它便是有組織的。圖三是我自己所使用的基本構圖,我知道它仍有不足之處。我希望前世治療師能在未來的幾年裡藉由類似的追蹤研究,以我的概念建構出他們自己評量靈魂成熟度的方法。

本章可能會讓讀者以為,靈界的靈魂會因為光芒顏色的階級不同而受到隔離,就好像地球上的社會以階級來區分人一樣。地球的社會現象是不能拿來與靈界相比較的。用來評判靈魂知識的光線頻率,其差異仍然來自於產生所有靈魂的同一個能量源頭。靈魂完全是以意念整合在一起。如果靈界所有階層的執行都落在同一個等級,靈魂所獲得的將是一個糟糕的訓練系統。以前一個

學校一間教室的教育觀念，限制了不同年齡層的學生。在靈界的同儕群中，靈魂和成熟度相近的其他靈魂研修，資深的導師則準備好讓新世代接替自己的位置。

因此，靈界為了評量學習與發展所設計的制度，有其存在的實際原因。這套系統培養出智慧與至終完美的靈魂。重要的是我們要瞭解到，我們或許會在以教育為導向的過程中，因為不良的選擇所產生的後果而受到傷害，但是我們總會在此系統中受到大師級靈魂的保護、支持和引導，我視之為靈魂的管理。

幾世紀以來，這個靈魂分級制度的觀念已成為東西方文化的一部分。柏拉圖曾說靈魂從童年轉化到成人，經過許多階段的道德明智化。希臘人覺得人類幾世紀以來從毫無是非觀念、不成熟和暴力傾向的生物，轉變到後來的慈悲、耐心、原諒、誠實和充滿愛心的人。西元第二世紀時，新基督徒的神學受到波羅提奈斯（Polotinus）的深遠影響，其新柏拉圖派的宇宙論包括靈魂的層級之分。最高等的是卓越的宇宙獨尊，或是創造之神，靈魂由其誕生而佔據人類的血肉之軀。最後，較低等的靈魂將回鄉，完成與宇宙大靈魂的重聚。

我對靈魂發展的分類，並不是專注在社會地位或是優秀程度的精英。高度進化的靈魂在地球上，經常處於卑微的環境中。同理而言，人類社會中具有影響力的上流人士，完全不會處於充滿喜悅的靈魂成熟狀態。真實情況往往與表面看起來的相反。

以靈魂發展的定位來看，我不該過度強調族群的重要性。我將會在第九章對於初學者階段的靈魂(第一級和第二級)作更仔細地檢視，以瞭解族群是如何運作的。繼續深入探討之前，我想要總結一下我所學習到關於族群作業的基本原則。

＊新手認證完成後，不論塑造階段的時間比較上有多長，所有初

級靈魂會依其理解程度被分配至新族群中。

＊一旦具有支援作用的新族群形成後，未來就不會再加入新成員。

＊關於特質相近的靈魂分組，似乎有個系統性的選擇程序，相近的自私、感受度、情感表現和慾望，全都是考慮的因素。

＊不論大小，族群間的能量不會直接混在一塊，但是靈魂可以跨越族群與中等社群之間的藩籬，互相溝通。

＊第一級和第二級的族群可能會為了研修而分組成更小的單位，但不會因此和原本是同一族群的靈魂分離。

＊族群同儕中，成員的學習速度不一，有些靈魂會比其他人進步更快，即使這些學生不見得在課程中的所有領域皆表現良好。在中級階段的程度時，靈魂被允許去展現自己在治療、教導、創作等方面的特殊天賦，以便仍停留於原單位的族群同時，還可以參與那些被賦予較高深任務的特殊族群。

＊靈魂到了第三級，在自我發展中所有領域的需求、動機和表現，將會徹底地受到評估，然後隨意地安排成某種「獨立學習」的研修組。通常，以前的指導老師會在某個大師之下繼續監督他們。如此一來，在中等社群裡一至多個族群中，將要從第三級完全畢業的新靈魂們，可能會被安排在一起。

＊快達到第四級時，靈魂在族群活動之外獲得較多的獨立性。雖然靈魂越進步、族群的數目也有越縮小的傾向，與原有同儕之間的緊密聯繫卻不曾失落。

＊靈界指導老師的教學方式很廣泛，視族群的組成份子而採取擬人化教學。

第**8**章

我們的嚮導

　　我的當事人受到催眠後，沒有任何一個人是沒有個人嚮導的。在催眠過程中，有些案例的嚮導可以明顯感覺得到。我習慣會問當事人是否看到或感覺到房間裡有個無形靈魂的存在。如果有，這個第三者往往是來保護當事人的嚮導。通常，當事人會在想像出臉孔或聽到聲音前，便感覺到這個無形靈魂的存在。時常靜坐的人對於這類景象自然比那些未曾聯繫過嚮導的人來得熟悉。

　　認出靈界的老師帶給人們溫暖、愛的創造力。藉由嚮導的協助，我們更能敏銳地意識到生命的永續性和原本靈魂的身分。嚮導的存在對我們而言是一項恩典，因為他們是我們應驗命運的一部分。

　　嚮導是複雜的靈魂，尤其當他們成為大師級人物的時候。靈魂自我覺醒的程度，多少決定了分配給自己的嚮導有多厲害。事實上，某個特定嚮導的成熟度影響到底下所指導的學生是否僅有一個或數個。能力在資深階段或以上的嚮導，通常會在靈界和地球上與一整組族群的靈魂共事。這些嚮導也會有其他靈魂協助他

們。依我所見，每個靈魂族群通常都會有一個或多個受訓中的新手老師，所以有些人會有一個以上的嚮導幫助他們。

我的當事人們對其嚮導的稱呼從稀鬆平常、異想天開、或是奇特發音的字，到甚至怪裡怪氣的都有。這些名字往往可以追溯到這位老師與學生共同經歷過某個特別的前世。有些催眠狀態下的當事人即使可以清楚地看見嚮導，卻說不出嚮導的名字，因為無法模仿有些名字的發音。我告訴這些人，明瞭分派嚮導給他們的意義，遠比曉得嚮導的名字更重要。也有當事人只用普遍的稱呼稱其嚮導，例如：領導、顧問、指導，或只是「我的朋友」。

然而，我們必須注意「朋友」的定義。通常當催眠狀態下的人提到靈界的朋友時，他們指的是靈魂伴侶或是族群中的同儕，而不是嚮導。我們的靈魂朋友和我們的程度相當，不會比較高也不會比較低。當我們在地球生活時，這些朋友能在靈界給予我們精神鼓勵，甚至投胎來這世界，陪伴我們走過人生。

我與當事人的治療過程中，最重要的一個觀念就是協助他們在意識中感謝嚮導於其人生中所扮演的角色。這些靈界的老師以他們熟練的教導技巧來啟發我們所有的人。有些我們自以為是自己的靈感或想法，其實可能來自關心我們的嚮導。在我們嘗試挑戰自己的時候，嚮導也會撫慰我們，尤其當我們還是孩子、需要慰藉的時候。我記得有個當事人，在我問她這一世何時開始遇見嚮導時，作了一個可愛的評論。「哦，當我在做白日夢的時候，」她說：「我記得第一天上學很害怕的時候，當時我的嚮導就陪著我。她坐在書桌上陪我，然後當我因為太害怕而不敢問老師的時候，她告訴我怎麼去洗手間。」

將靈魂想成是個人守護神的概念，可以追溯到古代，當我們最初意識到自己為人類的時候。史前文明的人類學研究顯示，當時人們圖騰式的象徵引導出個人的守護觀念。爾後五千年前左右，

城邦興起，官方的神祇與城邦的宗教聯繫在一起。這些神祇比較有距離，甚至引起恐懼感。於是，保衛個人與家庭每天生活的神祇便顯得重要。個人的保護神對每個人和家庭來說，就如同守護天使，一旦發生危機時，隨時可以喚來神明的幫助。這樣的傳統已經延續到我們現代文化中。

我們在美國的東西兩端便有兩個例子。歐馬夸(Aumakua)是夏威夷人的個人神明。波里尼西亞人相信祖先可以擔任神和活著的家族成員的溝通(化身成人類、動物、或是魚)。不論是在幻覺或夢裡，歐馬夸都可以幫助或訓斥一個人。在美洲東北方，伊洛郭(Iroquois)認為人類自己的內在精神力量為奧倫達(Orenda)，與更高深的奧倫達精神相連結。這個守護神能夠抵抗加諸於人類身上的惡魔和傷害力量。嚮導般的靈魂守護者是美國許多原住民信仰文化的一部分。西南邊卒尼族(Zuni)的口述神話中，有個像神一樣與人共存的靈魂，稱為「人生道路的製造者與維護者」，並且被認為是靈魂的守護者。世界上也有其他文化相信有個上帝以外的神明看顧著他們，為他們的所作所為求情。

我認為人類總是需要在崇高的上帝之下，尚有一個擬人化的形象來扮演他們周圍靈魂的力量。人們禱告或靜坐時，他們想要接觸到自己熟悉的靈魂，從其身上得到啟示。人類若是向一個心裡可以清楚辨認出形象的靈魂尋求協助，也比較容易做得來。由於對崇高的上帝缺乏想像，阻礙了許多人的直接感應。不論各人的宗教偏好或信心程度有多不同，大家都覺得如果真有一個至高無上的上帝，那麼這位神明應該忙到沒時間去操心大家的個人問題。人類對於和上帝的直接感應，常常表現出不值得一試的態度。於是，世界上的主要宗教以曾經活在世上的先知，作為與上帝溝通的橋樑。

有些先知或許為了提昇自己的神性地位而不夠人性化。我這

麼說並不是要減低所有偉大的先知對其追隨者重大的靈性影響。
這些能力強的靈魂在過去以先知的身分來地球投胎，讓許多人從
他們的教導中受益不少。然而，人們的心底還是有種感覺——彷
彿一直就知道似的——某個人，某個屬於自己的神明——就在那
裡，等著我們接近。

我認為對於那些有虔誠信仰的人，嚮導們會以其宗教信仰中
的人物現身。我曾在一個全國性的電視節目中，看過這樣的例子。
一個在虔誠基督教家庭長大的小孩經歷過瀕死經驗後，說她看見
了耶穌。當她被要求用畫筆畫出見到的事物時，這小女孩畫了個
站在光輝中，沒有容貌的藍色男人。

我的當事人們讓我瞭解到，他們生命中依賴和運用靈界嚮導
的協助有多深。我也因此相信，我們是他們最直接的責任——而
不是上帝的。這些博學的老師於幾千年以來(地球時間)，一直陪
伴著我們，在我們投胎接受挑戰之前、中途、之後等數不盡的轉
世裡協助我們。我注意到催眠中的當事人不像有些意識清醒、走
來走去的人們會因生活中的不幸去怪罪上帝。更常見的情形是當
我們處於靈魂狀態時，我們的嚮導首當其衝地承受我們不滿的矛
頭。

經常有人問我，指導老師是隨機挑選的，還是經過配對的安
排。這個問題很難回答。在靈界，嚮導的確是依序受指派到我們
面前。我認為他們個人的教導風格和管理技巧支援著我們永恆的
靈魂，與我們漂亮地融合在一起。

比如，我曾經聽說比較資淺的嚮導，因為在過去幾世裡克服
過某種特別困難的負面性格，而被指派給具有相同行為模式的靈
魂。這似乎顯示這些曾經身歷其境的嚮導們，他們被評量的方式
在於如何突破過去命運中的功課並產生正面的改變。

所有的嚮導都對他們的學生充滿熱情，但是指導的方法各不

相同。我發現有些嚮導不斷在地球上協助他們的學生，有些嚮導則在靈魂克服挑戰之後，才給予少許的公開鼓勵。靈魂的成熟度當然是其中一項因素。研究生也比新生獲得較少的協助。除了發展中的成熟度，我認為個人的渴望程度也決定了嚮導在其一生中出現的頻率和給予協助的方式。

至於性別，我發現當事人的性別與他們的嚮導以男性或女性現身沒什麼關連。整體說起來，人們對於嚮導的性別角色都能自然地接受。這是因為長久以來，他們已經習慣嚮導的男身和女身，而不是因為特定的學生和老師之間，某種性別會比另一種更有說服力。有些嚮導會混著性別出現，這種現象的確足以支持靈魂是雌雄同體的說法。有個當事人告訴我：「我的嚮導會在兩種性別之間轉來轉去，有時候是愛麗絲，有時候是艾力克斯，端看我當時需要的是男性或女性的忠告。」

依我研判，在靈界挑選老師的過程受到仔細地管理。每個人至少有一位資深級、或是大師級的嚮導，在其靈魂被創造的時候便指派給他了。許多人之後多了個新上任不久的第二位嚮導，比如上一章提到的卡拉。為了給一個更好的稱呼，我叫這些學生級的老師為資淺的嚮導。

胸懷大志的資淺級嚮導們，在他們的成熟度發展到中上階段時，就開始參與初期訓練了，也就是當靈魂發展到接近第三級末期的階段。事實上，我們早在發展至第四級之前，便開始以從屬的身分參與嚮導的訓練。我們的成長還在低階段的時候，便以朋友的身分幫助別人，並且在輪迴之間的靈魂狀態下，以諮詢的方式協助同儕。大師級的嚮導們成立類似託管的管理組織，讓靈界較年輕的嚮導們以資淺級和資深級的教導任務反映大師的意願。我們將在第十章和第十一章裡看到嚮導是如何訓練出來的，其中將包括更高階層的靈魂案例。

所有的嚮導是否都具有相同的教導能力？而其能力是否影響到我們在靈界的族群大小？以下是有此經驗的靈魂與我討論這問題的案例。

◎ 案例 17 ◎

紐：我很好奇靈界的老師是如何依能力被指派任務，去幫助成長中的靈魂。當靈魂成長到嚮導的階段時，他們所分配到的學生數目是不是不少？

人：只有那些比較有經驗的靈魂才會帶到學生。

紐：我想像一大群需要嚮導的靈魂，成為資深級靈魂的重大責任——即使另外有個助手。

人：他們有能力處理的。規模大小並不是問題。

紐：為什麼？

人：一旦你成功到達老師的功力時，靈魂的數目多寡就不重要了。有些群體(族群)有一大堆靈魂，有些則沒有。

紐：所以說，如果你是有藍光氣場的資深老師，班級的規模與你的任務並沒什麼關聯，因為你能夠管理數目龐大的靈魂？

人：我並不是那個意思，很多時候是看某個族群中靈魂的型態與領導者的經驗而定。即使是管理數目較龐大的族群，他們也會獲得幫助。

紐：誰需要幫助？

人：那些你稱為資深的嚮導。

紐：嗯，那又是誰會幫他們？

人：那些監察。他們現在可真正具備職業水準。

紐：我曾聽過有人稱他們為大師級老師。

人：那樣的稱呼倒還不錯。

紐：他們呈現在你面前的能量顏色是什麼？

人：是……帶點紫色的。

備註：如同上一章裡的圖三，第五級初級階段的靈魂放射出天空藍的能量。隨著靈魂的成長，氣場也變得越來越緊密，首先是柔和的藍，最後演變成深紫色，展現了與第六級完全整合的優異成長。

紐：既然嚮導各有不同的教學方法，他們是否也有相同的地方呢？

人：如果他們沒有受過愛的訓練，沒有想要幫助我們加入他們的熱情，他們也就不能成為老師。

紐：那麼靈魂何以被選為嚮導，可否就這點下個定義。請你挑一個典型的嚮導為例，告訴我這個成熟的靈魂擁有什麼特質。

人：他們必須具有同情心，又不能放你太輕鬆。他們不會評斷別人。你不需要以他們的方式來處理事情。他們不會把自己的價值觀硬套在你身上來限制你。

紐：好，那些是嚮導不會做的事。但是，如果他們沒有過度引導靈魂的話，依你看，他們又做過什麼重要的事？

人：嗯……他們在自己的族群裡培養士氣，灌輸自信──我們都曉得他們自己經歷過許多事。我們有權犯錯，即使犯了錯，也還是會被原原本本地接受。

紐：我必須說，我發現靈魂對自己的嚮導非常忠心。

人：那就是原因呀──因為他們從未放棄你。

紐：你認為嚮導最重要的貢獻是什麼？

人：(毫不猶豫)激勵你並且給你勇氣。

下一個案例是已經投胎了的嚮導作法。這名嚮導叫歐華，他擁有上個案例所提到熱心老師的特質。顯然他初期的任務是親自照顧案例十八裡的當事人，而他一直沒有改變作法。我的當事人認出她嚮導投胎後的化身時，整個人震驚極了。

大約西元前五十年左右，歐華第一次以嚮導身分出現在我當

事人的生命中。根據描述，他是住在朱頓（Judean）村的一個老人，當時那個村莊一直受到羅馬軍隊的侵擾。案例十八是個年輕女孩，因為一次羅馬人突襲地方上的異議份子而成為孤兒。在這次前世的初始，她談到自己在酒吧裡作奴隸。身為女侍的她經常被主人打，有時還會被羅馬客人強暴。二十六歲時，她因為工作過度和飽受虐待，絕望而死。這個當事人對她村莊裡的那位老人，作了以下的陳述：「我日夜工作，對於痛苦和羞辱早已麻木不仁了。他是唯一對我友善的人——教導我要相信自己——要相信在我身邊這群殘酷的人們之外，還有更高貴的人。」

當事人稍後詳述了幾個其他困苦前世的片段，而歐華一直都以值得她信任的朋友身分出現，有一次還是她的兄弟。當事人看到這些人都具有同一個靈魂，她認得出這個靈魂就是她的嚮導歐華。在許多前世裡歐華並沒有出現，當他幫助當事人時，有時候只是一閃而過的有形接觸。突然間，我問當事人歐華是否有可能就在她的現世中？她稍微猶豫後，開始不由自主地顫抖，因為心裡見到的景象而一直流淚。

◎ 案例 18 ◎

人：哦！我的上帝——我就知道！我就覺得他不知道哪裡不太一樣。

紐：誰？

人：我的兒子！歐華是我的兒子布萊登。

紐：你的兒子其實就是歐華？

人：（又哭又笑）是，是的！我知道！我生他那天就感覺到了——一種很棒的熟悉感，對我來說很特別——他不只是一個無助的嬰兒……哦……

紐：你生他那天感覺到什麼？

人：我並不是很確定——只是內心感覺到——比一個母親第一次

喜獲麟兒時的那種興奮還要多。我感覺他來了——來幫助我——你沒看到嗎？哦，這真是棒透了——這是真的——就是他！

紐：(因為當事人興奮地搖擺，幾乎就要晃出我辦公室的躺椅，我趕緊先幫她冷靜下來，然後才繼續)你覺得歐華為什麼在這一世以你兒子布萊登的身分出現？

人：(安靜下來，但仍然微微哭泣著)他要帶我克服這段艱難的日子……和那些不願接受我的人戰鬥。他一定瞭解我已經過了一段長時間的麻煩日子，然後決定來當我的兒子。我投胎前並沒有和他討論過這樣的安排……多美好的一個意外驚喜呀……

*備註：*我的當事人在此人生階段，正試圖在一個競爭激烈的行業中獲得認可，在家裡也遭逢了婚姻問題，部分原因是因為她是家裡主要賺錢的人，後來我曉得她離婚了。

紐：你帶小嬰兒回家後，發現到他有什麼不尋常的地方嗎？

人：有，那種感覺從在醫院開始就有了，而且從未消失。有時候我回家已經筋疲力盡了——累得被打敗了——保母離開後，我都對他發脾氣，但是他對我是那麼有耐心。我甚至不用去抱抱他。他看我的眼神……充滿了智慧。直到現在我才完全明白其中的意義。現在，我知道了！哦，真是幸運。我本來不是很確定是不是該留住這個小孩——現在我全看懂了。

紐：你看到什麼？

人：(堅定的口吻)當我試圖要在職場中更有所為時，身邊的人變得……更強硬……不認同我的專業。我和我先生之間不太愉快。他給我很大的壓力，要讓我感到挫敗……他想征服我。歐華——布萊登，在這裡幫助我堅強起來，我才得以克服……

紐：你覺得我們發現你嚮導在這一世以布萊登的身分與你在一起，這樣可以嗎？

人：可以的，如果歐華不想讓我知道他決定走入我的生活，我也

不會來見你──我心裡就不會有想見你的念頭。

　　從這個特殊案例可看出，當事人與其嚮導於世間聯繫上時，當事人的情緒是多麼的激動。必須注意的是，歐華選擇的角色並沒有侵犯到靈魂伴侶經常扮演的典型角色。他沒有成為她的先生，過去幾世裡也未曾有過。當然，靈魂伴侶也會選擇配偶以外的其他角色，而來世間投胎的嚮導所選擇的角色，通常不會逾越兩個一生在一起的靈魂伴侶。此案例中當事人的靈魂伴侶正巧是她高中時期的舊情人。

　　根據所有我蒐集得到的資料，歐華似乎在過去兩千年當中，進步到資淺級的嚮導了。他或許在這當事人從白色晉級到黃色氣場之前，就會晉級到資深嚮導的藍色階段。不管此過程歷經多少世紀，歐華將一直是她的嚮導，即使他不會再與她於同一世代裡投胎了。

　　我們會在成長過程中趕過嚮導嗎？或許終究可以，但我敢說在我所有的案例中，我還未見過任何這樣的例證。發展相當快速的靈魂算是天賦異稟，而能幫助他們的嚮導也非比尋常。

　　配對的嚮導來世間與人們在一起的情形也很尋常，而每個嚮導都有自己的一套教學方式。在這樣的案例中會有一個主導者，即使較有經驗的資深嚮導可能會因為自己的要務在身，而於日常活動中較少現身。靈界之所以安排嚮導合作無間，是因為這一對嚮導可能正在培訓中(比如資淺者在資深者的領導下學習)，或是這兩個嚮導之間的關係(比如資深者與大師級之間)是如此源遠流長而成了永久的連結。資深嚮導可能會有自己的族群要照顧，然而還是會受到已經看顧許多族群之大師級嚮導的監督。

　　每組嚮導中的個別嚮導，在靈界裡外都不會相互干涉對方。我一個好友的嚮導例子，便是兩個老師如何共事且互補的最好見

證。這個案例很適合用來舉例說明，因為我已經觀察過這兩個嚮導在不同的人生環境中互動的方式。我朋友的資淺級嚮導是以一個和善、充滿愛心的美國原住民女醫生現身，名為昆醫生。她出現時，穿著簡單的鹿皮裹身，長髮往後梳，溫和的臉龐沉浸在耀眼的光芒中。當昆醫生被召喚時，她的洞察力足以理解困擾我朋友之事件的來龍去脈，以及其中牽涉到的人。

我朋友選擇了一個相當艱難的人生道路，每當昆醫生想要幫他輕鬆一下，卻老是被一個充滿挑戰性格的男性嚮導──吉爾士減緩下來。吉爾士顯然是個資深級嚮導，而且在靈界可能接近大師級的地位。吉爾士也不像昆醫生那麼常出現，當他出現在我朋友更深層意識中的時候，他是冒然現身的。接下來的例子便是資深嚮導與資淺嚮導的不同處。

◎ 案 例 19 ◎

紐：當你為了某個重大問題沉思的時候，吉爾士是怎麼出現的？

人：(笑)我可以告訴你，他和昆醫生不一樣。通常，他喜歡……躲起來一下……開始的時候……躲在陰影後面……藍色的煙霧。見到他人以前，我會先聽見他輕聲在笑。

紐：你是指，他一開始是以藍色能量的模樣出現？

人：是的……為了將自己隱藏一點點──他喜歡帶點神祕感，但是不會維持太久。

紐：為什麼？

人：我不知道──為了確定我是真的需要他吧！我猜。

紐：那，當吉爾士現身時，你覺得他看起來像什麼？

人：愛爾蘭的小妖精。

紐：哦，那他是一個小矮人囉？

人：(又笑)一個小精靈的模樣──佈滿皺紋的臉上都是糾纏在一

塊的頭髮——他看起來邋遢，而且不停地到處亂動。

紐：他為什麼那樣？

人：吉爾士這人狡猾——又沒有耐性——當他在我面前走來走去的時候，一直皺著眉，兩手扣在背後。

紐：你怎麼解釋他這樣的行為？

人：吉爾士不像那種莊嚴的嚮導……但他非常聰明……詭計多端。

紐：這樣的行為和你有什麼關係？你可以講得更詳細一點嗎？

人：(緊張)吉爾士使我的人生像西洋棋，而地球就是棋盤。什麼樣的行為就會帶來什麼樣的後果，並沒有什麼簡單的解決方法。我自己規劃人生，然而我人生的棋局卻走錯了。有時候我覺得他在棋盤上設下陷阱。

紐：你這位資深嚮導的技巧讓你成功了嗎？吉爾士有幫助你解決人生棋局裡的問題嗎？

人：(停頓)……之後才有……在這裡的時候(指靈界)……但是，他害我在地球上活得如此要命的辛苦。

紐：你可不可以擺脫他，只跟昆醫生一起努力？

人：(苦笑)那在這裡是行不通的。而且，除此之外，他相當卓越。

紐：所以，我們不能選擇自己的嚮導？

人：沒辦法，是他們選擇你。

紐：你有沒有想過，為什麼你會有兩個嚮導，而且他們處理你問題的方法又是如此不同？

人：沒想過，但是我覺得自己很幸運。昆醫生……很溫和……而且持續支持著我。

備註：這些曾經住在北美的美國原住民化身，成為我們住在這塊土地上之後代子孫的能幹嚮導。根據多數有類似嚮導的美國人資料，促使我深信靈魂會被前世生活的地理環境吸引。

紐：你最喜歡吉爾士教學方式的哪個部分？

人：(沈思)哦，他會——嗯，逗我——幾乎是用挖苦我的方式，要我在人生的棋局中表現得更好，並且停止自憐。事情非常艱難的時刻，他會激勵我繼續前進……堅持我要發揮所有的能力。吉爾士的方法中沒有輕鬆兩個字。

紐：你在地球上感受得到這種訓練嗎？即使沒和我在一起的時候？

人：是的，當我在冥想、深入自己心靈的時候……或是在我作夢的時候。

紐：你要找他，他就出現？

人：(一陣猶豫)不……雖然感覺我好像永遠與他同在……昆醫師比較常來看我。我不能在任何自己想要的情況下緊抓著吉爾士不放，除非事態真的很嚴重。他很難捉摸的。

紐：為我總結一下你對昆醫生和吉爾士的感覺。

人：我愛昆醫生就像愛自己的媽媽，但是若沒有吉爾士的訓練，我也達不到現在的境界。他們倆都很有技巧，因為他們都讓我從錯誤中學習成長。

　　這兩位嚮導是配對的，也是兩個嚮導共同合作的代表。在這個案例中，吉爾士喜歡以蘇格拉底式的方法教導業障的觀念。在事先沒有任何線索的情況下，他會確定不讓我朋友輕易解決人生的重大事件；另一方面，昆醫生則給予舒緩和溫柔的鼓勵。

　　我朋友來找我為他催眠時，我就感覺到昆醫生退居幕後，而吉爾士已經準備好參與了。吉爾士是個關心人的嚮導，就像所有的嚮導一樣，卻不會有任何一點縱容。在解決問題的方法突然露出曙光之前，逆境有助於我朋友將自己的能力發揮到極限。坦白說，吉爾士給我的感覺像個淘氣的嚴師，我的朋友卻不認同這樣的觀點，他十分感激這位複雜的老師提供的挑戰。

　　普遍說起來，嚮導像什麼呢？依我的經驗，沒有任何嚮導是

一樣的。這些較成熟的熱忱靈魂給我的感覺是，在每個催眠過程中蕩進來，甚至是同一個當事人的每個療程。他們可以是協力合作或是蓄意阻撓的、包容或是不通融，模稜兩可或是坦率的，或是對我與當事人所做的任何事情完全不在意。我非常尊崇嚮導，因為這些能幹的人物在我們命運中扮演非常重要的角色，但我必須承認，他們會阻撓我的詢問。我覺得他們很神祕，又像便利設施；我與他們之間的關係捉摸不定。

本世紀初，藉由第三者和催眠中人們在房間內召喚死去靈魂的行為，普遍被定義為「監控」，因為這些第三者扮演靈界與當事人溝通的導演。大家都曉得靈界那方的監控（不管是不是嚮導所為）所產生的能量模式，與當事人在情緒上、理智上、和靈性上是和諧一致的，而介於第三者與靈魂之間的和諧能量模式，其重要性也是眾所公認的。

如果因為監控封鎖了我對當事人的調查和詢問，我會思考這種情況發生的原因。對於有些會封鎖的嚮導，即使只是隻字片語的資料，我都必須爭老半天，當然也有嚮導給我極大的斡旋餘地。我從沒忘記嚮導有權封鎖我更瞭解其所關切的靈魂，畢竟，我跟這些當事人的相處只是短暫的緣分。坦白說，我還比較希望和當事人的嚮導完全沒有交流，也不要嚮導這一刻幫助我瞭解狀況，下一刻卻又封鎖住記憶的流動。

我相信嚮導封鎖消息的動機，並非只是為了抵制臨場心理治療的走向。我不斷搜尋關於靈界的新資料。一個會幫助當事人想起前世記憶的嚮導，另一方面或許會阻擋我詢問關於其他星球上的生活、靈界的結構、這一切是如何創造等偏離主題的問題。這就是為什麼我從當事人大量的資料中，獲得關於靈界的祕密也只是斷簡殘篇，顯示許多嚮導的謹慎。在我與當事人及其嚮導溝通時，我也感受到自己的嚮導所給予的協助。

有時候，當事人也會表達對嚮導的不滿，但這通常只是暫時性的。在很多時刻人們會認為他們的嚮導很難搞，並沒有放足夠的心力在幫助靈魂這件事上，或是不夠關心他們。曾經有個當事人告訴我，他已經試了好久想換一個嚮導。他說：「我的嚮導拒絕回應我，她並沒有真正貢獻心力幫助我。」這名男子告訴我，他想換嚮導的想法並沒得到認可。我觀察到他長期獨處，前兩世也沒什麼群體活動，因為他拒絕去面對和解決他的問題。他對他的嚮導發脾氣，因為他覺得嚮導並沒有將他從惡劣的情況中解救出來。

我們的老師真的不會因為我們的排斥而感到不安，對於那些逃避問題又心懷不滿的學生，我注意到嚮導有辦法讓這些人害怕他們。嚮導只要我們發揮最好的一面，有時候這也表示他們必須目睹我們受盡夠多的痛苦以達到特定的目標。嚮導必須等我們準備好改變自己之後，才有辦法於過程中幫助我們，只為了教導我們充分善用生命裡的契機。

我們有理由害怕自己的嚮導嗎？在第五章，和之後的第十三章，我們看到的是顯然很幼齒的靈魂，死後見到嚮導克羅狄斯前來詢問時，顯得有些惴惴不安。基本上，這樣的憂慮並不會持續。我們也許會覺得懊惱，不曉得如何向嚮導解釋為何沒達成目標，但他們總能體會。他們之所以要我們詮釋自己的前世，是希望我們能夠從分析錯誤中獲益。

我的當事人表達過各種對嚮導的感覺，但其中並沒有恐懼。人們反而擔心自己在人生艱難的時刻，會被靈界的指導老師放棄。我們和嚮導之間的關係，是一種老師與學生的關係，而不是被告與法官之間的關係。我們的個人嚮導幫我們適應靈魂投胎時承繼的隔離感和孤立感——不論我們感受到多少家庭的愛。嚮導讓我們於擁擠的世界中肯定自己。

　　人們想要知道，自己求救時嚮導是不是會隨傳隨到。嚮導選擇幫助我們的方式並不全然一致，因為他們必須小心評估自己是否真的那麼需要插手。我也被問過，催眠是不是與嚮導聯繫的最好方法。我自然會偏好催眠，因為我曉得以這媒介取得靈界詳細的資訊是多麼有效。然而，讓一個受過訓練的人催眠，並不是一個天天可行的方便方法，而靜坐冥想、禱告、或是與其他人交流便比較可行。自我催眠——深度靜坐、冥想的一種形式，就是一個非常好的變通方法，適用於那些怕被人催眠，或是不希望別人打擾自己探索靈界的人。

　　不管是用什麼方法，我們都能從自己的深度意識中，將廣大的意念傳送出去。每個人的念頭對嚮導來說就像靈性的指紋，刻印了我們的身分與所在。在我們的人生中，特別是在壓力很大的時期，多數人感覺到有人在看顧著他們。我們或許無法描述這種力量，然而它確實存在。

　　探觸自己的靈魂是發現內心更偉大力量的第一步。在這階段，我們精神上用來與神溝通的所有線路，都在嚮導的監控中。嚮導自己也有位居更高層的嚮導。這整個階梯似的排列就像是延綿的導管，直通智慧能量的源頭，而每個梯級是整體的一部分。重要的是人要對祈禱有信心，要相信求助的祈念會獲得內心更高力量的回應。這就是為什麼嚮導對我們在靈界及世上的短暫生活而言相當重要。如果我們放輕鬆、集中意識，內在的聲音便會對我們開口。而且，即使我們沒有發出任何訊息，我們應當相信我們所聽到的。

　　心理學家所做的全國性研究調查顯示，十分之一的人承認聽到常是正面且指導性的內在聲音。對許多人來說那真是如釋重負的好消息，他們因此瞭解到那內在的聲音並不是跟精神病有關的幻覺。內在的聲音就像是隨時待命的長駐型諮詢者，不用太擔心，

而且這些聲音經常來自我們的嚮導。

指派給不同靈魂的嚮導,的確會為了互通心靈上的緊急訊息而合作。處境艱危的人們要是救不了自己,可能會發現剛好在關鍵時刻遇到顧問、朋友,或甚至是陌生人前來相助。

日常生活中迎向我們的內在力量,並不像我們視覺上實際看到嚮導那樣,以感覺和情緒來說服我們說自己並非孤單。經由安靜的沉思來傾聽和鼓勵內在聲音的人提到,他們感覺是在與超越自己的一股能量作個人連結,給予自己安心和支持。如果你想稱這內在的引導系統為靈感或直覺,那也可以,因為這個系統幫助我們某一層面和更高深的力量。

在生命的艱難時期,我們傾向於要求嚮導快點調整好所有事情。在催眠過程中,我的當事人們看到嚮導有時並不會幫他們解決所有問題,而是運用一些線索來照亮解決的路徑。這是我之所以對催眠中的當事人遇到資訊被封鎖的情況時,慎重面對的原因之一。領悟力是在依個人情況的進度掌控下,才能得到最好的展現。一個關心學生的老師可能不願讓某個問題的所有層面,在某個關鍵時刻全都顯露給學生看。事情揭露之後,我們個人處理的能力各不相同。

當你向更高的靈性力量求助時,我想最好別要求立即獲得改變。我們人生的成功,是按計畫而可預見的,我們無法選擇變通以達到特定的目標。尋求指導時,我建議各位只求得到人生下一步該怎麼走的協助。當你這麼做時,對於意料之外的可能性最好要有心理準備。要有信心、保持謙遜、敞開心胸去面對各式各樣解決問題的方式。

我們死後,靈魂並不會感到悲傷,不像當我們有身體時那樣會感到悲哀。然而,如同之前見識過的,靈魂並不是超然無情感的生命。我觀察到那些位階高層、看顧著我們的靈魂,看到我們

在世上做出錯誤的選擇和經歷痛苦時，他們也會感受到我所稱之的精神哀傷。當然，當我們遭受折磨時，我們的靈魂伴侶和同儕也會感到悲痛，嚮導也是一樣。嚮導或許不會在輔導座談會和每一世轉世之間的靈界族群討論中表現出他們的傷心，但他們深深感受到身為老師對我們的責任。

我們將有機會在第十一章更瞭解第五級的嚮導。我從不曾在當事人中發現屬於第六級的人，或是大師級的嚮導。我懷疑在地球上的任何世代，並沒有多少這類先進的靈魂。大多數第六級的靈魂都太忙於在靈界計劃和指導，以致於沒時間投胎了。從第五級靈魂的當事人回報可得知，第六級靈魂似乎沒什麼新的人生課程要學習了，但我感覺仍來世上投胎的第五級靈魂，可能並不太清楚所有大師級靈魂參與的神祕任務。

有時候與較高級靈魂的催眠過程中，我會聽到高於第六級的更高級靈魂的指示。這些甚至是大師級靈魂必須報告的對象，其能量是最深層的紫色。這些優異的靈魂應該彎接近創造者。我被告知這些難以捉摸的人物並不好掌握，但在靈界受到高度推崇。

一般當事人並不曉得是否該將嚮導放在比較不神性的類別中，或是以他們的先進程度，將他們想成較小的神。在這方面任何觀點都沒有錯，只要一切想法令人舒服、受到鼓舞，對每個人來說合情合理就好了。雖然有些當事人傾向於將嚮導視為上帝——他們並不是上帝。依我看，嚮導並沒有比我們神聖多少，所以他們才會以人類的形體現身。在我所有的案例中，上帝從未曾現身。催眠狀態下的人們說，他們感覺得到有一股至高無上的力量引導著靈界，但是他們並不認為「上帝」這字眼適合用來描述創世者。或許就像哲學家史賓諾沙(Spinoza)所說的：「上帝不在於他是誰而在於它是什麼。」

每個靈魂都與一個更高的靈性力量連結。所有靈魂都是同一

個神性意識的一部分，產生自同一個聖靈。這個優異的能量在範圍上是屬於全宇宙的，所以我們都具有神的地位。如果我們的靈魂反映出我們所稱為「上帝」之聖靈的一小部分，那麼嚮導則給了我們看到自己與這創世者連結的一面鏡子。

第 **9** 章

初級靈魂

　　初級靈魂有兩種：一種是以其與靈界之外的接觸而言，相當年輕的靈魂；另一種是曾在地球上投胎過相當長的一段時間，卻仍顯幼稚的靈魂。我在第一級和第二級都發現到這兩種初級靈魂。

　　我相信，今日在地球上寄居於人類身體的靈魂，將近四分之三仍處於早期發展階段。我知道這種令人洩氣的說法容易得罪人，因為這表示我們人類中，大部分人口仍處於低階層的訓練階段。然而，當我想到全世界人口因不斷受到負面之文化交流的誤解和暴動而紛亂不已時，我並不想改變這種想法；地球上應該有極高比例的人屬於較為低階層的靈魂。無論如何，我確信人類的意識在每個世紀都有進步。

　　這幾年以來，我已經在檔案裡建立了所有當事人之靈魂層級的分布統計。無庸置疑地，屬於低階層的靈魂數目較為眾多，因為這些當事人並不是隨機來找我的。我的案例有可能過度呈現低度發展的靈魂，因為他們就是生活中極需協助而來找我的一群人。

　　為了滿足人們的好奇心，以下為我所有案例中，靈魂在各層級的百分比：第一級，42%；第二級，31%；第三級，17%；第四級，9%；第五級，1%。如果將這些數據反映在全世界的五億人口上，將會因為我的抽樣數目太小而顯得不可信。雖然如此，我還是認為地球上屬於第五級的人，可能只有幾十萬人而已。

　　根據當事人的敘述，靈魂達到圓滿成熟時，就會結束來世間的投胎。處於早期發展階段的靈魂佔有高比例的重點在於，我們有加倍增長的人口與快速出生的嬰孩供給靈魂投胎，平均每天就有二十六萬個嬰兒出生。這項人類與靈魂的供給需求意味著，這些靈魂應當是從較不成熟的靈魂族群中被拉來投胎的，因為他們需要更多的轉世來藉以成長，也更需要來世的投胎機會。

　　我對那些處於初期發展階段之當事人的感受比較敏感。我也數不清究竟這種情形發生過多少次，某個新來的當事人在我的辦公室說：「我知道自己是個老靈魂，但我似乎沒辦法應付生活上的問題。」我們都希望自己是成熟的靈魂，因為不管在哪方面，多數人都討厭被看作是初級者。每一個案例都是獨特的。每個靈魂的個性、個人發展速度，以及指派給他們之嚮導的特質，都有許多可能的變異性。我視自己的工作為當人們向我報告本身成長進度的時候，我為他們提供事情之所以如此發展的解釋。

　　我的案例中，許多當事人在地球已經投胎長達三千年了，卻還是處於低度發展的第一級和第二級。相反的情形也發生在少數人身上，即使成長迅速對靈性發展而言並不尋常。經歷過各類教育性的人生模式後，學生們發覺有些課程較其他困難。我有個當事人八百五十年以來輪迴過無數次，一直都無法克服妒忌的性格，但在同一時期末，她在克服固執己見方面卻沒遇到多大困難；另一個當事人則花了將近一千七百年的時間尋求操控他人的權威，然而，他學到了慈悲。

下一個案例是一個全然初級的靈魂。因為這位新手的輪迴經驗太少，所以尚未有靈魂族群的分派。她的第一次投胎因為蒙古人入侵，死於西元 1260 年的北敘利亞。那一世她的名字為雪佩，當她五歲的時候，她的村落因為一次嚴重的大屠殺而被劫掠一空。

◎ 案例 20 ◎

紐：雪佩，現在你已經死了而且回到了靈界，告訴我你的感覺。

人：(大叫)我被騙了！那一世真是殘酷！我根本待不下去。我只是一個小女孩，幫不了任何人。這真是一個錯誤！

紐：是誰造成這個錯誤？

人：(識破陰謀般的詭異聲音)我的嚮導。我信任他的判斷，但他把我送去過那種殘酷的生活真是錯了，我的人生還沒開始就被殺了。

紐：但你的確同意要進入雪佩的身體，不是嗎？

人：(生氣)我並不曉得地球是一個充滿恐怖的可怕地方呀！──我沒有被告知所有的真實面──這整個愚蠢的一世是一個錯誤，我的嚮導應該要為此負責。

紐：你沒有從這一世學到任何東西嗎？

人：(停頓)我開始學會去愛……是啊，那真棒……我的兄弟……父母……但是如此短暫……

紐：這一世有沒有什麼好事情發生呢？

人：我哥哥阿蒙……和他在一起……

紐：阿蒙也在你現在這一世裡嗎？

人：(突然從椅子起身)我不相信！阿蒙就是我的先生比爾──同一個人──怎麼會……？

紐：(我讓當事人冷靜下來後，向她解釋靈魂轉世投胎的過程，然

後繼續)你以雪佩的身分死後,回到靈界時見到阿蒙了嗎?

人:見到了。我們的嚮導帶我們一起來這裡……我們停留的地方。

紐:阿蒙散發出來的能量顏色和你的一不一樣?

人:(停頓)我們……都是白色的。

紐:描述一下你們在這裡做什麼。

人:我們的嚮導來來去去的時候,我和阿蒙……只是一起研修。

紐:做些什麼事呢?

人:我們探求對自己的看法——我們在地球上的經驗。我對於自己這麼快就被殺了還是很心酸……但是也有快樂的回憶……走在陽光裡……呼吸地球的空氣……愛。

紐:回到更早的時期,在你和阿蒙共同生活以前,也許那時候只有你一個人。被創造的感覺像什麼?

人:(不安)我不知道……我只是在這裡……思考著……

紐:你還記不記得自己被創造的時候?當你第一次像個有頭腦的人開始思考時是什麼樣的情形?

人:我理解到……我的存在……但我並不知道自己就是自己,直到我被帶到這個安靜的地方,和阿蒙在一起。

紐:你是說你個人的本質,在你開始和嚮導以外的靈魂互動後會更清楚?

人:是的,和阿蒙在一起的時候。

紐:維持在你遇到阿蒙前的那段時期,對你來說,感覺像什麼?

人:溫暖……養育……我的心胸敞開了……她當時和我在一起。

紐:她?我還以為你的嚮導是以男性的身分呈現在你面前。

人:我不是指他……有人在我身邊以一個……母親和父親的身分……比較像是母親……

紐:是什麼模樣?

人:我不知道……一道溫和的光……千變萬化的模樣……我掌握

不到……許多愛的訊息……鼓勵……

紐：這發生在你靈魂被創造的時候嗎？

人：是的……全都很模糊……還有其他人……協助者……當我出生的時候。

紐：關於你被創造的地方，還有什麼可以告訴我的？

人：(長時間停頓)其他……愛我的……在育嬰室裡……然後我們離開了……而我和阿蒙還有我們的嚮導在一起。

紐：真正創造你和阿蒙的是誰？

人：是祂。

　　我得知靈界似乎有一種專為新生靈魂設置，類似產房的地方。有個當事人告訴我：「在這個地方，處於嬰兒階段的光芒就像還沒孵化的蛋，以蜂巢的模式被安置以備使用。」在第四章的難民靈魂身上，我們看到靈魂會遭遇到多麼危險的「重塑」。據我推測，雪佩描述的這些創造中心具有相同的功能。下一章的案例二十二將談到更多關於靈界「自我」創造的地方。原始、尚未被界定的能量，將在那裡轉化成「我」的形成起源。

　　案例二十提到一些不成熟靈魂的顯著特質。這名當事人是個六十七歲的老女人，一生總是習慣性地遇到不幸。她對別人不夠慷慨大方，對自己的行為也沒什麼責任感。這個當事人來找我尋找答案，為什麼生命「騙走了她的快樂」。過程中，我們發現阿蒙是她的第一任丈夫，比爾。很久以前她因為另一個男人離開了他，之後又與那個男人離婚，因為她沒辦法跟人膩在一起。她和所有的孩子都不親近。

　　初級靈魂可能會一連好幾世都活在迷惑又無效率的狀態中，導因於地球環境的影響，與靈界有條不紊和互助的和諧完全不同。較不進步的靈魂傾向於屈服人類社會中各種操縱人心的價值

觀，尤其是在這種經濟社會的結構下，造成許多人臣屬他人。這些經驗不足的靈魂因為缺乏獨立思考的能力而被壓抑得透不過氣來。他們也很自我中心，不容易接受別人對他們的看法。

我並不是想把這些世界人口的大多數說得如此慘淡——如果我對這高範疇靈魂數目之推測正確的話。屬於比較低階的靈魂也能發展出許多正面性的輪迴。不然的話，沒有人會進步。這些靈魂都不應該被看不起，畢竟，每個靈魂都曾經是初級者。

如果我們生氣、憤恨不平，對自己的生活情況感到迷惑，這並不表示我們就是一個不夠成熟的靈魂。靈魂的成長是很複雜的，我們每個人皆以變化不一的方式，在不同的領域中依級數層層進步。最重要的是承認自己的過錯，避免自我否定，並且要有勇氣和充實自己，以便持續調整本身的生活。

靈魂脫離新手狀態的一項清楚指標，是當他們擺脫了精神上比較與世隔絕的狀態時。他們從與其他新手同在的小家庭，移到較大的一群初級靈魂中。在此階段，他們比較不依賴嚮導所提供的近距離看護和特別的撫育。

對年輕的靈魂來說，第一次發覺自己身為廣大靈魂群中的一部分，就是一種喜悅的泉源。一般來說，我發現這項重要的靈性覺悟，會發生在靈魂來地球第五次投胎時的生命末期，不管這新手處於半隔離的狀態有多久。這些新族群中的有些靈魂，在地球投胎的幾世中彼此是親朋好友；比較特別值得注意的是，新族群中的其他同儕成員也是比較年輕的靈魂，他們也是第一次發現和其他靈魂在一起。

在第七章，我們看到某個族群如何在案例十六的當事人加入時出現，而案例十六的當事人也提過他們是如何運用圖像來研讀過去的生活經驗。案例二十一的當事人將更詳細地說明靈魂族群的變動，以及成員之間如何相互影響。每個靈魂學習某些課程的

能力或強或弱，取決於愛好、動機、和過去投胎的經歷。族群是小心被設計出來的，以便藉由成員之間彼此獨特性格的微妙處為同儕打氣。這股凝聚力遠超過我們在世上所能理解的程度。

雖然下一個案例是族群中某個成員的觀點，他的超意識心靈讓我們能夠客觀地瞭解族群的運作過程。當事人敘述的是一個言行誇張、以男性為導向的靈魂族群。這族群中粗俗的成員相當愛出風頭，可以說是自戀一族。從這些靈魂發現自我價值的方法，可以發現他們為什麼會是同一族群的靈魂。

以這些靈魂的先見之明，他們放縱的行為模式在某種程度上是一種補償。既然在心靈感應的世界裡，所有成員都對事實心知肚明，調侃一下對方也是在所難免的。有些讀者可能難以接受靈魂會以彼此的失敗互相開玩笑，但是幽默是揭露自我欺騙和虛偽的基礎。

靈界的族群中，每個靈魂都很瞭解自我防禦的心態，也因此，懂得在同儕中自我控制是尋求改變的強烈激勵。靈性的「治療」唯有在同儕誠實的交換意見、相互信任、共同努力進步的情況下，才有可能永遠發生。靈魂也會受傷，他們需要懂得關心的靈魂在身邊。族群互動所產生的靈療力量是相當可觀的。

靈魂成員對於彼此追求目標所付出的努力，藉由批評和喝采來維繫人脈。我給予當事人的最佳協助是提供其同儕轉給我的訊息。靈界的族群是靈魂獲得指導的最初來源。來自同儕的學習和來自看護這些族群的嚮導所施展的技能是一樣多的。

下一個案例的當事人才剛剛重溫了前世，當時他是住在阿姆斯特丹的荷蘭藝術家，1841年因肺炎而英年早逝，也是他的畫作受到肯定之時。我剛引導他回靈界的族群中，他突然一陣爆笑。

◎ 案例 21◎

紐：你為什麼笑？

人：我回到朋友的身邊，他們故意想讓我不好受。

紐：為什麼？

人：因為我穿著有花俏釦環的鞋子和亮綠色的絲絨短上衣——還有黃色滾邊——我戴著軟塌塌的大畫家帽子閃亮出場。

紐：他們為了你這一身虛擬的衣服笑你？

人：你知道的！我對穿著是多麼的自負，我在阿姆斯特丹那一世還在咖啡社把指甲修得很不錯。我很享受這樣的角色，而且扮演得很好。真不希望這樣結束掉。

紐：接下來發生了什麼事？

人：我的老朋友們圍在我身邊，大家在談生活中的傻事。我們取笑對方在世間戲劇化的生活，還取笑彼此那樣認真地面對生命。

紐：你和你的朋友們難道不認為，在世時認真地面對生命很重要？

人：你想想看，地球是一個大舞台的演出——我們都知道。

紐：你的族群也一致這麼認為嗎？

人：當然，我們視自己為龐大舞台製作的演員。

紐：你在靈界的族群有多少個靈魂？

人：(停頓)嗯，我們和……一些其他人研修……但是我們這五個人比較親近。

紐：他們叫你什麼？

人：嵐——不對——是艾嵐……就是我。

紐：好，艾嵐，說說你的親密朋友們。

人：(笑)諾克斯……他是最好笑的一個……至少他是最吵的。

紐：諾克斯是你們族群的族長嗎？

人：不是，他只不過是最吵的一個。在這裡我們是平等的，但是

還是各有差異。諾克斯直率又武斷。

紐：真的？那你會怎麼描述他在地球上的個性？

人：哦，非常不擇手段，但不是危險人物。

紐：在你們的族群中，誰最安靜又不擺架子？

人：(揶揄的)你猜呢——是維洛。

紐：他這樣的特質會不會因此成為你們族群中最沒效率的人？

人：你想到哪去？維洛都會對我們其他人提出一些有趣的想法。

紐：舉個例子。

人：我在荷蘭的那一世——我父母去世後，一對荷蘭老夫婦收養我——他們有一座美麗的花園。維洛提醒我對他們的責任——那花園刺激我作畫——以藝術家的眼光看待生活……還有我尚未發展的天賦。

紐：維洛對此傳達了其他想法給你嗎？

人：(悲傷)他覺得我應該少喝點酒，別太趾高氣昂，而且應該多畫一些作品。我的藝術……已經達到感動人心的地步……(當事人的肩膀往後靠)但是我才不要成天關起來畫畫！

紐：你尊重維洛的意見嗎？

人：(深深嘆息)是的，我們知道他是我們的良知。

紐：所以，你對他怎麼說？

人：我說，「旅館老闆，管好自己的事——你自己不也在享樂。」

紐：維洛是個旅館老闆？

人：沒錯，在荷蘭。我或許應該補充說明一下——他負責賺錢的生意。

紐：你覺得維洛這樣是錯的嗎？

人：(歉意)不……不完全是……我們都知道他因為幫助街上需要食物和住所的窮人才會虧損。他的人生是為了造福別人。

紐：我猜大家既然可以靠心電感應曉得這個事實，你的論點應該

很難獲得支持。

人：是啊，我們都知道維洛正在進步——可惡！

紐：維洛要是比你們其他人進步更快，會讓你受不了嗎？

人：是的……我們曾經那麼快樂過……(當事人接著回想早期和維洛在一起的生活，他們曾經情同兄弟，一起去印度旅行。)

紐：接下來會有什麼事發生在維洛身上？

人：他很快就要離開我們了——我們都知道——他會跟那些已經離開的人聯繫上。

紐：艾嵐，有多少靈魂已經離開了你們原始的族群？

人：(長時間停頓，然後一陣遺憾)哦……有一兩個已經離開了……我們終究會趕上他們……不過短期內不會。他們並沒有消失——我們只是不再那麼常看到他們的能量。

紐：除了維洛和諾克斯，告訴我你族群裡其他人的名字。

人：(精神一振)都伯瑞和崔尼安——他們兩個現在可懂得如何享受了！

紐：你的族群最顯著的特色是什麼？

人：(津津有味地)冒險！刺激！我們有一些真正開拓型的人物在這裡。(當事人高興地急著說)都伯瑞才剛從船長的狂放生活回來。諾克斯是個四海為家的貿易商。我們盡其所能地過日子，因為我們的長處就是懂得如何善用生命的一切。

紐：我從中聽到許多自滿，艾嵐？

人：(防禦似的)那有什麼不對？我們的族群可不是縮頭烏龜，你也知道！

紐：崔尼安的前世是怎樣的一個故事？

人：(反應激烈)他竟然是個主教！你相信嗎？真是做作。

紐：怎麼說？

人：那根本是在自我欺騙！諾克斯、都伯瑞和我都跟崔尼安說，

他即使選擇在教堂工作，並不代表就具有美德、慈善和靈性。

紐：那崔尼安如何為自己辯護？

人：他說他安慰了許多人。

紐：你、諾克斯和都伯瑞怎麼回他？

人：說他越來越軟弱。諾克斯說自己要不是想要錢，也早已經成為神父了。哈——他也是這麼告訴他——跟我說的一樣。你應該猜得到都伯瑞對這一切是怎麼想的！

紐：不，你告訴我。

人：吭——崔尼安選了一個有富庶教堂的大城市——溢出大把鈔票到崔尼安滿滿的口袋裡。

紐：那你自己對崔尼安又是怎麼說的？

人：哦——他穿的華麗長袍很吸引我——豔紅色——最好的質料——他鍾愛的主教戒指——還有周圍那些金的銀的。我還提到他喜歡沉浸在教徒的恭維諂媚中。崔尼安對我們無法隱瞞任何事——他要的是一個豐衣足食的輕鬆生活。

紐：他有沒有試著解釋他選擇這種生活的動機？

人：有，但是諾克斯責備他。他讓崔尼安不得不承認自己曾在法衣室勾引一名年輕女孩。(快活)沒錯，那真的發生過！……他給教區居民太多安慰了吧！我們曉得崔尼安的真面目——一個徹底的騙子。

紐：都伯瑞曾為自己的行為提出任何藉口嗎？

人：(安靜下來)哦，那很平常。因為這女孩對他的需要，他樂得忘了自己是誰——那女孩沒有家人——他也覺得寂寞，因為選擇禁慾的教會生活。他說他曾經試著想藉由進入教會，擺脫我們這些人選擇的世俗生活——他在那一世愛上了那個女孩。

紐：那麼現在，你、諾克斯和都伯瑞對崔尼安的感覺如何？

人：(嚴厲)我們認為他想要跟隨維洛的方式(成為一個高級靈

魂)，卻失敗了。他虛偽的動機就是沒得逞。

紐：艾嵐，聽起來你們老是冷嘲熱諷崔尼安自我改進和改變的嘗試。誠實地告訴我，你對崔尼安的看法如何？

人：哦，我們只是在逗他……畢竟……

紐：你們的消遣，聽起來似乎對崔尼安可能有的好動機不屑一顧？

人：(悲傷)你說得對……我們也都知道……但，你看……諾克斯、都伯瑞和我……嗯，其實我們都不希望他離開這個族群……

紐：維洛對崔尼安的看法呢？

人：他為崔尼安原本的善意辯護，但他告訴崔尼安說，他在教堂的那一世掉入自滿的陷阱。崔尼安想要太多的崇拜和注意。

紐：原諒我評斷你的族群，艾嵐，但是我感覺這都是你們想要的，除了維洛以外？

人：嘿，維洛也是可以非常自滿的。我告訴你，他的問題就是自大，都伯瑞告訴他，那絕對是他的毛病。

紐：維洛否認了嗎？

人：不，他沒有……他說至少他正在努力中。

紐：你們當中，誰對批判最敏感？

人：(停頓)哦，我猜是諾克斯，但對我們每一個人來說，任誰都很難接受自己的缺點。

紐：艾嵐，坦白告訴我，既然所有的事情都無所遁形──前世裡所有的缺失都會被揭露出來，這難道不會困擾你們族群的成員嗎？

人：(停頓)我們對那很敏感──但不病態。我們之間還存有理解和體諒。我想要帶給人們藝術上的享受，透過藝術的意義成長。所以，我做了什麼？我常在晚上繞著阿姆斯特丹的運河跑，然後被其他的樂趣和遊戲吸引。我原先的生活目的被丟到一旁去了。

紐：如果你對你的族群承認了這些毛病，你得到的回應是什麼？舉例來說，你和諾克斯是怎麼想對方的？

人：諾克斯常說我討厭對自己和別人負責；至於諾克斯，他的問題是財富……他喜歡權力……但我們都是自私的……不過我比較自負。我們都沒得到什麼金星。

紐：對你們的族群來說，都伯瑞的缺點又是什麼？

人：他喜歡以領導的身分控制別人。他是天生的領導著，比我們其他人都強。他以前是個船長——一個海盜。你不會想跟他來往。

紐：他殘酷嗎？

人：不是，只是很強硬。他因為船長的身分受到尊敬。都伯瑞在海上的戰事中，對敵人絕不仁慈，但他很照顧自己人。

紐：你跟我說過，維洛會幫助路上的遊民，但你對自己前世中類似這樣正面的部分沒談多少。在你的族群中，有任何人因為不自私的行為得到金星嗎？

人：(專注)關於都伯瑞，還有一些事……

紐：什麼？

人：他做過一件很棒的事。有一次在深海上，有個水手從船桅掉進海裡，眼看就要淹沒了，都伯瑞在腰間綁了條繩子後，便從船艙跳下去救人。他冒著失去自己性命的危險救了船員。

紐：你的族群討論都伯瑞這項行為時，怎麼說他的？

人：我們讚揚他，打從心底敬佩他。我們一致的結論是，我們之中誰也沒辦法在前世找出類似像他那樣勇敢的行為。

紐：我懂了。然而，維洛在酒館的那一世，供那些付不起的人吃住，或許也表現了長期的無私而更該受到讚揚？

人：沒錯，我們也稱讚他了。(笑)他得到比都伯瑞更多的金星。

紐：你的前世有沒有得到族群的任何評價？

人：(停頓)我必須爭取贊助人才能以畫家的身分生存，但是我對人好……雖然不是很多……我喜歡帶給別人歡樂。我的族群認為我的心地好。

　　不管本身的個性如何，我的每個當事人對其族群都有特別的依戀。人們以為自由自在的靈魂沒有人類的缺點，事實上，我認為靈魂族群和人類的家庭有許多相似處。比方說，雖然諾克斯和艾嵐將每個成員的缺點列成清單，我看諾克斯才是這族群裡叛逆的代罪羔羊。艾嵐說諾克斯總是第一個公開審視其他成員為前世的失敗所做的合理辯護，或是自我合理化的藉口。他對於行為的標準，似乎很少自我懷疑和情緒化的表現。這樣的行為或許顯示了諾克斯的不安感，因為他可能為了趕上更高級的靈魂族群，而正在引導大家對抗最難克服的部分。

　　我覺得艾嵐可能是這族群的吉祥物(通常是人類家庭中最小的孩子)，因為他總是到處搞笑、精心打扮，而且在嚴肅問題上緩和氣氛。在靈界的族群裡，的確會有一些靈魂顯得比較柔弱，容易受到其他成員的保護。維洛追求卓越的行為表現，顯然使他成為現在的英雄(或等於家庭成員中的年長者)。我從艾嵐那裡得到對維洛的一個印象是，他是族群中最不會挑釁的人，部分原因是由於他近幾世以來保有最好的成就紀錄。如同人類家庭一樣，靈魂族群裡的成員角色也會轉換，我被告知維洛的能量顏色正轉為粉紅，表示他就要進步到第二級了。

　　我之所以在虛無飄渺的靈魂身上貼上人類的標籤，是因為來到地球上的靈魂確實會以人類的特性展現自己。然而，我並沒有在靈魂族群裡見到憎恨、猜忌和不尊重。在憐憫的氣氛下，同儕之間並不會爭權奪利，他們也不會利用他人或為誰保守祕密。靈魂不相信的是自己，而不是別人。我的確見到堅韌、夢想和運用新身體不斷嘗試的優點。為了確認我對靈魂族群之人際互動所做的一些觀察，此案例中我又問了艾嵐更多的問題。

紐：艾嵐，你認為相互批評具有建設性嗎？

人：當然，反正又沒有任何敵意。我們彼此覺得對方的經歷很有意思——我承認——但那只是一種形式……為了讓我們意識到自己是誰和該往哪裡走。

紐：你們的成員中，有沒有任何人曾經對自己的某一世感到丟臉，或是有罪惡感？

人：那些是……人類的武器……而且對我們的感受來說太狹隘了。

紐：嗯，讓我以你靈魂的身分，用另一種方式帶出你的感受。你族群中某個靈魂給你的意見，會比其他成員給你意見更讓你感到安心嗎？

人：不會。我們對每個人都非常尊重。最大的批評來自於自己。

紐：你會對自己前世的行為感到後悔嗎？

人：(長時間停頓)會……我對於自己曾經傷害過別人感到抱歉……而且……這裡的每個人都知道我犯的錯。但是我們都學到了。

紐：學到之後又能做什麼？

人：我們互相討論……然後試著在下次改善。

紐：根據你先前告訴我的，我感覺你、諾克斯和都伯瑞或許藉由向對方倒垃圾的方式，來釋放因為自己的缺點而壓抑已久的情緒。

人：(深思熟慮)我們是會冷嘲熱諷，但跟身為人類時不一樣。沒有了身體，我們看待批評的角度也不太一樣。我們看對方見山是山，不存恨意或嫉妒。

紐：我不想引導你該怎麼說，只是想知道你族群愛現的特質，是不是有可能更加反映你們覺得自己沒什麼價值？

人：哦，那又是另一個問題。沒錯，我們身為靈魂時的確也會感到氣餒，而且覺得自己的能力沒什麼價值……應該要去找出心中的自信以求改善。

紐：所以，當你們還會自我懷疑時，卻可以對彼此的動機冷嘲熱諷？

人：當然了，我們想要互相認同彼此在人生課程中的誠懇努力。有時候自傲會阻礙進步，於是我們便互相幫助對方度過這個關卡。

下一段對話中，我將介紹靈界另一種關於族群集體治療的現象。我已經聽了許多關於這類活動的其他類似形式，案例二十一的解說更加印證其存在性。

紐：現在，艾嵐，既然我們一直在討論你族群中的成員如何相互影響，我要你描述一下在此過程中協助你們的靈性能量。

人：(猶豫)我不確定是不是可以告訴你……

紐：想清楚一點，你的族群是不是有借其他方式達到和諧狀態？其他智慧的能源？

人：(長時間停頓)啊……你是指從圓錐體嗎？

紐：(我第一次聽到「圓錐體」，但我知道自己正走在正確的路徑上)是的，圓錐體。就你所知道的，解釋一下這些圓錐體和你的族群有什麼關聯。

人：(緩慢)嗯，那些圓錐體的確幫了我們。

紐：請繼續，告訴我圓錐體做了些什麼。我應該以前就聽過，但是我想聽聽你的版本。

人：它以圍繞在我們周圍的方式被塑造出來，你也知道。

紐：怎麼被塑造？試著更明確一點。

人：它是圓柱形的——非常明亮——圍繞在我們的上方，頂端小而底部寬，所以容得下我們所有的人——就像在一頂大白帽底下——我們可以在圓錐體底下飄動以便運用它。

紐：你確定這不是你一回到靈界後所遇到的那個淋浴治療嗎？

人：哦，不是，那是比較個人的淨化——為了修復在地球上經歷

過的傷害。我以為你知道……

紐：我是知道。我要你解釋一下圓錐體的哪一點和淋浴治療不一樣。

人：能量從頂端像瀑布般圈著我們蔓延而下，讓我們能夠真正地集中族群的精神共識。

紐：你在這圓錐體底下的感覺如何？

人：我們可以感覺到所有想法都擴展開來……到達某處停下……然後被送回來……加入更多的知識。

紐：這個智慧型能量是不是幫助你的族群更能集中思考？

人：是的，確實如此。

紐：(蓄意挑釁)坦白跟你說，艾嵐，我懷疑這圓錐體是不是會把你們原本的想法給洗腦了？說起來，你和其他成員之間就是存有爭論和意見不同的地方，才會使你們每個人如此獨特。

人：(笑)我們才不是被洗腦！你是不是對死後的事情一點也不懂啊？它是給我們更多共同的洞察力好一起研修。

紐：這個圓錐體一直都在嗎？

人：當我們需要它的時候，它都在。

紐：是誰在操作這個圓錐體？

人：那些看護我們的人。

紐：嚮導嗎？

人：(爆笑)薛投？我想他現在正忙著巡迴旅行。

紐：你是指？

人：我們覺得他像個馬戲團大師——一個舞台經理——管我們族群的。

紐：薛投積極參與你們族群的研修嗎？

人：(搖頭)不盡然——嚮導對於這類事情都表現一付高高在上的模樣。我們常得自己來，不過沒關係。

紐：你覺得薛投之所以缺席，有沒有什麼特別的原因？

人：(停頓)哦，他可能因為我們都沒進步而覺得無聊了，還有，他喜歡以儀典大師的姿態出現。

紐：以什麼方式？

人：(咯咯笑)哦，在我們辯論得很熱烈的時候，他突然出現在我們面前——丟出藍色的火花——看起來像擁有無限權力的巫師。

紐：巫師？

人：(仍然笑個不停)薛投以一身寶藍色的長袍和一頂尖頭高帽出現，配上飄拂的白色鬍鬚，他的樣子看起來真不賴，我們都很敬佩他。

紐：感覺像是心靈大師梅林(Merlin)的模樣。

人：正版的梅林，如果你想這麼認為的話。他有時候非常莫測高深，喜歡打扮全身行頭，然後華麗出場，尤其在我們快要選擇另一世投胎的時候。他明白我們有多感激他的作為。

紐：有了這樣的舞台管理，我很好奇薛投和你的族群保持聯繫時，還算不算是一個認真的嚮導？

人：(嘲笑我)聽著，他知道我們是狂野的一族，他讓自己扮演一種離經叛道的角色——但是他也是非常有智慧的。

紐：薛投會不會太縱容你的族群了？他似乎不怎麼限制你們的過度行為。

人：薛投從我們身上得到了成果，因為他不會採取高壓手段，也不愛說教，那對我們這群人沒什麼作用。我們尊敬他。

紐：你們覺得薛投像是偶爾才來一次的諮詢顧問呢？還是一個積極的指導？

人：他會未先通報就突然出現，丟了個問題給我們討論後又離開了，稍後才回來聽聽我們如何解決某些問題……

紐：給我一個你們族群中重大問題的例子。

人：(停頓)薛投知道我們太把自己看作是在地球參與演出的演

員。他點出……膚淺。他試著讓我們從內在投入演出，而不是反其道而行。

紐：所以說，薛投的指導是認真的，但他曉得你們喜歡在一路上享受樂趣？

人：是啊！我覺得這就是薛投為什麼會和我們在一起的原因。他知道我們浪費了機會，他要協助我們去體驗遇到的困境，好讓我們將自己最好的一面發揮出來。

紐：從你告訴我的事情來看，我感覺你們這個族群比較像是嚮導領導下的講習班。

人：是的，他培養我們的士氣，要我們繼續前進。

　　不像地球上的教室或是治療團體，我發現靈界的老師或諮詢者在永續的基礎下，並沒有受限於只是族群活動的領導者。雖然薛投和他的學生是個多采多姿的靈魂家族，他們也有許多族群典型的特性。嚮導的領導風格其實比較像是父母，而不是獨裁者。這個案例裡的薛投是個諮詢指導，既不霸道、也不會脅迫這個族群。這位慈悲的嚮導溫暖地接納這些年輕靈魂，而且似乎在迎合他們男性化的癖好。最後，我以一些與這族群相關的問題來結束這個案例。

紐：你的族群在地球上為什麼如此男性導向？

人：地球是一個充滿活力的星球，自然值得體力上的勞動。我們比較喜歡男性的角色，以便操控各類事件……主導我們的環境……然後受到肯定。

紐：女人在社會上也具有影響力。你的族群要是沒有更多身為女性角色的經驗，如何能進步呢？

人：我們知道，但是我們有強烈獨立的慾望。事實上，我們時常

耗損太多能量在微小的回饋上,但是我們目前還是對女性觀點不怎麼感興趣。

紐:如果你的族群中沒人願意扮演女性角色,你到地球投胎時如何找人來補足這方面的欠缺?

人:附近有些族群的靈魂比較適合扮演女性角色——我和喬西一組——她有好幾世都跟我在一起——崔尼安則是和奈拉——還有其他組……

紐:艾嵐,我想問你知道多少關於你族群的源頭,然後結束這次會談。

人:(長時間停頓)我……不能告訴你……我們這族群的人只是有一次被帶在一塊。

紐:嗯,應該是有某個人將特性類似的你們帶在一塊,你覺得會是上帝嗎?

人:(迷惑)不,在那源頭以下的……高級一點的靈魂……

紐:薛投?還是有其他類似的嚮導?

人:不,更高級的,我想……是規劃者……我也不知道了。

紐:較早之前你告訴過我,你有一些老朋友因為自身的進步,不再積極參與你們族群了。你們會不會因此有新成員加入?

人:從來沒有。

紐:是不是因為新成員可能很難與你們族群剩下來的人打成一片?

人:(笑)我們沒那麼壞!只是對外人來說,我們這些人的關係太密切了,而他們也無法分享我們過去的經歷。

紐:在你們一起討論前世的時候,你的族群認為這樣的作法有助於改善人類社會嗎?

人:(停頓)我們要自己在社群中的存在是去挑戰常規——質疑傳統的假設。我認為我們不僅在有形的生命上賦予精神——還有笑

聲……

紐：當你的族群討論完畢後，下一步又要怎麼達成目標？你們期待新的轉世嗎？

人：(趣味似的)哦，當然了！每次我因為要去地球投胎而離開靈界前，就會跟大家道別說：「死後再見。」

　　這個案例是志趣相投又自我膨脹的靈魂們，相互支持與合理化彼此情緒和態度的例子，其中存有瞭解靈界的族群是如何形成的關鍵。我得知許多族群裡尚有本質接近的靈魂會組成幾個小圈圈，因而阻礙了自身的進步。即使如此，這些小圈圈裡的靈魂在優、缺點上仍然各有差異。每個族群的成員都會貢獻自己最好的特質，和家族裡其他成員朝著目標前進。

　　我希望讀者不要因為案例二十一的例子而以為最後留在族群裡原地踏步的幾個好朋友們，其行為模式代表原先同一族群的每個靈魂。當一組十五或二十個靈魂的族群形成時，他們生來便有相似的天賦和興趣；同時也會有一個相互支助的族群被設計出來，在性情、情緒和反應上展現不同的特質。基本上，我從當事人們的回報中得知，一個混合男女導向的族群，具備以下一個或多個類型的特質：1)有勇氣、活力，強韌的存活者。2)溫和、寧靜、熱心奉獻，而且相當純真。3)愛玩、幽默，愛開玩笑的冒險家。4)認真、值得依賴、謹慎。5) 愛現、熱情、直率。6)有耐心、穩定、直覺。7)慎思熟慮、精明、意志堅定。8)創新、隨機應變、適應力強。這些差異使一個族群維持平衡。然而，如果整個族群展現強烈的愛現或膽大傾向，最謹慎的成員在其他成員面前便不會表現得那麼謹慎了。

　　毫無疑問地，案例二十一裡的靈魂們經歷了一段長時期的成長過程，對於地球的活力確實貢獻良多。後來我對這當事人的詢

問，顯示了這些靈魂跨入二十世紀的路徑。比如說，艾嵐是個廣告設計，因為兼職當職業吉他手而和歌手的喬西又碰在一塊。在這案例裡緊密結合的靈魂們，即使投胎後也是如此男性導向，卻不影響他們與女性導向的年輕靈魂合作。族群裡靈魂的性別是混合的。如同我先前提到過，真正先進的靈魂在輪迴時的性別喜好是均衡的。

對於那些選擇來地球學習人生課程的靈魂來說，表現自身的特質是一項重要的動機。有時候較低階級的靈魂之所以覺得不自在，是因為比起在靈界的那種自由狀態，他們以人類身體行動的感覺並不和諧一致。靈魂投胎後，也會因為質疑自己到底是誰而感到困惑。案例二十一的艾嵐似乎沒有這方面的衝突，不過我認為那跟他在最近幾世裡的成長速度有關。就某種程度而言，基本的生活經歷或許可以彌補那一世沒從生命中學到的領悟。

我們的缺點和與道德的衝突，在靈界被認定的失敗遠大於世間的地球。我們已經見識到每個決定的細微差異是如何受到靈魂族群的剖析和研究。族群的成員在地球上共同經歷如此長期的修行，對彼此的責任感也遍及整個族群，因而培養出極大的歸屬感，並且造成各族群之間的思想藩籬，特別是與低階層靈魂的隔閡。雖然排斥與寂寞是靈魂寄居人類生活時的一部分，然而在靈界，我們對自身的認定會因為同儕之間溫暖的交往，而持續地受到強化。

靈魂族群的社會結構和地球的人類並不相同。雖然有證據顯示成雙配對的友誼關係，我卻從沒聽過有所謂的派系、眾所矚目的焦點、或族群裡受到孤立的靈魂。我聽說靈魂即使身處族群中，還是會花一些時間靜思。靈魂的世時與家庭的關係親密，在靈界時也會參與團體活動，然而，靈魂仍然會從孤獨中學到很多。

我從呈現出白色光芒的當事人那裡瞭解到，初級靈魂常會被

帶離族群,以便獨自進行簡單的能量學習課程。一個相當年輕的靈魂回憶說,他被帶到一個圍起來的地方後,必須試著以自身的能量將散落的圓柱體、球體、立方體和正方體等幾何圖形的「一個移動的拼圖」拼湊在一起。那地方被描述成「多次元空間、色彩豐富,雷射光似的地方」。他說:「我們得學習加強自己的能量,將那些散佈、混亂的,聚焦成某種基本的形狀。」另一位當事人補充說:「這些測驗讓那些看護我們的人瞭解我們的想像力、創造力和巧思,然後他們會給我們鼓勵,而不是批判。」

所有階段的靈魂在獨處時,都會參與其他重要的活動。他們被期望能花點時間,集中心智幫助那些在地球上(或其他有形世界)投胎的親人。從我蒐集到的資料來看,他們會到一個稱為「投射空間」的地方,輸入一個「內在多次元的銀藍色飄動能量」,然後朝他們選擇的地理位置放射。我聽說這是一種心智活動,為了「掌握和釋放正面能量以創造某種局面」。也就是說,靈魂乘著思想的波動到特定的人們、建築物或某個特定區域,以便慰藉或進行改變。

第 10 章

中級靈魂

靈魂一旦超越第二級而進入中程發展階段，族群活動就會減少許多。這並不表示我們因此回到最初級靈魂的那種隔離狀態。發展至中級程度的靈魂之所以與族群的牽連較少，是由於他們已經擁有足夠的成熟度和經歷，可以獨立操作一切了。這些靈魂投胎的次數也會跟著減少。

我們在第三級和第四級的時候，總算準備好擔當更重大的責任。我們和嚮導之間的關係也從老師與學生的關係，轉變為一起研修的同事。由於我們舊有的嚮導又有了新的學生族群，發展指導的技巧也就成了我們此時的目標，以便來日成為合格的嚮導，擔當照顧別人的責任。

之前提到過，我特別難以確認靈魂是處於傳統上的第二級和第四級的發展階段。比方說，有些第四級的靈魂在第三級時便開始朝族群嚮導的訓練努力，然而有些第四級的靈魂卻發現自己還不適合擔任嚮導。

除了具備道德和行為的高標準，達到中級成熟度的靈魂對於

自己的成就還會很謙虛;當然每個案例並不盡然相同,但我注意到在這階段以上的靈魂,顯得更為沉著與鎮定。不論是在理智或是潛意識的狀態下,當事人對於他人的動機都是信任多於懷疑。這些人對於人性的未來表現出正面的信心,同時也鼓舞了身邊所有的人。

我對比較成熟的靈魂提出的問題,總是偏向關於目的和創意的神祕類別。我承認自己想借助這些高級靈魂的豐富知識,獲取其他靈魂所缺乏的靈界資訊。曾有當事人告訴我,他們覺得我想盡辦法強迫他們挖出更多關於靈界的記憶,我無可否認。在這世上較為高級的靈魂們,對宇宙的生命規劃擁有驚人的理解。我想盡可能地從他們身上得到這方面的知識。

下一個案例的當事人是處於第三級較高段的發展,放射出不帶任何紅色調的黃色能量。這個當事人是個身材瘦小的近五十歲男人,外貌平凡無奇。我們認識的時候,他顯得沉默,對我謙遜有禮,我感覺他有點不苟言笑。他那超然的謙遜態度多少讓人覺得有點不太一樣,似乎只是心底較強烈情緒的掩護。他最引人注意的是那雙悶悶不樂的深邃眼睛,當他開始滔滔不絕地介紹自己時,那雙眼睛給人的感覺更為強烈。

他說他在一個慈善機構工作,負責分發食物給無家可歸的人,之前曾做過新聞記者。這個當事人遠道而來和我討論他對工作的倦怠感。他說他累了,想要安靜地獨自度過餘生。因為他與我的第一段催眠過程是許多前世的重點回顧,所以我們也比較清楚什麼樣的過程適合用來瞭解他此世的因果。

我讓這個當事人快速回顧一系列早期的前世,最早始於三萬年前的石器時代,他的第一世是克羅馬農人(Cro-Magnon)的男性。當我們把時間往後推,我發現他一貫的孤狼行為模式,而不是平常的部落聚集生活。從西元前三千年到五百年間,他有許多世是

在中東，也是早期蘇美、巴比倫和埃及文化中城邦興起之際。然而，即使他以女人的身分投胎，他還是經常避掉家族的牽絆，包括沒有小孩。身為男人，他則喜歡流浪。

時光推到黑暗時代的歐洲，我自然也很習慣這個叛逆靈魂抵制專制統治的社會。我的當事人在這段時期鼓舞人們遠離恐懼，但是並未加入任何反對黨派。即使遭受困難和許多失敗，他仍然以浪人之姿保住自由。

有幾世比較沒什麼意義，但是我發現他在十二世紀時的那一世，是個叫做阿茲特克的中美洲男性，組織一群印第安人反抗神父的壓迫。他無親無故，最後遭到殺害，生前不斷推動宿敵的部落和平相處。

這個靈魂在十四世紀是個編纂歐洲史的人。為了更瞭解亞洲人，他延著絲路旅行至古中國。對於語言總是輕而易舉(如同他此生)，他在中國的農村快樂地活到老，最後死於亞洲。他在十七世紀初的日本，是血鶴族的成員之一。這些男人是受到尊敬、獨立的武士傭兵。這一世結束前，我的當事人在德川將軍的統治下深居簡出，因為他曾經提供較為弱勢的對手關於戰爭的策略。

這個靈魂幾世以來常當個局外人，為了尋求真理而足跡踏遍許多地方。他不斷尋找合理的生命意義，同時在過程中協助擦身而過的人。當他以十九世紀美國邊疆農夫的妻子身分出現時，我著實感到驚訝。農夫婚後不久便死了，原來，當事人蓄意投胎成為帶著孩子的寡婦，以期擔當一部分責任，學習以往缺乏的生命型態。

此階段結束後，我瞭解到這個靈魂是比較成熟的老靈魂，即使他還有許多我們沒有回溯的前世。既然這個靈魂正朝第四級發展，當我發現他的第一世是在七萬年前而不是短於那一半的時間時，我一點也不驚訝。然而，就像我之前提過的，靈魂並不見得

需要經歷上百次投胎才能進步。我曾經有個當事人僅僅花了四千年的時間便進入第三級——這是相當優秀的表現。

我和當事人談到他這一世的生活，以及他前幾世習慣學習的方式。他說自己從不曾結婚，而那種與世隔絕的關係對他最好。我建議他考慮其他的選擇，主要是因為他在許多世中缺乏與人的親密感，所以妨礙到他的進步。這個階段結束後，他對於下次就要進一步發掘內心對靈界的理解，感到有些焦慮不安。隔天他到達後，我帶他進入超意識狀態，然後便開始回溯過去。

◎案例22◎

紐：你在靈界叫什麼名字？

人：我叫聶森。

紐：聶森，現在你身邊有其他靈魂嗎？還是只有你一個？

人：(停頓)我和兩個長期的伙伴在一起。

紐：他們叫什麼名字？

人：瑞爾和仙姬。

紐：你們三個是某個較大的族群中，一同研修的成員嗎？

人：以前是……但是現在只有我們三個……頻繁互動。

紐：你們三個現在正在做什麼？

人：我們正在討論投胎後互相幫助的最好方式。

紐：告訴我你們為彼此做了什麼。

人：我幫助仙姬原諒自己的過失，並且欣賞自己的價值。她不能老是在世上像個媽媽一樣照顧別人。

紐：她如何幫助你呢？

人：理解……我所缺乏的歸屬感。

紐：給我一個例子，就這一點仙姬是怎麼幫助你的。

人：嗯，我在日本的武士生涯結束後，她成為我的妻子(某件事情

正困擾著聶森，稍做停頓後，他作了以下的補充說明)。瑞爾喜歡和仙姬配成對，我通常是一個人。

紐：那瑞爾呢？你們兩個怎樣互相幫忙？

人：我幫他培養耐心，他則不讓我避世。

紐：你們總是以兩男一女的組合來地球投胎嗎？

人：不，我們可以改變——也確實這樣做過——但是這樣的組合讓我們感到最舒服。

紐：為什麼你們三個會從原本的族群獨立出來呢？

人：(停頓)哦，我們在這裡也見到其他成員……有些人沒有同我們一起進步……少數幾個則遠遠超越我們。

紐：你們有嚮導或是老師嗎？

人：(輕聲)她是愛蒂絲。

紐：聽起來你似乎很敬仰她。你和愛蒂絲的溝通良好嗎？

人：是不錯——不過並不代表我們沒有意見不合的時候。

紐：你們之間主要的不合是什麼？

人：她很少投胎，我告訴她應該要和地球現在的情況多作直接的接觸。

紐：你們與愛蒂絲在精神上的契合程度，是否讓你們足以曉得她身為嚮導所經歷過的所有背景？

人：(一邊搖頭、一邊沉思)不是我們不能問……但我們只會質疑自己曉得的事。愛蒂絲會告訴我她覺得和我經驗有關的事情。

紐：嚮導是不是可以遮掩自己的念頭，不讓你們完全讀出他們的心思？

人：是的，較年長者深諳此道——曉得如何過濾我們不需要知道的事情，因為這些事可能會把我們搞迷糊了。

紐：你們會學到如何隱藏意象嗎？

人：我已經……會一點點。

紐：這應該就是為什麼很多人告訴我說，他們的嚮導不會對他們所有的問題給予確定的答覆。

人：是的，而且問問題的意圖是很重要的……它何時被問，又為什麼。或許提問者最感興趣的不是那些可能會混亂他們的資訊。

紐：除了她的教學技巧，你喜歡愛蒂絲的本質嗎？

人：是的……我只希望她能同意和我一起來……曾經。

紐：哦，你真的希望和她一起來地球投胎嗎？

人：(淘氣地露齒笑)我告訴她說，如果她同意有時候來地球與我結為連理，我們在靈界的關係或許會更好。

紐：那愛蒂絲對這提議有什麼說法？

人：她笑了，還說會考慮看看——如果我能向她證明這麼做很有意義的話。

在這節骨眼，我問聶森說他和愛蒂絲認識多久，他說當他們三個進入第三級時，就分派給愛蒂絲了。聶森、瑞爾和仙姬同時也受另一位大師級嚮導的教導，這名嚮導從他們剛開始存在時便一直伴隨著他們。越高級的靈魂並不會因此在靈界活得越孤獨。這名當事人說他和許多靈魂仍然保持聯絡，只是瑞爾和仙姬和他最好。

對靈魂的發展階段而言，第三級和第四級是個重要階段，因為此時的他們被賦予更多照顧年輕靈魂的責任。然而，嚮導的身分並不會一次就授與我們，還得考慮靈魂其他方面的生活狀態——我們是被仔細測試的。中級階段是成為未來老師的試用期。當我們的氣場為黃色時，我們的指導便會分配一個靈魂給我們照顧，然後評估我們投胎時和無投胎時的領導表現。

唯有成功地通過初級訓練，靈魂才得以步入初級嚮導的階段。不是每個人都適合教導他人，但這並不影響我們成為藍色氣場的

高級靈魂。嚮導就像每個人一樣，擁有不同的能力和天賦，以及缺點。在我們到達第四級之前，我們的才能在靈界已是眾所皆知了。我們會被賦予和本身能力相稱的職責，這些我將在本章的後半段說明。不同的學習方法終將引導我們抵達終點，融入完整的靈界中。多元化的差異是為了幫助靈魂進步的偉大計劃之一，而我對案例二十二如何在第三級中成長相當感興趣。

紐：聶森，你可不可以告訴我，愛蒂絲是不是準備幫你成為嚮導——假如你感興趣的話？

人：(快速回答)我的確有興趣。

紐：哦，那你正朝此方向發展嗎？

人：(謙虛)別這麼說我……我頂多只是關懷別人……幫忙愛蒂絲以及決定方向。

紐：你試圖仿效她的教學風格嗎？

人：不，我們是不一樣的。身為一個學徒——一個關懷者——無論如何，我也達不到像她那樣的成就。

紐：你什麼時候知道自己可以當個關懷者，並且開始在精神上協助別人？

人：那是……數不盡的輪迴後意識到的……你更能比以前穩住自己，而且能以靈魂和人類的身分幫助別人。

紐：在這個階段，你有以關懷者的身分在靈界內外活動嗎？

人：(難以回答的模樣)我是在靈界外……投胎到兩個身體中。

紐：你同時活在兩個身體裡面？

人：是啊！

紐：你的另一個身體在哪？

人：加拿大。

紐：對你在加拿大的任務而言，地理上的因素重要嗎？

人：是的，我選了鄉間的某個貧窮家庭，那裡比較需要我。

紐：詳細告訴我你在加拿大的生活以及你的責任。

人：(緩慢)我正在……照顧我的弟弟比利。在他四歲的時候，他的臉和手被廚房爐子突然冒起的大火嚴重灼傷，那意外發生時我十歲。

紐：在加拿大生活的那個你，現在是不是也和在美國的你一樣年紀？

人：差不多。

紐：你在加拿大的主要任務是什麼？

人：照顧比利，幫他超越自己的痛苦來看這個世界。他幾乎瞎了，而且顏面的受損使他受到社會的排斥。我試著打開他的心，讓他接受生命，並且從內在發掘真正的自己。我讀書給他聽，挽著他的手臂在森林裡散步。我沒牽他的手，因為他的手受到嚴重灼傷。

紐：你在加拿大的父母呢？

人：(毫不吹噓)我就等於是父母。我父親在火災後離家了，再也沒有回來過。他是個軟弱的男人，即使在火災事件發生前也不曾對家人仁慈。我母親的靈魂並不是很能……掌握她的身體。他們需要一個適合的人幫忙。

紐：體格強健的人嗎？

人：(笑)不，我在加拿大是個女的。我是比利的姊姊。我媽媽和弟弟需要一個堅強的人來一起維護這個家，並且指引出可以遵循的方向。

紐：你又如何提供這些協助呢？

人：我做糕餅販賣，這輩子也不會結婚，因為我不能離開他們。

紐：你弟弟人生的主要學習是什麼？

人：即使沒有得以自滿的人生，人性也不會因此有所偏差。

紐：你為什麼不會是那個被燒傷的弟弟？那樣的情境不也能給你

更困難的挑戰？

人：(變臉)嗯——我經歷過了。

備註：當事人有好幾世都曾遭遇過身體上的傷害。

紐：我想也是。我猜在你某個前世中，比利曾經傷害過你的身體。

人：事實上，他的確對我身體造成過傷害。當我痛苦萬分的時候，另外有一個人陪在身邊照顧我，我是心懷感激的接受者。現在換比利了，我是為了他待在這裡。

紐：在你投胎到加拿大之前，你事先曉得比利也會投胎成為你的弟弟嗎？

人：當然，愛蒂絲和我討論過這整個情形。她說比利的靈魂需要一個照顧者，既然我某個前世曾經和他有過負面的接觸，我欣然接受這個工作。

紐：除了業障的因素，也有一些針對你的因素。身為一個背有包袱的女子，你不能說走就走，就像你幾世以來經常做的那樣到處跑。

人：沒錯。生活的艱難程度是依你能挑戰的情況來衡量的，而不是其他因素。以我來說，成為比利的照顧者比讓我受人照顧還要困難。

紐：告訴我你成為照顧者最困難的部分。

人：保住一個小孩……在他們的無助中……直到成年……教導孩子以勇氣正視痛苦。

紐：比利的人生是個極端的例子，但是地球上的小孩似乎真的遭受許多肢體和情緒上的痛苦。

人：若沒有經歷和克服痛苦，你永遠無法真正觸及到內心的自己，然後以此作為根基向上發展。我必須告訴你，你小時候遇到的痛苦和艱難越多，你就越有機會發掘你的潛能。

紐：你在加拿大擔任照顧者的生活如何？

人：在加拿大，生活中常有困難的抉擇得處理──不像我在美國的生活。但是，我對自己有信心……實際運用我的理解力。

紐：愛蒂絲對你想同時投胎到兩個身體以求快速進步的這件事，她是鼓勵還是反對？

人：她對此一直是持開放的態度……我過去並沒有太多這樣的經驗。

紐：為什麼沒有？

人：分身的組合也可能產生疲乏和不合，繼而造成反效果，減少分身投胎的受益程度。

紐：嗯，我看你現在兩邊的生活都在幫助別人，但你曾經有過兩邊是對比的例子嗎？也就是一邊很糟糕，另一邊卻比較好？

人：有，不過那是很久以前在地球上的事了，也是分身組合的好例子之一。好的一邊可以彌補不好的另一邊。然而，這樣的作法也可能進行得很不順利。

紐：那麼，為什麼嚮導還會允許靈魂以分身的方式投胎呢？

人：(生氣地皺眉)靈魂並不是活在一個固守官僚制度的環境裡。我們被允許犯判斷上的錯誤，然後從中學習。

紐：我感覺你認為多數靈魂一次投胎一個身體比較好。

人：以大多數的例子來看，我會說是的，但還是有其他動機促使我們加速輪迴。

紐：比方說……？

人：(笑)結合分身的報酬就是可以有更多待在靈界反思的時間，不用去輪迴。

紐：你是說如果有分身同時投胎的話，輪迴之間在靈界的休息或許可以延長？

人：(笑)當然，比起反思一世，反思兩世需要更長的時間。

紐：聶森，我還有幾個關於靈魂分身的問題。你是怎麼看待自己

的靈魂能量分裂成不同的部分？

人： 我們就像……能量的……單位。我們源自一個融合。

紐： 原始的融合是什麼？

人： 造物者。

紐： 你靈魂的每個部分都完整如初嗎？

人： 是的。

紐： 我們投胎的時候，靈魂能量的所有部分都離開靈界了嗎？

人： 有一部分從未離開，畢竟，我們並沒有完全跟造物者分離。

紐： 當我們投胎到世上的一個或多個身體時，留在靈界的那部分又在做什麼呢？

人： 比較像在……休眠……等待其餘的能量重新加入。

　　我大部分與當事人回溯前世的同事，都曾聽過當事人投胎的時間重疊現象，也就是同一個靈魂同時生活在地球的兩個地方。偶爾也會有三個以上的分身同時存在。幾乎處於任何一個發展階段的靈魂皆能同時投胎到數個身體中，但我很少遇到這類例子。

　　許多人認為靈魂如果可以在靈界分離，然後投胎到兩個以上的人類身體中，實在違反他們想像中靈魂是獨一無二的個體。坦白說，我第一次聽到當事人告訴我分身投胎的情形時，我也覺得不舒服，所以我能瞭解為什麼有人會不解這種現象，當然也更難理解同一個靈魂甚至可能同時活在不同次元的空間了。我們必須感激的是，假如我們的靈魂源自一個全然聖靈的能量，或是此能量為了創造我們而分身，那麼為什麼這聰慧靈魂的後裔沒有分身然後合併的同等能力呢？

　　從較進步的靈魂身上搜集關於靈魂活動的資訊，有時著實令人氣餒，這是因為此階段靈魂的記憶和知識的本質複雜，很難去篩選哪些事情是因為這些人不能告訴我，而哪些是他們真的不知

道。案例二十二的當事人知識豐富,而且對於我的問題都能坦然回答。這個案例對於靈界中靈魂多元化的訓練方式,和我其他案例所得到的資訊相當一致。

紐:聶森,我現在想轉而討論你在靈界的活動,也就是當你還沒忙著投胎,或是與族群的成員互動和學習成為嚮導的時候。你能告訴我你在靈界忙於其他活動的地方嗎?

人:(長時間停頓)可以,是有其他地方⋯⋯我曉得它們⋯⋯

紐:有多少?

人:(謹慎)我想到的有四個。

紐:你怎麼稱呼這些活動的地方?

人:無我界、博學界、創造與非創造界,以及偷天換日界。

紐:這些地方存在於我們有形的宇宙中嗎?

人:其中一個是,其餘的都是非空間領域。

紐:好,讓我們先討論非空間領域。這三個地方是在靈界給靈魂使用的嗎?

人:是的。

紐:你為什麼稱這些地方為「界」呢?

人:我看它們像⋯⋯靈界生活的住所。

紐:所以說,這三個是屬於心智上的世界囉?

人:沒錯。

紐:什麼是無我界?

人:那是一個學習存在的地方。

紐:我聽說過,不過是以不同方式表達的。那不是給初學者的嗎?

人:是的,剛被創造的靈魂在這裡學習自己是誰,這裡是起源地。

紐:這些需要自我認證的靈魂是被隨機分發的嗎?還是他們自己的選擇?

人：新靈魂沒有能力做選擇。每個靈魂基於自身能量的形式獲得性格……然後結合……為了靈魂個體而組合在一起。

紐：是否有類似創造性格的東西分派給靈魂，比方說，這類性格要這麼多，那類性格要那麼多？

人：(長時間停頓)我認為有許多因素配置我們今日的性格。我所知道的是，一旦被給予，這個「我」的本身就和給予者簽下了契約。

紐：什麼意思？

人：以本身所具備的竭盡所能。

紐：所以，無我界的目的是讓高級靈魂分配靈魂的特性？

人：是的，新靈魂是尚無自我的純潔能量，無我界提供它們自我認證。

紐：既然如此，你為什麼還稱它為無我界？

人：因為來到這裡的新靈魂沒有自我。自我的想法並未進入新靈魂的意識中。這個地方給予靈魂存在的意義。

紐：給予靈魂自我的這項工程仍持續進行嗎？

人：就我所知，是的。

紐：我要你謹慎回答下一個問題。當你的靈魂獲得特定的自我認證時，是不是就表示你被預定要以人類的形式投胎？

人：並不盡然，不是這樣的。星球並不是永遠存在的。

紐：是不是某類型的靈魂會偏好宇宙間某類特定的有形生命？

人：(停頓)我不反對這樣的說法。

紐：在你靈魂出生的時候，聶森，除了人類所在的地球以外，你還有其他的選擇嗎？

人：啊……身為一個新靈魂……嚮導協助我們做這些選擇。我被引導選擇人類。

紐：你有其他的選擇嗎？

人：(長時間停頓)有……但是在那一刻並不清楚。他們通常讓你

從一個或兩個的簡單世界開始，沒什麼太多事情做。然後我被給予在這艱難的星球上服務的機會。

紐：地球被認為是艱難的星球？

人：是的。有些世界你必須克服形體上的不舒適──甚至是痛苦，有些傾向於精神上的對峙，地球則是兩者都有。我們在嚴峻的世界表現好的話就會獲得榮譽。(笑)我們被那些很少旅行的人稱為冒險家。

紐：在你眼中的地球到底是什麼？

人：人與人之間相互關聯，又因彼此而掙扎……競爭的同時也得合作。

紐：那不就互相牴觸嗎？

人：(笑)這就是我所看到的──為了種族過大的自負和自尊的需求而容易犯錯，又要調停紛爭。你也知道，人類有個獨特的大腦。

紐：怎麼說？

人：人類既自我中心又脆弱。他們可以使自己的性格兇狠，又能變得非常仁慈。軟弱和勇敢的行為同時存在地球上。人類的價值觀裡總是有你爭我奪的拉距戰。這種多樣性很適合我的靈魂。

紐：對於其他來地球投胎的靈魂而言，人類還有哪些特性？

人：嗯……我們這些在地球上成長的靈魂……有著超越生命境界的良心想要去幫助別人，藉由自己的熱情，協助別人表達真實的樂善好施。擁有為人生奮鬥的熱情──那是人性最有價值的地方。

紐：人類也可以是非常邪惡的。

人：那是熱情的一部分，需要不斷地演變，當人類面臨困境時，就會激發出自己最好的一面……相當高貴。

紐：或許你所提到的那些正面特質是靈魂激發出來的？

人：靈魂只是試著強化已經存在的東西。

紐：已經得到自我認證的靈魂，還會再回去無我界嗎？

人：(不舒服)有……但我不想談……

紐：嗯，那我們就不談，但我曾聽說有些靈魂投胎到有形生命的時候，如果老是表現得不穩定，確實還得再回去。我感覺他們被認為是有缺陷的，所以得被送回去進行靈性方面的整形手術。

人：(苦惱地搖頭)這種說法真是令人不舒服。你從哪裡聽來的？那些在成長階段遇到困難的靈魂，會受到正面能量的修復而痊癒。

紐：這類過程是專為那些來地球投胎的靈魂嗎？

人：不，從各地來的年輕靈魂都可以要求這種最後手段的修復。

紐：那麼復原的靈魂可不可以再回到原本的族群，甚至之後再到有形的物質世界投胎嗎？

人：(深深歎息)可以。

紐：你如何比較無我界和博學界？

人：它們是相對的。博學界不是給年輕靈魂來的。

紐：你曾經去過博學界嗎？

人：不，我還沒準備好。我只是意識到要努力進入那個世界。

紐：你對博學界瞭解多少？

人：(長時間停頓)它是個沉思的地方……規劃和設計的極致精神世界。我只能說它是所有念頭的最終目的地，所有生物的感官都在這裡調和。

紐：那麼，博學界是抽象化的最高形式囉？

人：是的，它是所有形式的融合──理想中的理性。在這個空間裡，我們所有的希望和夢想都有可能實現。

紐：嗯，如果你還不能去那裡，怎麼會知道這些？

人：我們可以……驚鴻一瞥……彷彿有人鼓勵我們做最後的努力，完成人生的任務之後便可以加入大師級的行列了。

　　這地方是個以知識為基礎的世界，當事人們都曾以不同的名
稱提到過。對於這個宇宙性的全然地方，我得到的只是簡單的參
考資料，因為即使是具有高級靈魂的當事人，也沒有與那地方直
接接觸的經驗。所有靈魂都很想到達那裡，然後被併入核心中，
特別是當他們離那裡越來越近時，常被眼前所能見到的少許景象
吸引。我看只有那些不再投胎的第五級以上的靈魂，才會真正瞭
解博學界。

紐：如果無我界和博學界是靈魂經歷的兩個極端，那麼偷天換日
界又該落在哪裡？

人：所有靈魂都可以去那個地方，因為它代表他們有形的世界。
以我的例子來說，那就是地球。

紐：哦，這一定是你之前告訴過我的有形空間了？

人：不是，這個地球是專門為了我而模擬出來的。

紐：那，靈界所有的靈魂並不會研究同一個模擬世界囉？

人：沒錯，我們每個人研究自己投胎的星球，形體上是真實的……
不過是短暫的。

紐：而你並沒有真正住在模擬地球的虛擬世界中──你只是使用
它？

人：是的，沒錯──為了受訓的緣故。

紐：你為什麼稱這個地方為偷天換日界？

人：因為我們可以改變時間的順序，以便研究特定事件。

紐：這麼做的基本目的何在？

人：改善我對人生所做的決定。這樣的訓練可以加強我的辨識能
力，幫我做好步入博學界的準備。

　　當事人經常使用「世界」來描述無形的研修空間。這些地方

對靈魂而言，可能是很小或是超乎想像的大，也可能包含不同的空間。我相信一旦少了時間的限制，應該還會有許多針對不同學習而虛擬的世界。此案例提到靈界某些場景的過去、現在和未來共存的現象，將會在下面章節中的案例二十三和二十五裡進一步揭露。

紐：我們還沒談到創造與非創造界，這應該是你提過三度空間的有形世界吧！

人：沒錯，我們也很喜歡使用這個地方。

紐：這個世界是給所有靈魂使用的嗎？

人：不是，我也才剛剛進入情況，我在這裡算是新來的。

紐：嗯，談這地方之前，我想問你，這個有形世界是不是和地球一樣？

人：不，有一點不同，它比較大也比較冷，水比較少──海洋比較少，但是很類似。

紐：比起我們地球跟太陽的距離，這個星球距離它的太陽是不是比較遠？

人：是的。

紐：如果我稱這個星球為地球二號，因為它和我們所知的地球在地理上很相似，那麼，地球二號在天際間離地球一號近嗎？

人：不會。

紐：地球二號在地球一號的哪裡？

人：(停頓)我無法告訴你。

紐：地球二號在我們的銀河系裡嗎？

人：(長時間停頓)不，我認為應該更遠。

紐：我可以從我後院的望遠鏡看到地球二號的所在星系嗎？

人：我想……可以。

紐：你覺得地球二號所在的星系，是不是跟我們的銀河系一樣是螺旋形的？還是橢圓形的？若是從很遠的望遠鏡看去，會是什麼樣子的？

人：……就像大大延伸出去的……鎖鏈……(似乎有表達的困難)我說不下去了。

備註：我是一個業餘天文觀察者，使用一個專為觀察天際深處之物體而設計的大型望遠鏡。催眠過程中，要是出現關於天文的內容，我總是會追根究底。當事人對這類問題的回答常常低於我的期待。我不確定這是否出於嚮導的封鎖，或是當事人缺乏具體的參考性舉證來解釋地球和宇宙之間的關係。

紐：(我丟出第一個問題)我想你去地球二號應該是為了投胎到某種聰明的生物上吧？

人：(大聲)不！那是我們在那裡最不想做的事。

紐：你什麼時候會去地球二號？

人：我在地球前世與來世的輪迴之間。

紐：為什麼要去地球二號？

人：我們去那裡創造，享受身為自由的靈魂。

紐：你們不會打擾到住在地球二號上的生物嗎？

人：(熱情洋溢)那裡沒有人……非常和平……我們在森林、沙漠、海洋閒逛，沒有任何包袱。

紐：地球二號上最高等的生物是什麼？

人：(迴避)哦……小動物……沒太多智力。

紐：動物有靈魂嗎？

人：有啊，所有生物都有——但是他們的心靈能量只是簡單的片段。

紐：你或你朋友的靈魂可曾在被創造後，從地球一號上的較低等

生物演化呢？

人：我們並不確定，但是我們之中沒人這麼想。

紐：為什麼沒有？

人：因為智力的安排……是有優先順序的。植物、昆蟲、爬蟲類——每個都是靈魂家族的成員。

紐：各類生物彼此是分隔的嗎？

人：不是。造物者的能量會存在每個生物中。

紐：你也參與這方面的創造嗎？

人：(吃驚)哦，不！

紐：誰會被挑選來地球二號？

人：和地球有關聯的人會來這裡。比起地球，這裡像是度假的地方。

紐：為什麼？

人：這裡沒有打鬥、爭吵、或是爭奪權威，而是一種潔淨的氣氛，生活……安祥。這地方給我們勇氣回地球，讓它更和平。

紐：嗯，我的確感覺到這個亞當樂園如何讓你們休息而且無憂無慮，但你也說過，你們來這裡是為了創造。

人：是啊！

紐：所以，來自地球的靈魂會在這個地理上如此相似的世界並非巧合囉？

人：沒錯。

紐：其他跟地球沒什麼關聯的靈魂，也會到類似他們投胎星球的有形世界嗎？

人：是的……也就是生物較為簡單的年輕世界……在身邊沒有聰明生物的情況下學習創造。

紐：繼續。

人：我們可以去體驗創造，然後看著創造出來的東西在這裡的發

展。就好像在實驗室裡，你用自己的能量創造有形的生物。

紐：這些有形的生物和你在地球一號上看到的類似嗎？

人：是的，只會在地球上。這就是我在地球二號的原因。

紐：從你到達地球二號開始，解釋一下你靈魂所做的第一件事。

人：(對我的問題有些猶豫，終究還是說了)我不是……非常好。

備註：由於當事人的抗拒，我花了幾分鐘的時間重塑情境，然後以下面這段話結尾：「當我數到三的時候，你會感到比較能輕鬆地告訴我，你和愛蒂絲認為適合讓我知道的事。一、二、三！」我重複問題。

人：我看著眼前的地上，自己應該要做的事。我在心理塑造這件物體，然後試著用一點一點的能量創造出相同的東西。老師會協助我們……控制。我應該要看看自己的錯誤然後修正。

紐：誰是老師？

人：愛蒂絲和莫卡夫吉(當事人的資深嚮導)……還有其他的指導者在附近……我跟他們不熟。

紐：盡可能講得更清楚一點。你們現在究竟是在做什麼？

人：我們在……塑造東西……

紐：活的嗎？

人：我還沒達到那個境界，只是試驗一下基本的構造──你也知道的，氫和氧──創造星球的物質……石頭、空氣、水……每件東西都保持在小規模。

紐：你確實創造了我們宇宙中的基本元素？

人：不，我只是使用可得的元素。

紐：以什麼方式？

人：我用自己的能量替這些基本元素充電……然後它們就會改變。

紐：變成什麼？

人：(輕描淡筆)我對石頭很在行。

紐：你怎麼用自己的能量形成石頭？

人：哦……學著用熱和冷……灰塵……使它變硬。

紐：你用灰塵製造礦物嗎？

人：他們會為你做好……老師給我們這些東西……製造水用的瓦斯蒸氣……等等……

紐：我想要清楚地瞭解這點。你的工作包括以自己流動的能量，學習藉由熱、壓力、冷卻去創造嗎？

人：大致上正確——藉由改變我們能量所放射出來的流動。

紐：所以，你並沒有真正以化學方法創造出石頭和水的物質？

人：沒有，就像我告訴你的，我的工作是轉換物質……藉由混合給予我的東西。我運用自己能量的頻率和劑量——很難處理，但不會太複雜。

紐：不會太複雜！我以為那都是大自然的傑作。

人：(笑)你以為大自然是什麼？

紐：那麼，是誰創造出你們用的基本元素——有形物體的基本物質呢？

人：造物者……還有那些創造級數更高深的靈魂。

紐：嗯，在某種意義上，你創造的是無生命的物體，像是石頭。

人：嗯……應該說我們試著去仿製眼前看到的東西……我們所知道的東西。(像是想到其他事情)我正進入植物的階段……但我還不能做那些。

紐：你是先從小的開始試驗，直到你做得比較好嗎？

人：正是如此。我們仿製東西，然後拿來跟原物作比較，接下來才可以嘗試更大的模型。

紐：聽起來靈魂就像小孩子一樣，拿玩具在沙堆裡玩。

人：(笑)我們就是小孩。引導能量的流動就像用黏土雕塑一樣。

紐：這個創造課程裡的其他成員，有來自你族群的嗎？

人：有些是，多數是從靈界各地方來的，但他們都曾在地球投胎。

紐：每個人都和你製造同樣的東西嗎？

人：嗯，當然，有些靈魂對某類東西比較在行，但我們互相幫忙。老師會來巡視，給我們改進的提示和建議……但是……(停下來)

紐：但是，怎麼了？

人：(靦腆)如果我太笨拙，做出不良品，我就會自行分解一些創作，不讓愛蒂絲看到。

紐：給我一個例子。

人：植物……我不夠巧妙地運用自己的能量去製造適當的化學轉變。

紐：你不擅長製作植物？

人：是的，所以我重新組合自己討厭的東西。

紐：你是指的毀掉創作嗎？你能毀掉能量？

人：能量是無法被毀掉的。我們可以重新組合，用不同的組合方式重新開始。

紐：我無法瞭解造物者為什麼需要你們的協助。

人：為了我們好。我們參與這些練習，一旦我們的作品被認為達到相同的水準後，或許也能因此真正幫助到自己的生命。

紐：假如我們的靈魂都為了向上發展而努力，聶森，我感覺靈界是一個組織龐大的金字塔，頂端是至高無上的權威。

人：(嘆息)不，你錯了，不是金字塔。我們全都被一條長長的紡織品編織起來，全被縫進去。

紐：明明有那麼多不同層級的靈魂，我很難想像只是一條紡織物。

人：你就想像它是持續移動的，而不是以高高低低的等級來區別靈魂。

紐：我總是以為靈魂是往上移動的。

人：我知道，但是想想我們是可以跨越的……

紐：給我一個我想像得到的東西。

人：就好像在平坦的軌道上，我們是宇宙列車的一部分。地球上大部分的靈魂是在一輛沿著軌道移動的列車裡。

紐：其他的靈魂也在不同的列車上嗎？

人：是的，但全都在同一個軌道上。

紐：像愛蒂絲那樣的指導者會在哪裡？

人：他們在列車之間來來回回，但是坐在比較靠近引擎的地方。

紐：引擎在哪裡？

人：造物者？自然是在前方。

紐：從你的車上，看得到引擎嗎？

人：(嘲笑我)看不到，但我可以聞到煙。我感受得到引擎沿路隆隆的聲響，我也聽得到馬達聲。

紐：如果我們全都能靠近引擎該有多好。

人：最終，我們都會的。

　　我發現，當靈魂開始使用能量創造生命時，便不見得一定要去有形的世界了。這些訓練顯然是先以族群共同練習的方式開始。處於那階段的靈魂會發現，共同運用彼此和指導者的能量比較容易些。某個當事人是如此說明這個過程的：「開始時，我的族群形成一個圓圈圍住姍娃(嚮導)，然後一同辛苦地練習去協調我們的思想並調整我們的能力，才能以同樣的強度集中在同一件事物上。有一次，在姍娃示範過葉子該如何展現後，我們便開始製作樹葉。當我們為了製造葉子的構造、顏色和外形而導引能量的光芒時，老是搞得一團糟。我們不夠一致，造成葉子的一小部分沒有正確的葉脈和色澤。我認真得近乎完美地研究，但是年咪(族群中的搗蛋鬼)為了好玩，刻意以錯誤的方式轉換他的能量而搞砸了這個實驗，因為他對這個課程已經厭倦了。最後我們要他自制點，才完成了這個作業。」

　　從我所能斷定的事情來看，靈魂在第三級站穩腳步後，便被期望能以創造力獨自工作。學生在製作有機生命之前，便得接觸植物的光合作用了。我得知早期的創作訓練中，靈魂要去學習物質之間的關係，以便發展能力去結合自己的能量與不同元素的價值。從簡單到複雜、從無生命到有生命的物質形成，是一段漫長的過程。適合某些環境的有機物會給予學生，鼓勵他們創造自己星球的縮影。即使經由練習而進步，我的當事人們一直要到接近第五級時，才開始感覺到自己或許可以對生物的發展有所貢獻。我們將在案例二十三聽到更多相關的說法。

　　有些靈魂在以能量創作的課程中，似乎天賦異秉。我的當事人指出，創作能力並不代表靈魂在靈界的其他課程也具有相同水準。某個靈魂可能在掌握創造力方面的技術不錯，卻缺乏身為一個稱職嚮導所需具備的精緻性。或許這就是為什麼我覺得高級靈魂被允許擁有專門的技能。

　　上一章說明了靈魂獨處的好處，本章的案例也是個好例子。靈界的經歷並不容易以人類的語言來說明。案例二十二的當事人提到，偷天換日界是短暫的星球研究。對於催眠者來說，它是永恆的精神世界，也是真實的生活情境；然而對於其他人來說，那只是為了學習上不同的好處而創造出來的假象。其他差不多在同一級的當事人稱這地方為「轉換的空間」，或更簡單的「重現屋」。在這裡，我得知靈魂為了學習和樂趣，可以運用自己的能量做出有生命及無生命的東西。有個當事人對我說：「我想著自己想要的東西，然後就實現了。我知道有人在幫我。我們可以成為任何過去所熟悉的事物。」

　　舉例來說，靈魂可以變成石頭，體會密度的本質；為了寧靜變成樹木；為了流動的凝聚力變成水；為了自由和美麗變成蝴蝶；為了力量和浩瀚的空間變成鯨魚。人們否認這些行為是前世的輪

迴。我也學到靈魂可以變成沒有形狀、沒有物質和結構，完全只是一種特別的情感，比如慈悲，使他們的感官更為敏銳。

有些當事人提到自己是自然界的神祕精靈，包括民間傳說中的小妖精、巨人和美人魚；也有人接觸過神話中的珍奇異獸。這些說法是如此栩栩如生，讓我很難只是簡單地將其視為某種隱喻性說法。許多種族的古老傳說究竟只是純粹的迷信？還是靈魂共同經驗的顯現？我個人感覺，許多傳說其實是很久以前靈魂從其他地方帶到地球上的記憶。

第 **11** 章

高級靈魂

　　遇到高級的老靈魂是很難得的。雖然我沒有很多催眠第五級藍光靈魂的經驗，然而由於他們的理解力和深遂的靈性，和他們一起回溯總是令人興奮。事實上，靈魂的成熟度已達到此層次的人通常不會尋求催眠治療師的協助來解決人生計劃中的衝突。多數案例中，在這世間的第五級靈魂是來投胎的嚮導。他們早已能妥善處理我們多數人絞盡腦汁解決的日常基本問題，因此他們對於如何針對特定任務做出細微的改進比較感興趣。

　　當他們以公眾人物的形象出現時，比如像德蕾莎那樣的修女，我們或許認得出他們；然而，高級靈魂更常以靜悄悄的的謙遜方式進行他們的公益任務。他們的成就感來自改善他人的生活，自己則不會有太多的享受。他們比較少去注意制度化的組織機構，反而比較重視每個人的人生價值。第五級的靈魂也很實際，我們經常可以在以文化為主的事業中發現他們的身影；這類工作讓他們得以影響人類及公眾事件。

　　曾有人問我，那些感性、審美能力佳的右腦特別發達人士，

是不是多數為高級靈魂，因為這些人呈現出來的特質，與這不完美世界的荒謬顯得不協調。我發現其中並沒什麼關聯。感性、鑑美力強、甚至擁有神通的人──包括算命的天賦──並不見得就表示這人是高級靈魂。

高級靈魂的特徵是對這社會有耐心，而且應付能力極佳，最明顯的便是他們異於常人的洞察力。這並不表示他們的人生不會有業障的險惡，果真如此的話，他們也不會在這裡了。他們可能從事各種行業，但經常是助人的工作，或是以某些方式打擊社會的不公平現象。高級靈魂散發出泰然自若的氣息、對他人和藹可親，而且能夠設身處地為別人著想。他們不會為了自己的利益做事，甚至忽視物質上的需求，讓自己住在窮困的環境中。

我選來代表第五級的當事人是一名三十多歲的中年女子。她在一家大型醫療診所工作，專門治療化學物質的濫用。我同事將她介紹給我，說她能改善吸毒患者自我覺醒的程度。

即使她所處的工作環境盡是混亂的緊急情況，她在我們第一次見面時表現出來的那種泰然自若著實令我震撼。她很高，又特別瘦，一頭火紅的頭髮四散開來。即使她這人溫馨又和善，卻又給人一種謎樣的感覺。她清澈發亮的灰眼珠似乎看得到一般人沒能注意的細節。我甚至覺得自己被她看穿了。

因為她對我的靈界研究很感興趣，我同事於是建議我們三人共進午餐。她說她從來沒有被催眠的經驗，但是透過自己靜坐，她感覺到一種長遠的靈界宗譜。她認為我們這次的會晤並不只是巧合，我們因此達成共識，決定揭露她對靈界的知識。幾個星期過後，她來到我的辦公室。她顯然對自己前世經歷過的歷代年表沒什麼興趣，我決定只是簡短地瀏覽她在地球上的早期輪迴，作為步入她超意識記憶的跳板。很快她便進入深沉的催眠意識中，和她自己的內在迅速聯繫上。

　　幾乎在同一時刻，我發現這女子輪迴時期之長，簡直到了令人難以置信的地步；她竟然可以回溯到地球上古時期的人類生活。碰觸到她的早期記憶後，我得到一個結論——她的第一世發生在十三萬年前至七萬年前之間，最後的溫暖間冰期之初，也就是最後冰河時代覆蓋這個星球之前。在此舊石器時代中期，地球上的氣候尚且溫暖，我的當事人說她住在潮濕的亞熱帶草原，接近狩獵、捕魚和採集植物維生的地區。之後，約五萬年前，當大陸極冰再次改變地球的氣候，她提到住在洞穴裡忍受嚴寒的日子。

　　迅速躍過一大段時間區塊後，我發現她的身體由一點點彎曲變得較為挺直。時光繼續往後推，我引導她看著水池、感覺自己的身體，同時回報給我。她於數千年之間經歷了不同的身體，傾斜的前額漸漸轉為平坦。上眼眶骨脊漸漸不那麼顯眼，也不像古代人類那樣有明顯的體毛和巨顎。從她多次身為男女的輪迴中，我得到足夠的訊息瞭解人類進展的粗略年代，其中包括居住環境、用火的方式、各種工具、衣服、食物和部落的儀式。

　　古生物學家曾預測現代人的祖先——像猿的直立人，至少在一億七千萬年以前便出現了。靈魂來地球投胎的時間是否也如此漫長，甚至寄附在我們稱為原始人的古老兩足動物身上？我的一些具有較先進靈魂的當事人說，高級靈魂擅長為年輕靈魂選擇用來投胎的身體，他們已經花了超過一百萬年的時間評估地球上的生活。我的感覺是這些檢察官認為二十多萬年以前的兩足動物，由於腦容量和發音的限制，並不適合作為靈魂用來成長的寄宿體。

　　我們所稱為人類的古代智人大約在數十萬年以前便開始演化，但是一直到最近的十萬年前才開始有靈性和溝通的兩種跡象——也就是在雕刻的圖騰和石畫中所發現的葬禮和儀式的藝術。至今尚未有人類學方面的證據顯示，這些藝術在尼安德塔人以前便在地球上出現了。靈魂終究成就了人類，而不是顛倒過來的順序。

　　某個高級靈魂曾對我說：「靈魂在不同的週期來地球播種。」根據廣泛的當事人中得到的綜合資料顯示，今日我們所知的多塊陸地，或許是早期經由火山巨變和磁場動盪後，從大板塊的陸地分離、沉沒而成的。舉例來說，大西洋的亞速爾群島曾被說是亞特蘭提斯大地沉入海裡的高山頂部。事實上，曾有一些當事人談到住在地球上某個古代陸地的情形，但是我無法從現代的地理位置上指認出來。

　　由於地理上的變化，今日仍有許多化石證據尚未顯現出來，因此靈魂的確有可能投胎於比直立猿人更進化的身體中，也就是大約二十五萬年以前。然而，這樣的假設使得人類身體的演化像個上上下下的未定案，我也不以為然。

　　接著，我讓當事人將時光推到九千年前左右的非洲生活，她說這是她成長歷程中一個重要的轉捩點。這一世是她和嚮導——庫瑪拉——一起度過的最後一世。庫瑪拉在這一世是個高級靈魂，以身為一個具影響力的妻子輔導丈夫——我的當事人——一個仁慈的部落首領。我勉強將他們的居住地定在今日衣索匹亞的高地上。顯然庫瑪拉來地球上的最後幾次輪迴期間，我的當事人於千年之中已經認識她了。在她們以人類之形式合作的最後一世裡，因當事人意外身亡而結束。我的當事人在那一世自己跳到敵人的矛槍前面，救了河船上的妻子庫瑪拉。

　　滿懷著愛的庫瑪拉，仍然以一個高大女人的模樣——光亮的紅褐色皮膚、插有羽毛的頭飾籠罩一堆亂蓬蓬的白髮，現身在當事人面前。她其實是赤裸的，除了用一條動物皮遮住寬大的腰際。庫瑪拉的頸部掛了串炫麗多彩的石頭，有時當事人於午夜夢迴時，她會在用那串項鍊在當事人的耳朵旁搖動以博取注意力。

　　庫瑪拉將當事人在前幾世裡學到的人生課程，以曇花一現的象徵性記憶方式教她。舊有解決問題的方法，以隱喻性圖片的拼

圖形式和新的假設性選擇混合在一起。透過這種方法，庫瑪拉可以測驗她的學生在靜坐和作夢時可觀的知識庫存。

我瞥了一眼手錶。如果要探究當事人的靈界經歷，便沒有多少時間瞭解她的背景了。我很快帶她進入超意識狀態，開始一些有趣的靈界探索。她不會讓我失望的。

◎ 案例 23 ◎

紐：你的靈魂叫什麼名字？

人：席思。

紐：你的嚮導還是用她的非洲名字庫瑪拉嗎？

人：對我，是的。

紐：你在靈界裡看起來像什麼？

人：閃耀的光線片段。

紐：你的能量是什麼顏色？

人：天藍色。

紐：有其他顏色的斑點嗎？

人：(停頓)有一點金色……但不多。

紐：那麼庫瑪拉的能量顏色呢？

人：她是藍紫色的。

紐：如何經由光線和顏色確定靈魂的層次呢？

人：光芒的色澤越深，精神力量也越強。

紐：智慧光芒的最高層次源自何處？

人：深層光芒能量所擁有的知識，自源頭擴及到我們身上。我們的光芒便是依附在這源頭上。

紐：你提到的源頭——是指上帝嗎？

人：那名詞被誤用了。

紐：怎麼說？

人：(停頓)太個人化了，變得不像它本身的樣子。

紐：我們哪裡錯了呢？

人：也有想像源頭的自由……人類，雖然我們是它的一部分。

紐：席思，當我們談到靈界各層面的生活時，我要你也與源頭作一呼應，然後我會問你更多關於這源頭的事。現在，讓我們回到能量顯現的話題上。為什麼靈魂會以兩個黑亮的凹洞表示眼睛，卻不乾脆以人類的模樣現形呢？對我來說實在太毛骨悚然了。

人：(笑，更為輕鬆)那就是地球上傳說中鬼魂的由來——從這些記憶得來的。我們的能量並不是一貫相連的。你所說的眼睛代表的是意念更集中的地方。

紐：那，如果關於鬼魂的神話並非憑空想像，這些黑色眼窩想必對於能量的擴展助益良多。

人：它們並不僅是眼睛……還是舊有身體的窗戶……而且是自己所有前身的有形延續。我們藉由吸收彼此展現出來的光芒來溝通。

紐：回到靈界後，你會跟其他看起來像鬼魂的靈魂以能量接觸嗎？

人：會，外形只是個人喜好的一部分。當然了，在我身邊總是會有許多念頭的波動——和我回靈界的能量混在一起，但我盡量避免太多接觸。

紐：為什麼？

人：我不需要在這裡停留。我想要獨處一下，以便和庫瑪拉談話之前先自我沉思，將我上一世所犯的錯分門別類地整理好。

備註：這是高級靈魂回靈界時的典型說法，我曾在案例九中提到。然而，這個靈魂是如此先進，甚至用不著與嚮導審議，直到後來她自己提出這方面的要求。

紐：或許我們應該談談老靈魂。庫瑪拉還有來地球投胎嗎？

人：沒有。

紐：你認識其他像庫瑪拉一樣的靈魂嗎？也就是在地球早期時來

投胎，後來便再也沒回來過了？

人：(謹慎)有幾個……是的……許多人很早就來地球了，而且在我來之前便走了。

紐：有任何人留下來嗎？

人：你是指什麼？

紐：那些本來可以留在靈界、卻持續選擇來地球投胎的高級靈魂。

人：哦，你是指聖人。

紐：是的，聖人。告訴我他們的事(這對我來說其實是個新名詞，但為了從高級靈魂身上套出更多資訊，我常假裝自己懂很多)。

人：(崇敬般)他們是地球的真正觀察家，你也知道……在這裡持續觀察發生了什麼事。

紐：也就是持續投胎的高級靈魂嗎？

人：是的。

紐：這些聖人不會因為老是留在地球上而厭煩嗎？

人：他們選擇留下來直接幫助人，因為他們已經將自己奉獻給地球了。

紐：這些聖人在哪裡？

人：(惆悵)他們生活得很簡單。我第一次認識他們當中的一些人，是好幾千年以前的事了，現在已經很難見到他們……他們不太喜歡城市。

紐：他們人數多嗎？

人：不，他們住在小型的社區裡，或是寬廣的空間中……沙漠和山間……簡單的住處裡。他們也到處走。

紐：怎麼認出他們呢？

人：(嘆息)多數人沒辦法。他們在早期的地球上，被認為是真相的先知。

紐：我這麼說或許聽起來太過實際，但是這些高度發展的老靈魂

若能居於國際領導者的地位，不是比當隱士更能幫助人嗎？

人：誰說他們是隱士？他們只是比較喜歡和那些容易受外界影響的普通人在一起。

紐：在地球上遇見聖人的感覺像什麼？

人：啊……你感覺到一種很特別的風采。他們設身處地為人著想，給你的建議是如此深具智慧。他們生活得很簡單。物質上的享受對他們來說根本毫無意義。

紐：你對這類工作感興趣嗎，席思？

人：嗯……不，他們是聖人。我希望再也不用輪迴了。

紐：或許聖人這個頭銜也可以用在像庫瑪拉這樣的靈魂身上，甚至是那些她轉而求問知識的靈魂？

人：(停頓)不，他們是不同的……他們比聖人還高，我們稱之為長老。

備註：我將這些人歸於第五級以上的層級。

紐：這些長老合作的對象是像庫瑪拉那階層或以上的靈魂嗎？

人：我不這麼認為……和我們其他人比起來……但我可以感受到他們的影響力。

紐：他們出現時你有什麼感覺？

人：(沈思)一種……啟蒙的集中力量……和指引……

紐：這些長老會是源頭的化身嗎？

人：我沒立場這麼說，但我並不認為他們是源頭的化身。他們應該很接近源頭。長老代表意念最純潔的部分……參與規劃和安排……物質。

紐：你說這些長老相當接近源頭，關於這點，你可以說得更清楚一點嗎？

人：(含糊)他們必須接近交會點。

紐：庫瑪拉曾經提過這些幫助她的靈魂嗎？

人：對我——只有一點點。她像我們一樣，渴望成為他們的一份子。

紐：她的知識接近長老的層次嗎？

人：(含糊)她……逼近，像我接近她一樣，慢慢地融入源頭中，因為我們尚未圓滿。

　　高級靈魂身為嚮導的任務一旦完全建立，他們就必須玩拋兩顆球到空中的雜耍了；也就是說，除了繼續投胎(頻率變少)以完成尚未完成的功課外，他們在靈界時也必須幫助他人。席思接著告訴我她在靈界這方面的生活。

紐：回到靈界後，當你不再為了反省而自我隔離時，你都在做些什麼？

人：我加入自己的團體。

紐：你的團裡有多少個靈魂？

人：九個。

紐：(太快下結論)哦，所以你們十個成員是在庫瑪拉帶領下的一個團體？

人：不，他們是我的責任。

紐：那，這九個靈魂是你教導的學生囉？

人：嗯……你可以這麼說……

紐：而他們全都屬於同一個族群——我猜，也就是你的團？

人：不，我的團是由兩個族群組成的。

紐：為什麼會那樣？

人：他們處於……不同的程度(級數)。

紐：然而，你是這九個的老師？

人：我喜歡稱自己為觀察者。我的團裡還有三個觀察者。

紐：嗯，那其他六個是誰？

人：(想當然耳地)不是觀察者的人。

紐：如果你願意的話，席思，我想用我的說法來釐清這一點。如果你是個資深觀察者，你團裡的那三個應該就是我所說的資淺觀察者吧？

人：是的，但是資深和資淺這種說法──把我們描繪成權威人士，但我們不是！

紐：我並不是想將你們排名，對我來說，這只是方便我作責任歸屬罷了。不妨將資深想成是前輩的意思。我會稱庫瑪拉為大師級嚮導，或可能是教育方面的領導。

人：(聳肩)沒問題，我想，只要這領導沒有獨裁者的意思。

紐：沒有。現在，席思，集中你的心靈，看看你團裡其他成員的能量顏色。那六個不是觀察者的靈魂看起來像什麼？

人：(笑)髒雪球！

紐：如果他們屬於白色調的話，其他人呢？

人：(停頓)嗯……有兩個相當黃。

紐：我們少了一個。第九個呢？

人：那是安─若司。他很不錯。

紐：描述一下他的能量顏色。

人：他正……轉為藍色……相當優秀的觀察者……他就快要離開我了……

紐：讓我們談談你團裡情況相反的成員。你最擔心的是誰？為什麼？

人：歐珍諾雯。好幾世以來她堅信，愛和信任只會帶來傷害。(沉思)她有一些很好的特質，我很想幫她發展出來，但她這樣的態度卻絆住自己。

紐：歐珍諾雯比其他人發展得慢嗎？

人：(保護心態)別聽錯了，我為她的努力感到驕傲。我喜歡她誠

實又極佳的敏銳度。她只是需要我更多的注意。

紐：身為一個觀察者或老師，什麼是安—若司擁有的特質，而你希望在歐珍諾雯身上看到？

人：(毫不猶豫)能夠適應改變。

紐：我很好奇一件事，在你的指導下，這九名成員成長的腳步是不是相當一致？

人：那根本是不可能的。

紐：為什麼？

人：因為大家各有不同的個性和正直程度。

紐：嗯，如果靈魂之間因為個性與正直的不同而有不同的學習速度，是不是靈魂選擇的人類頭腦也會影響學習進度呢？

人：那是不一樣的。我之前的講法強調的是動機。在地球上，我們會運用腦袋的多樣性擴展自己的能力。然而，靈魂是受自己的正直程度而驅動的。

紐：這就是你所謂靈魂具備個性的意思嗎？

人：是的，而欲求的強弱是個性的一部分。

紐：如果個性是靈魂的本質，欲求又佔有什麼地位呢？

人：想要學有專精是每個靈魂的內在欲求，但這樣的想法也可能在輪迴之間搖擺不定。

紐：所以靈魂的正直跟這又有什麼關係？

人：它是欲求的延伸。正直是想要對自己和內在的動機誠實，它可以發展到某種程度而讓自我完全覺醒，通達源頭之路也變得極為可能了。

紐：如果所有基本的智慧能量是一樣的，為什麼靈魂又會有個性與正直的不同呢？

人：因為他們在物質界的生活經歷改變了他們，而這是刻意的安排。藉由這類改變，每個靈魂的綜合智能將會注入新成分。

紐：這就是為什麼要去地球投胎的原因？

人：是的，投胎是一種重要的工具，有些靈魂因此比其他靈魂更能開發自己的潛能，但我們終究都能達到此一目標。藉由經歷各種有形的身體和不同的場景，我們得以擴展自己真正的本質。

紐：靈魂本質的自我實現是我們在這世界上生活的目的嗎？

人：在任何世界都一樣。

紐：那，如果每個靈魂都事先被自我這個本質佔據，不就解釋了為什麼這個世界都是以自我為中心的人了？

人：不，你誤解了我的意思。自我實現並不是為了培養自私的自己，而是讓我們能在生活中與別人融合在一起，其中顯現了個性和正直。這是屬於道德。

紐：歐珍諾雯比安─若司不誠實嗎？

人：(停頓)我得說她的確會自我欺騙。

紐：我懷疑你如何能有效地勝任九名成員的嚮導，同時還能在地球上投胎以完成自己的課程。

人：那曾經在某些程度上影響到我的集中力，但是現在不再有衝突了。

紐：你必須分離自己的靈魂能量才能做得到嗎？

人：是的，靈魂的能力允許分身來管理。身處地球也讓我能夠直接協助我的成員，同時也幫到我自己。

紐：靈魂可以分身的這個觀念，實在令我難以想像。

人：你用「分」這個字並不太正確。我們的每一部分仍是完整的。我只是說剛開始確實要花些時間才能習慣，因為你一次不只管一個案子。

紐：所以你並沒有因為多重活動而減低身為老師的效率？

人：一點也不會。

紐：哪一面是你的指導重心？當你以人類的身分在地球時，還是

你在靈界以自由的靈魂身分進行指導的時候？

人：那只是兩種不同的場景。我的教導可以朝多元發展，也不會影響效率。

紐：但是你接近成員的方法會因場景而不同？

人：會。

紐：你不覺得靈界是學習的主要中心嗎？

人：它是評估和分析的中心，而靈魂在那裡的確獲得了休息。

紐：當你的學生在世上時，他們知道你是嚮導而且會一直與他們在一起嗎？

人：(笑)有些人會比其他人更意識到，但他們都會感受到我的影響力。

紐：席思，你現在是以女人的身分和我在這裡，而你也可以和其他成員聯繫嗎？

人：我告訴過你，可以的。

紐：我感覺是這樣的——直接相處而來的教學，難道不會因為你來地球投胎的次數越來越不頻繁而困難重重嗎？

人：如果我太常來，以人類的身分和他們直接往來，便會干擾到他們本質的流露。

紐：如果你沒有投胎，只是在靈界運作這一切，也會產生相同的干擾嗎？

人：會……儘管技巧不一樣。

紐：屬於精神上的聯繫嗎？

人：是的。

紐：我想多瞭解靈界的老師是如何接觸學生的。你在靈界究竟是如何安慰或建議在地球上的任何九名成員呢？

人：(不作答)

紐：(哄誘)你懂我在問什麼嗎？你如何灌輸想法呢？

人：(終於)我不能告訴你。

備註：我猜這方面被封鎖住了，但我不能抱怨什麼，畢竟到目前為止，席思和她的嚮導對於提供許多資訊都很慷慨。我決定暫停這階段對當事人的詢問，直接找庫瑪拉談。我於是作了如下的演說。

紐：庫瑪拉，允許我經由席思找你談。我做這項調查是動機是良善的。我想藉由詢問你的弟子，增加自己治療人們的知識，並引導人們接近內在現有的更高創造力。我更進一步的使命是幫助人們瞭解自己靈魂的本質和靈界的家，從而對抗死亡的恐懼。你可以幫助我嗎？

人：(席思以某種怪異的聲音回答我)我們知道你是誰。

紐：那你們兩個都願意幫我嗎？

人：我們會告訴你⋯⋯依照我們的判斷。

備註：這也就是說，如果我的問題超過這兩位嚮導未訂定的界線，就得不到答案。

紐：好的，席思，我數到三的時候，你能更自然地告訴我關於靈魂如何勝任嚮導的事。先從你在地球上的成員如何發出引你注意的訊息開始。一、二、三(我捻手指以增強效果)！

人：(一陣長時間的停頓後)首先，他們必須沉靜心靈，集中自己的注意力，不受周圍環境的影響。

紐：怎麼做？

人：透過寂靜⋯⋯探求內在⋯⋯緊緊抓著內在的聲音。

紐：這是向靈界求助的方法嗎？

人：是的，至少對我來說是如此。他們必須擴展自己內在的意識，才能以中心意念連結上我。

紐：以中心意念、還是以困擾他們的特定問題連結上你？

人：他們必須超越困擾自己的事情才能連上我，無法保持冷靜的話便很難。

紐：這九名成員求助於你的能力不分上下嗎？

人：不，都不一樣。

紐：或許歐珍諾聞是最有問題的一個？

人：嗯，她是其中之一……

紐：為什麼？

人：對我來說，要得到這些訊息很容易，比較困難的是在地球上的人們。受到引導的意念能量必須要能跨越人類的情緒。

紐：在靈界的架構中，你如何從數十億對其他嚮導發出的苦惱訊號裡，篩選出自己成員所發出的訊息？

人：我馬上就知道了，所有的觀察者都是如此，因為每個人發出的訊號都有獨特的意念型式。

紐：就像一片意念之領域中的某個震動編碼嗎？

人：(笑)你可以那樣描述能量的型式，我想。

紐：好吧！那麼你又如何回應需要指導的成員呢？

人：(咧嘴笑)對著他們的耳朵嘀咕答案！

紐：(輕鬆地)那是一個友善靈魂對地球上受困心靈所做的事嗎？

人：視情況而定……

紐：視什麼樣的情況？老師或嚮導處理人類日常生活的問題沒什麼差別嗎？

人：不是沒差別，不然我們又何必溝通。我們會判斷每一種情況。我們知道生命是短暫的。我們比較……超然、客觀，因為沒有人類的身體，我們並不會被人類情緒的即時反應所拖累。

紐：但是當情況確實需要靈界的指引時，你怎麼做？

人：(嚴肅)身為冷靜的觀察者，我們可以辨認……動亂的量……從苦惱的念頭痕跡。然後，我們小心翼翼地和它合併，溫柔地撫慰這個心靈。

紐：請再進一步敘述這個連結過程。

人：(停頓)那是思想的滑流區，通常是騷亂多於平順，來自某個受困的人。我起初笨手笨腳的，到現在還是沒有庫瑪拉的技巧。我們必須巧妙地進入……等待最能被接受的好時機。

紐：觀察者怎麼會笨手笨腳？你可是擁有好幾千年的經驗呀？

人：跟你溝通的人並不全然一樣。觀察者的能力也會因人而異。如果我的成員處於緊急狀態——肉體傷害、傷心、不安、憤恨——便會散發出大量無法控制的負面能量，驚動我的注意，但他們自己也會筋疲力盡。這是觀察者的挑戰，也就是曉得何時以及如何溝通。當人們希望馬上鬆口氣時，絕不適合反思。

紐：嗯，講到能力，你能不能告訴我當你經驗還不足的時候，是怎麼笨手笨腳的？

人：我太急著想幫忙，沒有和之前提到的意念型式協調好。人是會呆掉的。所以說，不要在他們極度悲傷的時候找他們溝通。當注意力渙散而且思考無法集中時，你會被一個亂掉的心靈拒絕在外。

紐：你團裡的九名成員跟你求救後，感覺得到你闖入他們的心靈嗎？

人：觀察者是不可以闖入的。那比較像是一種……溫和的連結。我灌輸想法——他們以為是靈感——試圖給予他們平靜。

紐：你和地球上的人類溝通時，什麼是你最難克服的問題？

人：人類的恐懼。

紐：你可以再多作說明嗎？

人：我必須小心不讓他們活得太順心，免得寵壞他們……讓他們能夠自己解決大部分的困難，而不是馬上跳進去幫忙。他們還沒學會而觀察者便太快介入的話，只會讓他們吃更多的苦。庫瑪拉是這方面的專家……

紐：她還是得負責你和你團裡的成員嗎？

人：嗯，是的，我們全都受她的影響。

紐：你在附近看得到族群裡的任何一個同儕嗎？我在想，有誰和你的程度相同，而你可以跟他討論教學的方法。

人：哦，你是指和我一起在這裡成長的那些人嗎？

紐：是的。

人：有……其中有三個最特別。

紐：他們自己也帶團嗎？

人：是的。

紐：這些較高級的靈魂所負責的成員數目跟你一樣嗎？

人：嗯……是的，除了娃─魯。他帶的成員數目比我的兩倍還多。他很優秀。還會有一個團分配給他。

紐：有多少更優異的靈魂是你和同儕可以尋求建議和指引的？

人：一個。我們都去找庫瑪拉交流觀察的心得，並尋求改進的方法。

紐：庫瑪拉監督多少個像你和娃─魯這樣的靈魂？

人：哦……我無從知道……

紐：試試看，給我一個大約的數目……

人：(思考後)至少五十個，可能更多。

　　針對庫瑪拉在靈界活動所提出的其他問題並沒得到結果，所以我轉而問席思關於創造方面的訓練。她的經歷(經過我濃縮之後)比前一章聶森所描述的那些訓練更為深入。對於那些有科學背景的讀者們，我必須強調的是，當我獲知關於創造的事情時，這些當事人的參考架構並不是根據地球上的科學。我不得不盡我所能地闡釋提供給我的訊息。

紐：靈魂的必修課程似乎種類繁多，席思？我想要談談你受訓的另一個層面。你的能量是否會運用光、熱、和動力來創造生命？

人：(訝異)咦……你也知道那些……

紐：你能告訴我更多嗎？

人：只有我熟悉的……

紐：我不想談論任何會讓你感到不舒服的事，但是如果你能跟我確認某些由於靈魂的行為所造成的生物效應，我會很感激。

人：(猶豫)哦……我不覺得……

紐：(馬上打岔) 你最近最令庫瑪拉為你感到驕傲的創作是什麼？

人：(毫無反抗)我對魚很在行。

紐：(刻意誇張誘她繼續講下去)哦，所以你能以精神能量創造出一整條魚來？

人：(發火)……你是在開玩笑嗎？

紐：不然你從何開始？

人：當然是從胚胎開始。我以為你知道……

紐：只是確定一下。你覺得自己何時可以準備好創造哺乳動物？

人：(沒有回答)

紐：聽著，席思，如果你能再和我合作幾分鐘，我答應不會花太多時間在這個話題上。你同意嗎？

人：(停頓)看看吧……

紐：好，為了釐清基本觀念，告訴我你究竟如何運用能量去發展生命到魚的階段？

人：(勉為其難)我們……在現有的周遭環境中……指導生物……

紐：你是在某個世界、還是許多世界裡從事這樣的訓練？

人：至少一個以上(不再詳細說明，只說是在類似地球的行星上)。

紐：你現在是在什麼樣的環境下工作？

人：海洋中。

紐：和基本的海洋生物在一起嗎？像是海藻和浮游生物之類的。

人：在我剛起步的時候。

紐：你是指在你創造魚的胚胎之前嗎？

人：是的。

紐：那麼，當靈魂開始創造生命時，他們是從微生物開始著手的囉？

人：……小細胞，是的，而且這非常難學。

紐：為什麼？

人：生命的細胞……除非我們能夠引導能量去……改變分子，否則很難掌控。

紐：所以你們實際上是以自己的能量流，藉由混合基本的生命分子，然後製造出新的化學組合囉？

人：(點頭)

紐：你能說得更清楚一點嗎？

人：不行。

紐：我來試著總結一下，如果我說錯的話請告訴我。熟練真正創造生命的靈魂，必定能夠分離細胞以及給予去氧核醣核酸(DNA)指令，而且你是靠傳送能量的粒子到原生質來完成這項工作的？

人：我們必須學習這項工作，是的──將它與太陽的能量調和。

紐：為什麼？

人：因為每個太陽對於周遭的世界都會產生不同的能量效果。

紐：那你為什麼要干擾一個太陽以自身的能量對行星產生的自然作用呢？

人：那不是干擾。我們測試新的組合……突變……為了觀察什麼行得通。針對不同的太陽，我們安排各種物質的組合，好讓它們發揮最大的效用。

紐：當某種生命在某行星上演化時，環境條件的選擇和調整是自然的嗎？還是具有智慧的靈魂修補而來的？

人：(模稜兩可)通常一個適合生命的行星上會有靈魂在旁觀察，

不論我們做什麼都是自然的。

紐：靈魂如何觀察和影響已經在太古世界演化了數百萬年的生物成長呢？

人：我們並不是以地球的方式來計算時間，我們會利用時間以方便做實驗。

紐：你們做出什麼來了？

人：嗯……高度集中的小叢東西……經過加熱。

紐：但是完成後看起來像什麼？

人：小型的太陽系。

紐：你的小型太陽和行星，它們的大小是不是如同石頭、建築物、月亮——我們現在是在討論什麼？

人：(笑)我的太陽像籃球那麼大，而行星……彈珠大小……那是我做得最好的了。

紐：你為什麼要以小尺寸做出這些東西？

人：為了練習，之後才做得出較大的太陽。經過足夠的壓縮，原子會爆炸而後凝結，但我還沒辦法獨自完成真正大規模的東西。

紐：你是指？

人：我們必須學習合作，結合大家的能量以得到最好的成果。

紐：那，誰負責大規模的熱核爆炸，創造出有形的宇宙和空間呢？

人：源頭……長老們的集中能量。

紐：哦，所以源頭也有幫忙？

人：我覺得有……

紐：既然庫瑪拉和在她之上的靈魂已經精通此道，為什麼還要你們運用能量去創造宇宙萬物和更複雜的生命呢？

人：我們被期望能夠加入他們，就如同他們希望結合本身完成的能量而與長老在一起。

　　關於創造的問題總是引來起源說的爭辯。造成我們星星和行星的星際爆炸，究竟是自然界的意外還是智慧力量的規劃？當我聆聽像席思這樣的當事人時，我會自問，如果靈魂並不打算製造一個大型的天體，為什麼還要以小規模的模型來練習能量的連鎖反應？我從未有過第六級以上的當事人證實自己從事過進一步的創造。似乎在靈魂進步之後，便會參與行星的誕生和發展適合靈魂之高等智力的生物。

　　思考過為什麼那些不怎麼完美的靈魂會和創造有關後，我做出以下的結論：所有靈魂都有機會參與低等生物的發展，以便讓自己進步。同樣的道理也適用在靈魂何以需要身體來投胎。席思說，她稱為源頭的至高智慧，是由許多創造者(長老們)組成的，他們融合自己的能量產生許多宇宙。其他當事人描述到那些不再投胎之老靈魂的結合力量時，也以不同方式表達過類似的說法。

　　這樣的觀念並不新。舉例來說，印度的真尼派(Jainism)便主張我們的上帝不只一個。真尼信徒相信有全然完美的靈魂——成就者(Siddhas)，也是一群宇宙創造者。這些靈魂完全從輪迴中解脫。在他們之下是羅漢(Arhats)的靈魂，他們是高級的啟蒙者，仍然與低於自己三級的靈魂一起投胎。對於真尼信徒來說，真實的境界是無法被創造的，而且是永恆的。因此，成就者便不需要有創造者。大部分的東方哲學否定真尼派的教義，反而偏好有一個主導創造了神性的領導團隊。這樣的結論也比較合西方人的意。

　　有些當事人較能在短時間內探討廣泛的話題。稍早前，當席思談到靈魂的宇宙訓練時，她曾暗示其他世界也有具備智力的生物。這又帶出靈魂生活的另一面，有些人可能難以接受。我的當事人中有少部分——通常是年長的高級靈魂——能夠回溯自己以前在其他世界之怪異、非人的高等生物模樣。他們對那些生活的環境、有形物質的細節和與我們宇宙的相對行星位置的記憶，都

相當短暫而模糊。我想知道席思以前是否也曾有過這樣的經歷，所以花了點時間提出這方面的詢問，看看事情將如何發展。

紐：你之前說過，除了地球以外，靈魂還可以去其他有形的世界。

人：(猶豫)是的……

紐：(漫不經心)而且我猜，這些有高等生物的星球中，也有適合靈魂投胎的？

人：沒錯，宇宙有很多校園。

紐：你曾經和其他靈魂談論過他們的星際校園嗎？

人：(長時間停頓)我並不想這麼做——我對他們沒興趣——那些其他學校。

紐：或許你可以讓我知道一些他們的情況？

人：哦，有些是……分析學校，其他是基本的精神世界……精緻的地方……

紐：相較之下，你認為地球這學校如何？

人：地球學校仍然不夠安全，由於領導階層的強權和彼此的對峙，因而充斥了許多人的憤恨。這裡有好多恐懼得克服。這是個衝突的世界，因為太多的人口產生了過度的多元化。其他世界有較少的人口和更多的和諧。地球的人口發展已經快過精神層面的發展了。

紐：那，你會比較希望在別的星球受訓嗎？

人：不會，就為了地球上所有的爭論和殘酷，這裡也有熱情和勇氣。我喜歡在危機狀況下工作，在失序中理出秩序。我們都知道地球是個難度很高的學校。

紐：所以人類對靈魂來說，並不是個容易的寄宿體囉？

人：……有更容易的生命形式……他們之間的衝突較少……

紐：那，除非你的靈魂曾經以另一種生命形式投胎過，否則你怎

麼會知道？

　　在我起了個適當的開場白之後，席思開始談起自己在一個即將滅亡的世界裡，越來越難以呼吸。她在異世界的模樣是小型的飛行生物。從她的描述中得知，這行星依靠的太陽顯然正走向新星的階段。她跟著停止說話，呼吸變得短暫、急促。

　　席思說，她住在這個世界的潮濕叢林裡，夜空的星星密佈到看不見之間的黑暗空隙。這樣的敘述讓我覺得她是在銀河系的中心地帶，或許就是我們的銀河系。她也說自己在這個世界的時間短暫，當初還只是個非常年輕的靈魂，庫瑪拉則是她的前輩。那個世界無法再支援生命後，她們轉而來地球投胎，繼續研修。我還聽說她在精神發展方面，曾經歷過與這些人所保有的親屬般關係。這些飛行族的人類已經漸漸感到害怕、孤立，視對方為危險人物。就如同地球上的情況，家庭關係其實是很重要的，它代表了忠誠和奉獻。當我正要總結這方面的詢問時，又有了進一步的發展。

紐：你覺得在地球上，是不是還有其他靈魂來自那個已經滅亡的星球呢？

人：(停頓，跟著難以克制)事實上，我曾遇到過一個。

紐：在什麼樣的情況下？

人：(笑)不久前我在一個派對遇到一個男的。他認出我來，不是外形上，而是從心靈裡。那是一個奇異的會面。當他來到我面前，並且牽起我的手時，我一度失去了平衡。當他說他認識我的時候，我還覺得這人有點強勢。

紐：之後發生了什麼事？

人：(輕聲)我有點暈了，這對我來說很不尋常。我知道我們之間

一定有什麼，我以為那是性方面的。現在我完全看清楚了。他是……艾卡克(她從喉嚨的後方發出這個名字，伴隨喀嚓的雜音)。他跟我說，我們在很遠的地方曾經在一起，如今還有其他幾個也在這裡。

紐：他有沒有多說一些其他人的事？

人：(無力)沒有……我也想知道……我應該要認識他們……

紐：艾卡克有沒有談到你前世與那世界的關係？

人：沒有。他看我被搞糊塗了。反正當時我也不知道他到底在說什麼。

紐：為什麼他可以在意識清楚的時候知道那星球的事，你卻不行？

人：(迷惑)他……領先我……他認識庫瑪拉。(比較像是自言自語)他在這裡做什麼？

紐：繼續告訴我他在派對的事。

人：(又笑)我以為他只是想勾搭我。那真是尷尬，我竟然被他吸引。他說我很迷人，通常男人是不會這樣形容我的。我心裡閃過我們曾經在一起的光景……像是夢裡長篇故事的片段。

紐：妳如何與這男的道別？

人：他看出我的不自在。我猜他覺得最好不要有進一步的聯絡，因為那次之後我再也沒見過他了。我還是想過他，或許我們將來會再見到對方……

我相信靈魂確實會為了彼此跨越時空而來。最近，我有兩個互為好友的當事人一起來找我。他們不僅在地球上的許多前世是靈魂伴侶，而且在某個美麗的水世界中，當他們是某種像魚一般的高等生物時，他們也是一對夫妻。他們都記得用身體強壯的附件在水底玩耍，和為了「偷窺」而浮出水面時的快樂；不過沒人記得太多關於這星球的事，或是他們這群海洋生物後來的發展。

或許他們只是很久以前，早在哺乳動物為了靈魂發展而成為地球上最強勢的動物之前，為地球上失敗的實驗品之一。我認為他們所說的那個世界並不是地球，因為我聽過其他當事人談到水中的生活環境，而他們知道那並不是地球。有個當事人說：「我的水世界非常溫暖而明亮，因為我們頭上有三個太陽。水底完全沒有黑暗是很舒適的，非常方便我們建造住所。」我常在想，我們夜裡夢到的飛行、在水底呼吸、表現出其他非人的本領，或許和我們前世在其他世界的經歷有關。

在早期研究靈魂的日子裡，我滿期待那些想起在其他世界生活過的當事人會說他們的星球是在銀河系裡我們的太陽附近。這只是個天真的假設。地球在銀河的偏遠地帶，位於離太陽十光年遠的八大行星中。我們曉得銀河系有超過兩千億顆以上的星星，位於近來推測有一千億左右之銀河系的宇宙裡。這些圍繞著太陽而可以支援生物的世界，實在多得超乎我們的想像。試想，如果我們銀河系裡的星星只有百分之一的一小部分有高等生物的存在，這些可以作為靈魂投胎的生物數目仍然有好幾百萬。

從這些願意談、也想得起前世的當事人中，我得知靈魂會被送到任何適合高等生物生存的世界。所有我們目前曉得的星球中，其中有一個只有百分之四的部分像我們的太陽。顯然這對靈魂一點意義也沒有。他們的投胎並不會只侷限於像地球的世界，或是只能在陸地上行走的高等兩足動物。曾經去過其他世界的靈魂告訴我，他們會對某幾個世界特別偏好，而且會定期回去那些地方(比方說地球)輪迴。能夠想起特別細節的當事人並不多，這可能是由於缺乏經驗、或是被大師級的嚮導封鎖記憶，以免因為想起任何非地球之生命形態所導致的不適感。

那些能討論在其他世界之前世經歷的當事人說，他們來地球之前常會先投胎到比人類更低等的生物身上(不像席思的案例)。

無論如何，一旦有過成為人的經驗，靈魂便不會被送去精神進化更低的層級。外型的對比是很劇烈的，偏離地球的旅行並不盡然令人愉悅。有個中級靈魂的當事人如此描述道：「由於長時期以人類輪迴，我告訴嚮導想換個環境，離開地球一下。他警告我說：『你現在可能不會喜歡這種改變，因為你已經很習慣人類的心靈和身體了。』」我的當事人堅持要這麼做，於是被適當給予了如下述的生命形態：「一個色彩輕淡柔和的世界，住著一群粗小的生物。他們懂得思考，卻是憂鬱的種族，粉白色的小臉從不會笑。沒有人類的笑容和自在的身體，我的身體和精神無法並駕齊驅，成長並不多。」此次投胎對這人來說必定特別困難──如果我們考慮到幽默和笑容是靈魂在靈界生活的品質的話。

　　案例二十三就要進入最後階段了，此時需要額外的深入技巧，因為我要席思到達超意識的最深處，以便告訴我關於時空和源頭的事。

紐：席思，我們已經來到最後階段了，我要你再一次將心靈轉向源頭，也就是創造者的話題上。(停頓)你可以為我這麼做嗎？

人：可以。

紐：你說靈魂的終極目標是為了和創造力的崇高源頭聯合起來，記得嗎？

人：……聯合，是的。

紐：告訴我，這源頭是住在靈界的某特定中央空間嗎？

人：這源頭就是靈界。

紐：那為什麼靈魂還會說他們到達靈界生活的核心？

人：當我們還是年輕靈魂的時候，我們會感覺身邊到處都有力量，然而我們覺得自己……處於邊緣。當我們越成熟，就會意識到某種集中的力量，但那是相同的感覺。

紐：即使你們稱那為長老的地方？

人：是的，他們是源頭集中力量的一部分，以靈魂的身分支持著我們。

紐：那，把這力量聯合在一起成為一個能量的源頭，你能以更人類的口吻來描述這創造者嗎？

人：就好像我們努力成為無限的自我一樣。

紐：如果這源頭代表的是所有的靈界，那麼這精神世界和有著星星、行星、和生物的有形宇宙又有什麼不同呢？

人：宇宙是被創造的——為了生和死——為了給源頭使用。靈魂的地方……就是源頭。

紐：我們似乎活在一個不斷擴張的宇宙裡，而且有可能再次縮小，終究死亡。既然我們活在有時間限制的空間中，靈界本身又如何是永恆的呢？

人：因為我們這裡是處於無時間限制的非空間中……除了一些特定的區域外。

紐：請說明這些特定區域。

人：它們是……連結的門戶……為了讓我們進入具備時間性的有形宇宙。

紐：時光之門如何存在於非空間中？

人：這些開口就像是兩個世界的門檻。

紐：那，如果靈界並不是多度空間，又會是什麼樣的世界？

人：一種持續的真實狀態，相對於具有空間和變化萬千的物質世界。

紐：過去、現在、和未來與活在靈界的靈魂有任何關聯嗎？

人：只是一個用來瞭解有形輪迴的工具。住在這裡……那裡是……毫無變化……對我們而言，我們沒有越過門檻、進入具有物質和時間性的許多宇宙。

備註：靈魂對於時光門檻的主要用途，將在下一章討論。

紐：你用許多來形容宇宙，是不是除了這個包含地球的宇宙之外，還有其他的宇宙？

人：(含糊)有……不同的境界來因應源頭。

紐：你是說，靈魂可以從靈界之門進入不同實體境界的各式各樣房間裡嗎？

人：(點頭)是的，靈魂可以──也會這麼做。

　　在為這個相當高級的靈魂作總結之前，我要補充的是多數處於深度催眠的人，看得到超越地球三度空間的永恆交替境界。在潛意識狀態下，當事人所經歷之前世與現世的人生年代表，與當他們意識清楚時感受到的一樣；然而當我引導他們進入超意識和靈界時，卻是不一樣的。在這裡，他們視時間的「現在」與過去、現在、和未來是同一個單位。靈界的秒似乎代表了地球的年。當他們結束催眠過程後，往往對於時間在靈界統一的方式感到萬分驚訝。

　　量子力學是物理學的現代分支，探究電磁能階段的所有次原子活動，而生活中的所有事物被認為最終將以非實體的形式存在於一種合而為一的領域中。在牛頓的萬有引力定律之外，行動在時間上的元素也被認為能與光波的頻率和動能合而為一。既然我曾表示靈魂在靈界確實會經歷以年代排列的時光，這不就與所謂過去、現在、和未來是同一單位的觀念相互牴觸了嗎？不會的。我的研究告訴我，時間進展的錯覺是為了給那些來去物質空間的靈魂所創造出來的(因為這些人已經習慣如老化這類的生物反應)，他們因此才易於測量自己的進展。所以，當量子物理學家假設時間代表改變的一種表達方式而不是三個絕對階段時，我也認為合情合理。

聽到當事人以靈魂的身分暢遊在一條曲線上時，我想到的是那些天體物理學家所說的時空理論；他們相信光線與行動是時間與空間彎回去的聯合單位。如果空間彎得夠大，時間就會停止。在我聽到當事人提到時區和進入不同空間的過境隧道時，我想到的是和現代天文理論相似的地方，也就是物理空間會被彎曲、或是扭曲成為宇宙迴圈，造成膨脹空間的「口」和黑洞，有可能帶我們離開三度空間的宇宙。或許天文物理學和玄學的時空觀念會漸漸靠在一起。

我曾建議當事人說，如果靈界看起來像圓的，而當他們以靈魂的身分快速移動時又像是彎的，這或許可以表示它是一個有限的密閉球體。然而，他們否認任何關於空間界限的想法，卻給我一些其他別於暗喻的點子。案例二十三的當事人說靈界本身是創造的來源，有些人曾稱這地方是上帝的心，或是氣息。案例二十二的當事人定義靈魂的空間為織狀物，其他當事人則說靈界具有「無縫洋裝的褶子來回窸窣作響」的品質。他們有時感覺到光能溫和的「漣漪」效果，稱之為「從不平靜的水池中流出來的波動（或環狀物）」。通常，靈魂空間的地理環境對處於超意識的人們來說，具有平順和開放性，而沒有重力、溫度、壓力、物質、或是和紊亂的有形宇宙相關的時間。無論如何，當我想以空來描述整個靈界的特性時，催眠中的人們卻反對這樣的說法。

雖然我的所有案例無法完全解釋靈魂的所在地，他們對這終極世界卻都直言不諱。催眠中的當事人無法看到靈界到底離我們的有形宇宙是近或遠。然而，出於好奇的心理，當他們比較身為靈魂和在地球的生活時，的確描述過靈界的「物質」是輕或重、厚或薄、大或小。

儘管在催眠狀況下的人們心中，靈界的絕對真實始終如一，他們對其他有形空間的看法卻非如此。我感覺除了我們的宇宙以

外，其他宇宙都是為了提供靈魂適合成長的環境而創造出來的，那些地方的許多生物超乎我們的想像。一個屬於高級靈魂的當事人說在他長久的存在中，他住過許多世界，不過從未在同一時期將靈魂分身多過兩次以上。有些發育成熟之生物的生命，只是地球時間的幾個月，導因於當地星球的情況和短戰的生命形式。提到「天堂星球」時——對少數人來說是一個比較安靜、簡單的地球，他補充說這個世界離地球不是很遠。「哦，」我打岔說：「那一定只距離地球幾光年之遠囉？」他耐心地解釋說，這個星球並不在我們的太陽系附近，但是比銀河系的許多行星還靠近地球。

重要的是讀者必須瞭解到，當人們想起在其他世界的生活時，他們似乎不會受限於我們宇宙的空間。當靈魂在星系之間或空間之間旅行到別的星球時，他們是以靈界的隧道效應到目的地所花的時間來測量這段旅程的；牽涉到的空間大小和世界與世界之間的相對位置也會被考慮。聽了許多當事人提到多度空間的境界後，我感覺他們相信所有像溪流般的多度空間，都會匯聚到如巨大河川般的靈界匯流處。如果我能靠後站，拆開所有當事人心中這些交替的境界，那將像是層層剝開的朝鮮薊，直搗核心。

我詢問席思已經好一陣子了，看得出她越來越疲倦。有些當事人可以在這階段維持很久的一段時間，然而，我決定以幾個關於所有創造的起源問題，來結束這段催眠。

紐：席思，我要問你幾個關於源頭的問題，然後結束這個階段。你算是老靈魂了，所以你如何看待自己和先前提到過的創造源頭的關係？

人：(長時間停頓)透過移動的感覺。剛開始，我們的靈魂能量從源頭向外成群遷徙，之後，我們的生命是朝內發展的……走向凝結與融合……

紐：你把這個過程說得像是某個有機生物的擴張與收縮。

人：……一種釋放開來的爆炸……然後回歸……是的，源頭是有心跳的。

紐：而你正朝這能量源頭的中心前進？

人：那裡其實沒有中心。源頭全在我們的身邊，就好像我們……在一個跳動的心臟裡。

紐：但是，你確實說過當你的靈魂在知識方面進步時，正往原始的一個點移動？

人：是的，當我被推出去的時候，我還是個孩子。現在我正被拉回來，當我的青春期漸漸退去……

紐：回到哪裡？

人：源頭的更裡面。

紐：或許你可以透過顏色來解釋靈魂的行動和創造的範圍，從這方面來描述這能量源頭？

人：(嘆氣)靈魂就像一個巨大電流爆炸的所有部分，製造出……光環效應。在這裡面……圓環是向外閃耀的深紫色光芒……照亮邊緣的雪白。我們的意識從亮光的邊緣開始，隨著我們成長……我們漸漸被更深沉的光芒吞沒。

紐：我很難將創造之神想像成冷冰冰的深色光芒。

人：那是因為我還不夠靠近交會點，所以無法解釋得很清楚。這深色光芒本身是……覆蓋物，在那之外我們感覺到密實的溫暖……充滿了對存在的瞭解，為了我們無所不在，而且是……活生生的！

紐：在你被推到光環的邊緣後，當你初次意識到自己是靈魂時，那是什麼樣的感覺？

人：像……你看著春天的第一朵花開了，而這朵花就是你的那種感覺。而且，隨著它的盛開，你逐漸意識到還有其他花朵在這光輝領域裡，而那是一種……無盡的喜悅。

紐：如果這爆炸性的多彩能量源頭自己崩潰了，所有的花最後都會枯萎嗎？

人：沒有任何東西會崩潰……這源頭是無止盡的，好比靈魂永遠不死──我們或多或少都知道。合併後，我們增加的智慧能使源頭更強壯。

紐：那是源頭執行這活動的原因嗎？

人：是的，給予我們生命，好讓我們達到完美的境界。

紐：為什麼表面上已經完美的源頭，還需要創造不怎麼完美的聰明靈魂呢？

人：為了幫助造物者創造。藉由自我轉化和提升到更圓滿的境界，我們豐富了生命的建築物。

紐：靈魂是被迫從源頭分離出來的嗎？來到像地球的地方，只因為原罪、或是從靈界的美好墮落下來的？

人：胡說八道。我們是為了強大自己而來……在這美麗的多樣創造中。

紐：席思，我要你仔細聽我說。如果源頭需要藉分割自己的神聖能量，和創造能夠逐漸強大卻較不聰明的靈魂，只為了讓自己更強壯、或是更有智慧──這不就暗示它本身不夠完美嗎？

人：(停頓)源頭是為了自己的圓滿而創造的。

紐：那正是我的觀點。絕對完美何以能變得更絕對完美，除非它本身就缺乏絕對完美？

人：(猶豫)我們看到的那個……我們的源頭……是我們所知的一切，而我們認為創造者想要透過我們的……誕生……表達自己。

紐：而你認為源頭真的因為我們這些靈魂的存在而變得更強壯？

人：(長時間停頓)我看到創造者的完美……受到維護和豐富化……透過與我們分享完美的可能，是它本身終極的擴展。

紐：所以源頭先是刻意創造不完美的靈魂和這些靈魂的生活形

式,並且觀察發生了什麼事以擴展自己?

人:是的,我們必須對這決定有信心,並且相信回歸生命源頭的過程。人必須餓過才會感激食物,受寒過才會有溫暖的幸福,當過孩子才會看得出父母的價值。這樣的轉換給了我們生活的目的。

紐:你想成為靈魂的父母嗎?

人:……參與我們自己的構想……是我的一個夢想。

紐:如果我們的靈魂沒有經歷過有形的生命,我們還會知道你告訴我的這些事情嗎?

人:我們會知道的,但是不夠全面。就好像你的精神能量被指示去彈鋼琴的音階,你卻只能以一個單音彈。

紐:如果源頭不去創造靈魂、培育他們成長的話,它的卓越能量是否會因為缺乏發展而縮減呢?

人:(嘆氣)或許那就是它的目的。

　　我以席思最後這預言性說法結束此階段。當我將她帶離深度催眠時,她似乎正跨越時空而來。在她安靜地坐著,將眼神專注在我的辦公室時,我感謝她給我這次機會能與她這麼高級的靈魂工作。這位小姐笑著說,早知道會是這樣拷問她儲藏的記憶,她很可能就拒絕跟我合作了。

　　我們互道再見後,我想著最後她關於生命源頭的那段話。古代波斯帝國的蘇非(Sufis)教派有句諺語說,如果造物者代表絕對的善和絕對的美,那就是美之愛現本質。

第 **12** 章

選擇人生

　　總有一天，靈魂又要為另一次地球之旅，再度離開靈界聖殿。這不是一個容易的決定。為了人類身體的肉體和心靈需求，靈魂必須準備好離開這個全然智慧的世界，一個自由的幸福境界。

　　我們已經看到靈魂重回靈界時會有多麼疲倦，很多人壓根兒都不想再回到地球，尤其在有形生命結束時，連人生目標的邊都還沒沾上的情況下。一旦回到靈界，如果還得暫時離開這個自我瞭解、相親相愛和憐憫的世界，轉而前往一個未知的星球，那裡充滿了因進取、雄心勃勃和競爭性強的人類所致的恐懼，靈魂自然會為此感到疑慮與害怕。雖然在地球上有家人和朋友，許多投胎的靈魂在冷淡的人群中仍然感到寂寞和沒沒無聞。希望我的案例所呈現的靈界是真實的，在永恆的基礎下，我們的靈魂在那裡可以擁有最親密的分享；我們的靈魂本質被廣大的其他靈魂所瞭解和欣賞，並且獲得永不間斷的支持。

　　有些靈魂較其他靈魂需要更多的時間，才能恢復能量與自我評估，但到後來，靈魂又會被鼓勵去投胎。即使靈界的環境讓人

難以離開，身為靈魂的我們也沒忘在地球的物質享受，不僅喜歡，甚至有點懷念。前世的傷痛受到治癒後，我們又是一個完整的自己，想要以有形的物質界來展現自己的本質。同諮詢者和同儕的訓練課程幫助我們在靈界努力，為來世做好準備。我們的業障來自人性在過去所種的因，連同過失與成就，全都以如何對未來最好的眼光來評估。靈魂現在必須整合所有資料，以下列三個問題所做出來的決定，採取有意義的行動：

• 我準備好投胎了嗎？

• 我想修什麼特別課程，好讓自己在學習和發展上更進一步？

• 我應該去哪裡？為了獲得達到目標的最好機會，我應該在來世成為什麼樣的人？

　　不論被分派的星球需要多少人口，年長的靈魂較少投胎。某個世界滅亡後，那些任務尚未完成的靈魂，便到下一個適合他們繼續未完成工作的世界投胎。輪迴對永生的靈魂而言，似乎比較是靈魂內在的欲望，而不是宇宙的某個星球上，生物需要被寄宿的緊急需求。

　　不過，地球對靈魂的需求絕對是在上揚中。我們如今有超過五十億以上的人口。近二十萬年以來，人口統計學家對於曾經活在地球上的人口統計方式各不相同，然而估算出來的平均數目大約在五百億人口左右。這個數字在我看來還算低，並不足以表示不同靈魂拜訪的次數。請記著，同樣的靈魂不斷再度投胎，有些還會於同一時期佔據一個以上的身體。有些持續輪迴的人認為，今日活在地球上的人數很接近曾經來地球投胎的靈魂總數。靈魂來地球投胎的頻率並不規律。今日的地球顯然比過去更需要靈魂。西元一年的人口數大約是兩億左右。到了 1800 年，人類已經成長了四倍；只不過又多一百七十年左右，再度成長了四倍。1970 到 2010 年之間，世界人口數預期將會呈雙倍成長。

　　在我研究當事人的輪迴年代表後發現，當他們於舊石器時代的游牧文化中輪迴時，每一世與每一世之間通常花了幾百年、甚至是幾千年的長時間。隨著新石器時代——七千至五千年以前——農業和家畜的出現，當事人投胎的頻率增加了。然而，每一世之間仍舊相隔了五百年左右。隨著城市、貿易的興起和更多可得的食物資源，靈魂投胎的計劃表亦隨著成長中的人口數而上揚。西元 1000 至 1500 年之間，當事人平均於兩個世紀中投胎一次。西元 1700 年以後，變成每個世紀投胎一次。到了 1900 年代，在同一世紀裡投胎一次以上成了相當普遍的情形。

　　有人反駁說，靈魂投胎的次數之所以隨年代增加，是由於催眠狀態下的人們較記得接近現世的前世記憶。就某種程度上而言，這種說法或許正確，但是如果某一世的前世生活極其重要，不論任何年代，它都會被栩栩如生地牢記在腦海裡。毫無疑問地，地球人口的大量增加造成靈魂更常來訪的基本理由。受命來地球的靈魂庫存有無可能因為人類的高度生產而負擔過重呢？

　　我問當事人關於靈魂庫存的問題，他們說我應該更要擔心地球因為人口過剩而滅亡，而不是靈魂庫存是否會耗盡。總會有新靈魂足以填補任何擴張的生物需求數目。如果我們的星球只是宇宙中眾多生物存在的一個例子，那麼靈魂的庫存量想必是天文數字了。

　　我曾說過，靈魂可以自由選擇何時、何地，以及想要成為什麼樣的人。有些靈魂為了快速成長，待在靈界的時間比較短；其他靈魂則很不願意離開。我們的嚮導在這方面竭盡所能地發揮自己的影響力。好比在死後不久的輔導座談會上，為了初來乍到的我們有所謂的面談，而離開靈界前，靈界的諮詢員自然也會安排面談，以確定我們準備好重生了。接下來的案例是一個層級較低之靈魂的典型靈界場景。

◎ 案例 24 ◎

紐：你什麼時候第一次意識到自己可能得回地球了？

人：有個溫柔的聲音在我心中說：『你不覺得時候到了？』

紐：誰的聲音？

人：我的指導者。當他們覺得我們再度準備好的時候——有些人必須被推一下。

紐：你覺得自己差不多準備好回地球了嗎？

人：是的，我覺得是……我已經準備好了，但在這之前，我花了相當長的地球時間研修，有點令人受不了。

紐：你覺得將來接近輪迴的末期時，還會去地球投胎嗎？

人：(長時間停頓)啊……也許不會……除了地球之外還有別的世界……與地球人一起……

紐：這是什麼意思？

人：地球的人口將會減少……比較不那麼擁擠……我不是很清楚。

紐：那麼你覺得自己到時候會在哪裡？

人：我感覺將來其他地方會有殖民地星球——我不是很清楚。

備註：與回溯前世相反的是預見來世，某些當事人能以不完全的景象看見未來的片刻。比方說，有人告訴我地球的人口將在二十二世紀末大量減少，部分原因來自敗壞的土壤和大氣層的改變。他們還看到人類住在怪模怪樣的圓形建築物裡。對於未來的細節總是相當有限，我猜這是由於內建的健忘症受到業障的限制。我將在下一個案例對這方面提出更多說明。

紐：讓我們回到你先前所說的，指導者會給靈魂一個推力離開靈界。你希望他們不那麼做嗎？

人：哦……我想留下來……但是指導者不讓我們待在這裡太久，否則我們就會習於常規。

紐：你可以堅持要留下來嗎？

人：嗯……可以……指導者不會強迫你離開，因為他們真的很好。
(笑)但是他們也很有辦法……時機到了就會鼓勵你去投胎。

紐：你認識過任何人因為某種原因，就是不來地球投胎嗎？

人：有，我的朋友馬克。他說他已經沒什麼可以貢獻了。他很討
厭地球的生活，一點也不想回去。

紐：他已經輪迴過很多次了嗎？

人：沒有，他不是很能適應。

紐：老師又能奈他如何呢？他被允許留在靈界嗎？

人：(考慮)決定一旦下來，我們便選擇去投胎。他們不會強迫你
去做任何事。他們讓馬克看到身旁的人確實因他受益。

紐：發生了什麼事在馬克身上？

人：經過一些……思想灌輸之後……馬克瞭解到他錯估了自己的
能力，最後還是來地球投胎了。

紐：思想灌輸！這讓我想到強制手段。

人：(因為我的評斷而不悅)根本不是你所想的那樣！馬克因為氣
餒，需要更多的自信才能繼續嘗試。

備註：第四章的案例十告訴我們，在地球上吸收過多負面能量的
靈魂會被「重新塑造」。案例二十二也提到一些受傷的靈魂需要
修復。顯然用在馬克這類疲倦的靈魂身上，並不僅是基本的重新
架構，還有更多極端的變通方法。

紐：如果嚮導不會強迫你，靈魂可以完全拒絕投胎嗎？

人：(停頓)可以……我猜是可以一直留在靈界不必投胎，如果你
實在恨透了的話。但是指導者告訴馬克說，若是沒有經過投胎，
他的研修會更久。如果你沒有直接的體驗，失去的會更多。

紐：如果是相反的情形呢？也就是靈魂堅持要馬上回地球，比如
在夭折之後？

人：我也見過那種情形。那是衝動的反應，過一陣子就好了。指導者會讓你看到，即使急著回去投胎成為新生嬰兒，也無法改變你已經死亡的事實。除非你可以立刻在相同環境下重生為成人，情形自然又不同。每個人到後來都會瞭解自己必須休息和反省。

紐：告訴我你對期望重生的最後想法。

人：我覺得很興奮。如果沒有肉體的生命經驗，我也無法獲得滿足感。

紐：當你準備好要投胎時，你會做些什麼事？

人：去一個特別的地方。

　　一旦靈魂決定再度投胎，下一步便是被引導到選擇人生的地方。靈魂在決定新人生的外形之前，必須先考慮回地球的時間和地點。因此，我將環境的選擇和最後身體的選擇分為兩章以利瞭解。

　　選擇投胎的時間和地點，以及選擇外形，其實並不是能完全分開的決定。然而，我們會先看自己適不適合某些環境在未來的時段。接下來，我們才會去注意住在這些地方的人們。我本來有點搞不懂這樣的程序，直到我瞭解原來每個大時代的文化條件、歷史事件和事件參與者對靈魂都有極大的影響。

　　我逐漸相信整個靈界在運作上並非一致不變。漫遊的靈魂看到靈界的所有區域，就像是一片縹緲的許多場所，但是具備不同的功能。若是以圖案來說明的話，專為新來的靈魂所舉辦的輔導座談會，和將要啟程而讓靈魂選擇人生的地方，便能以對照的方式呈現出來。兩者皆攸關轉換中靈魂的人生評估，其中也包括地球場景——不過卻從這裡開始，兩者就不再相同了。輔導座談會的空間據說是小而親密的諮詢區域，這樣的設計是為了讓剛到的靈魂感到舒服，但是我們在這裡的心態卻有點自我防禦的意味，

因為我們覺得自己的人生應該可以做得更好才對。此時，我們的
嚮導會一直與我們直接互動。

另一方面，當我們進入選擇人生的空間時，我們充滿了希望、
期許、和崇高的展望。在這裡，靈魂其實是一個人獨自評估新人
生的選擇，嚮導並未露面。據說這個令人緊張、刺激的地方，比
靈界其他研修處都要大得多。案例二十二的當事人甚至認為它自
成一個世界，並且具備超凡的能量可以轉換時空，好讓當事人可
以好好地研究星球。

儘管靈魂對於靈界的一些地方難以描述，但是多數人都喜歡
談這個選擇人生的地方，而且各人所描述的雷同處驚人。我聽說
它像個電影院，讓靈魂看得到自己的未來，以及在不同場景中扮
演不同角色的結果。離去前，靈魂將為自己選擇一個劇本。好比
想像自己正式演出新人生之前的盛裝彩排。為了更瞭解整個過程，
我選了一位男性當事人作為例子。他非常清楚自己的靈魂如何得
到協助而做出適當的決定。

◎ 案例 25 ◎

紐： 你決定要回地球後，發生了什麼事？

人： 嗯，當我和我的教練都同意時機到了，我傳達出意念⋯⋯

紐： 繼續。

人： 我的念頭被協調者接收。

紐： 他們是誰？難道不是你的教練或嚮導處理投胎的安排嗎？

人： 不完全是，他只是告訴那些協調者。其實是那些協調者協助
我們在環界預覽所有人生的可能性。

紐： 什麼是環界？

人： 就是我要去的地方。我們稱它為命運之環。

紐： 在靈界只有一個這樣的地方嗎？

人：(停頓)哦，我想應該有許多，但我沒完全看到。

紐：好，數到三以後，讓我們一起到環界。我一數完，你將會想起這次經驗裡的所有細節。準備好了嗎？

人：好了。

紐：一、二、三！你的靈魂現在正朝選擇人生的空間移動。解釋一下你所看到的東西。

人：(長時間停頓)我……正飄向環界……它是圓形的……一個巨大泡泡……

紐：繼續。你還能告訴我什麼？

人：有……集中的能量……這光線好強。我被吸進去……經過隧道……這裡比較暗。

紐：你怕嗎？

人：嗯……不會，畢竟我來過這裡。接下來會很有趣。我對即將發生的事感到很興奮。

紐：好，當你飄向環界時，第一個印象是什麼？

人：(聲音低沉)我……有一點擔心……但這能量讓我放輕鬆。我感覺到關懷……關心……我不覺得孤獨……我的教練也和我在一起。

紐：繼續回報每一件事。你接著看到了什麼？

人：環界被層層銀幕圍繞——我正看著它們。

紐：銀幕是在牆上嗎？

人：它們以牆面的方式呈現，但是沒有任何東西是真正實體的……所有都是……有彈性的……這些銀幕在我身旁彎曲……移動著……

紐：告訴我更多關於銀幕的事。

人：它們是空白的……還沒反射任何東西……像一片片玻璃閃閃發光……鏡子。

紐：然後呢？

人：(緊張)我感覺到剎那間的寂靜——一直都像這樣——然後就像

有人在看得到全景的電影院裡，點了一下放映機的開關。所有的銀幕跟著影像變得栩栩如生，彩色……動作……充滿了聲光效果。

紐：繼續向我回報。你的靈魂在這些銀幕的什麼地方？

人：我在中心地帶盤旋，看著圍繞我的全景人生……地點……人們……(愉快)我知道這個城市！

紐：你看到什麼？

人：紐約。

紐：你之前要求要看紐約嗎？

人：我們談過我會回到那裡……(專注)天啊——它變了——更多的建築物……還有車子……跟以前一樣吵。

紐：我們等一下再回來討論紐約。現在我要你告訴我，你在環界做些什麼事？

人：我將要用意念操作這個控制盤。

紐：那是什麼？

人：銀幕前方的一個掃描裝置。我看到的是一團光和按鈕，我好像是在飛機的駕駛艙裡。

紐：你在靈界看到這些機械裝置？

人：我知道這聽起來很瘋狂，但我看到的就是這樣，我也只能跟你說明我正在做什麼。

紐：沒關係，別想太多。只要告訴我你如何操作這個控制盤。

人：我用意念運作這個掃描器，幫助這裡的管理者改變銀幕上的影像。

紐：哦，你是要操作放映機，就像在電影院裡工作一樣？

人：(笑)不是放映機，是掃描器。不管怎樣，它們並不是真的電影。我正在看紐約街頭的生活。我的心靈和掃描器連結，以便控制影像的移動。

紐：你覺不覺得這種裝置跟電腦很像？

人：有一點……它是在一個追溯系統上運作……轉換……

紐：轉換什麼？

人：我的指令……登記在控制盤上，所以我才能追蹤行動。

紐：把你自己定位在控制盤上，成為操作員，同時繼續向我報告每一件事。

人：(停頓)我假設自己在控制了。我看到……一系列景象中，線條跟著各式各樣的點匯聚起來……我正在線條上穿越過時間，觀看銀幕上影像的改變。

紐：這些影像在你身邊持續移動嗎？

人：是的，然後當我要某個影像停下來時，那些線條上的點便亮了起來。

備註：關於會動的線條，之前我們在討論靈界的其他區域時也提過，那是用來描述靈魂轉換時的用語(例如：案例十四)。

紐：你為什麼要這麼做？

人：我正在掃描。這些停留點是人生的主要轉捩點，關係到重大的抉擇……各種可能性……和事件，使得我們必須在時間點上考慮其他變通的選擇。

紐：所以，這些線條是一連串時空事件的標示路徑？

人：是的，環界掌握這些路徑後傳送給我。

紐：當你在看這些路徑時，你會創造某些人生的場景嗎？

人：哦，不會！我只是利用這些線條上的時間來掌控它們的動向。

紐：你還可以告訴我哪些關於這些線條的事？

人：能量的線條是……佈有各色光點的道路，那些光點彷彿是指引我前後移動、或是停止的路標。

紐：好像你在切換錄影帶，可以選擇開始放映、快速前進、停止、倒帶的按鍵？

人：(笑)就是那樣。

紐：好。你現在沿著軌跡移動，掃描影像，然後你決定停下來。告訴我你的下一步。

人：我暫停某個影像，好讓自己進入。

紐：什麼？你是說，你讓自己成為銀幕的一部分？

人：是的，現在我可以直接行動。

紐：以什麼方式？你變成影像裡的人？還是當人們到處移動時，你的靈魂在上空徘徊？

人：都有。我可以去體會一下和影像裡的人過日子的感覺，或是從任何有利的位置看著他們。

紐：可是你人還在環界監督這一切，又如何能夠離開控制盤，走進地球的某個場景呢？

人：我知道你可能無法瞭解，但是一部分的我仍留在控制盤的位置，所以才能再開啟某個影像，然後隨時叫暫停。

紐：或許我懂了。你可以分隔你的能量，是嗎？

人：是的。我可以把想法送回本尊。當然，在我進出銀幕時，這裡的監控者也會幫忙。

紐：所以基本上，當影像在移動的時候，你可以將時光往前推、倒帶和暫停？

人：是的……在環界裡。

紐：在環界以外的地方，時間在靈界裡是並存的嗎？還是持續前進的？

人：時間在這裡是並存的，但是我們仍然可以看著它在地球上前進。

紐：我覺得當靈魂在命運之環的時候，似乎把時間當工具使用。

人：身為靈魂，我們的確會使用時間……主觀地……事物與事件在周遭移動……成為時間的對象……但是對我們來說，時間是不變的。

紐：我覺得時間的奧妙在於將要發生的已經發生了，所以當你在未來的人生影像中來去自如的時候，才會看到自己的靈魂寄宿在人類的身體裡。

人：(謎樣的笑容)接觸的時候，駐任的靈魂會被暫時擱置一下，很短的一下子。我們在時間上勘查人生的軌跡時，並不會打擾到人生的進展。

紐：那，當你在勘查人生的軌跡時，如果過去、現在和未來並不是完全分離的，在你已經看得見未來的情況下，為什麼又要暫停某些影像而考慮其他的選擇呢？

人：我想你並不瞭解環界的監控者使用時間的真正目的。人生仍然是有條件性的。時間之所以會持續前進，是為了要測試我們而創造出來的。某個影像的所有可能結果並不會呈現給我們看。生命的某些部分對我們來說仍是含糊不清的。

紐：所以，你無法看到人生每一件即將發生的事，在這個情況下，時間是被用來作為學習的催化劑？

人：是的，測試我們解決問題的能力，而且以事件的難度來測試我們的能力。環界設定各類試驗以供選擇。我們將在地球上試著解決它們。

紐：在環界，你可以看到地球以外的星球和那裡的生活嗎？

人：不能，因為我被設定在地球的時間軌道上。

紐：你說你可以從銀幕跳越時空，聽起來像一顆球！

人：(露齒笑)哦，那真刺激──當然囉──但是我們不能到處蹦蹦跳跳，因為得處理一些來世的重要決定。我將必須接受錯誤的選擇所導致的後果……如果我人生過得不太好的話。

紐：我還是不懂你如何做出嚴重錯誤的選擇，畢竟你實際經歷過計劃中的部分人生。

人：我對於生活環境的選擇是有受到限制的。就像之前所說的，

我或許看不到某段時光中某個場景的全部情形。由於他們不會給你看，因此所有身體的選擇還是有風險的。

紐：如果一個人未來的命運並沒有完全被預先注定，那為什麼還要叫這地方為命運之環呢？

人：哦，的確有命運，可以吧！生命的輪迴都在適當的位置上。只是有太多的可能性是朦朧不明的。

　　當我引導當事人來到這個選擇人生的空間時，他們看到了過去、現在、未來的圓環──如同此案例提到的環界。環界的靈魂曉得自己就要離開此刻的靈界了，在這段觀察期間，他們似乎於共鳴波上來回轉動。時間的所有層面是以來來回回重現的方式，展現在他們眼前。由於並行的事實會相互重疊，也可視其為有形生命中的其他可能發展，特別是對較有經驗的靈魂而言。

　　我不懂為什麼當事人在這個無所不知的空間裡，並不能完全看到未來。在我試圖理出頭緒後，我得到一個結論──靈界是為了保護每個靈魂的興趣而設計出來的。大體上和我合作的人，都還是持續在輪迴的年輕靈魂。他們可能看不清太深入未來的重大事件，因為看得越遠，每個事件的可能變數便越會混淆他們的想像。雖然同樣的道理也可印證在過去的時間上，但還是有一個例外──靈魂比較容易辨認自己的前世。這是因為單一的事實加上確定的行為已經被建立起來，也用來訓練過這個靈魂，自然深深烙印於記憶中。

　　從第五章的案例十三，我們看到靈魂進入現世生活時如何被植入失憶的特性，好讓前世的生活經驗不會抑制到現世的自我探索。同樣的道理也可用來解釋靈魂對未來生命的審視。不知道為什麼，多數人相信他們的人生是事先計劃好的。當然，他們並沒有錯。雖然失憶確實防止他們完全意識到這計劃，然而潛意識卻

掌握了靈界記憶裡對每一生的概略藍圖。人生的選擇提供靈魂一種時光機器，讓他們瞧見到達主要路線的其他路徑。儘管這些路徑在我們身為靈魂時，並沒有完全顯現給我們看，我們還是會帶一部分的地圖來到地球。某個當事人說：「每當我不曉得人生要做什麼而困惑時，我會靜靜坐下來，回想我已經做到的事，然後將它與我未來想要的發展做個比較，下一步該怎麼走的答案就會從我內心蹦出來。」

接受擺在眼前的人生道路，視其為上帝的安排，並不表示把自己鎖死在無可改變的宿命論上。如果每件事情都是預先注定好的話，我們的奮鬥就不具任何意義或合理性了。一旦災難降臨，我們不該以聽天由命的態度坐在那裡，而不去藉臨場的改變來改善情況。在我們的人生中，所有人都會經歷改變的契機，其中涉及風險。這些突發事件可能來得不是時候，我們或許一下子反應不過來，但那就是挑戰。輪迴的目的就是自由意志的操練，如果沒有這項能力，實際上我們只是無能的生物。

因此，命運不僅代表我們被無法控制的事件逮到，也表示我們有需要學習的人生課程和責任。我們行為的因果定律總是存在的，這也是為什麼此案例的當事人不想選到不適合自己的人生。但是不管人生發生了什麼事，重要的是我們瞭解到喜悅與痛苦並不是來自上帝之類的聖靈、嚮導、或環界協調者的祝福或背叛。我們是自己命運的主宰。

在我總結案例二十五之際，讀者或許會因為當事人來世在音樂上相當自我的目標而訝異。他想要成為受敬仰的音樂天才，其中當然不乏具有滿足個人的因素，這點對於較高級靈魂而言比較不那麼嚴重。無論如何，我們還是可以看出這個靈魂很想貢獻一己之力。

紐：現在，我想多談談你所看到的紐約景象。來到環界之前，關於選擇地球的地理環境方面，你曾獲得任何準備課程嗎？

人：哦，有一些。我和教練談到我前世在紐約英年早逝的事。我想回這個紐約大鎔爐學音樂。

紐：你也跟教練談到其他的靈魂嗎？比如你的朋友中，誰可能會和你一起投胎呢？

人：當然，那也是我們討論的一部分。有些人開始勘查環境，從各方面來決定什麼對新生活最好。我讓大家知道我要在意外身亡的地點重新開始，我的教練和朋友們則提供他們的建議。

備註：當事人的前世是移民美國的俄國人。西元1898年，當他二十二歲的時候，死於紐約一場鐵路工程意外。他於1937年重生於同一個城市。

紐：什麼建議呢？

人：我們談到我想成為古典鋼琴家。我前世為了賺點閒錢彈過手風琴——你知道的，宴會、婚禮——那一類的事。

紐：這經驗激發你對鋼琴的興趣？

人：是的。當我在紐約街頭遞送冰塊的時候，我都會經過音樂廳。我的目標就是有一天能學音樂，並且在這個大城市揚名，可惜我還沒真正開始便死了。

紐：當你最後拜訪環界的時候，你看到自己是死於紐約的那名年輕男子嗎？

人：(傷心)有……那我可以接受……就像某種人生狀況。那是美好的一生——只不過太短暫。現在我要以更好的出發點回去，讓自己以音樂聞名。

紐：你可以要求去地球的任何地方投胎嗎？

人：嗯……那還滿開放的。如果我們有特別的喜好，他們會以現有的選擇機會作衡量。

紐：你是說，衡量哪些身體可以供你選擇嗎？

人：是的，在某些特定的地方。

紐：當你說你要在音樂上有更好的出發點時，我猜這是你想回紐約的另一個原因。

人：這城市將給我最好的機會去發展學彈琴的欲望。我要一個有很多音樂學校的大型城市。

紐：像巴黎這樣的城市有什麼不好？

人：我並沒有獲得在巴黎的身體選擇。

紐：我想要弄清楚你所說的選擇部分。當你在環界預覽人生的影像時，你主要看的是人物還是地點？

人：我們從地點開始。

紐：好，所以你現在正注視著紐約街道囉？

人：對，那真棒，因為我不只是用看的，我四處飄，聞聞餐廳裡的食物……聽車子的喇叭聲……尾隨人們走過第五大道的商店……再度去感受這個地方。

紐：在這一刻，你有實際進入走在這些街道上的人們心裡嗎？

人：不，還沒有。

紐：你下一步怎麼做？

人：我去其他的城市。

紐：哦，我以為你只能選擇在紐約的身體。

人：我可沒這樣告訴你。我也可以選擇去洛杉磯、布宜諾思艾利斯，或是奧斯陸。

紐：我將數到五，然後當我數到五的時候，你將掃描這些城市，而我們仍然繼續談話……一……二……三……四……五！告訴我你正在做什麼。

人：我正要去音樂廳和音樂學院，去看學生練習。

紐：當你飄在學生之間的時候，你只是大致觀察環境嗎？

人：我做得比那還多。我進入一些人的腦海中，看他們如何……詮釋音樂。

紐：你是不是得去像環界那樣特別的地方，才能檢視人們的心思？

人：只有對過去和未來的事情，我才會那麼做。若要和現在地球上的某個人聯繫，任何地點都可以(從靈界)。

紐：你可以描述一下你的靈魂如何聯繫人嗎？

人：(停頓)就像……一道光畫過一筆。

備註：靈魂很有辦法在靈界和物質界之間傳送和接收訊息，我們當中有許多人也親身經歷過。然而，這些短暫的連結很容易斷線。靈魂與身體一生的連結更是困難，這將會在案例二十九中進一步說明。

紐：當你看著這些未來可能的人生時，地球上是西元的哪一年？

人：(猶豫)現在是……1956年，我看到的未來人生都還只是在青少年階段。我查一下前後年代……不過要看環界允許我看多少。

紐：所以，環界讓你有機會去實際成為這些——以地球時間來說——還沒出生的人？

人：嗯啊，看我能不能適應，可以察看這些人的才能和父母——這一類的事。(堅定)我要紐約。

紐：你覺得自己已經仔細看過其他城市的選擇了嗎？

人：(沒耐心)是的，我看過了，但我不要那些。

紐：等一下。萬一你喜歡的是在奧斯陸的那名音樂學生，可是卻想住在紐約呢？

人：(笑)事實上，在洛杉磯的那個女孩很有前途，可是我還是要紐約。

紐：好吧，繼續前進。當你就要結束在環界的階段時，告訴我你所選的人生細節。

人：我將要去紐約成為音樂家。我仍試著從一兩個人選中選出一

個來，但我認為我會選(停下來笑)那個充滿才能的小胖子。他沒有我前一個身體那樣的精力，可是我會有富裕雙親的優勢，他們會鼓勵我練習、練習、練習。

紐：金錢很重要嗎？

人：我知道我聽起來……貪心……自私……但我前世沒有錢。如果我想要去表現音樂之美，帶給自己和他人快樂，我需要適當的訓練和支持我的父母，否則我會偏離人生目標……我瞭解我自己。

紐：如果你在環界沒有看到任何你喜歡的選擇，你可以要求更多的地方和人物嗎？

人：那倒不必，至少對我而言。這些提供給我的已經足夠了。

紐：讓我說得更直接一點，如果你只能從環界給你的展示中選擇其中一個生命，你怎麼知道那些協調者不會給你動手腳？或許他們設計讓你做出某個特定選擇？

人：(停頓)想到我過去以來在環界的經驗，我不這麼認為。除非我們決定好了自己想要的人生類型，不然我們是不會去那裡的，而我總有幾個基於自己想法的有趣選擇。

紐：好，當你在環界預覽過所有生命的選擇後，接著又發生了什麼事？

人：監控者……進入我的心靈，看我是不是滿意眼前的展示。

紐：他們一直都是同樣的靈魂嗎？

人：我覺得是……以我所能記得的。

紐：他們會給你壓力嗎？要你在離開環界之前做出決定？

人：一點也不會。在我下決定之前，我可以飄出去跟我的同伴談一談再回來。

當然，像環界這樣的劇院，並不只有我們的星球可供瀏覽。

我已經討論過某些來地球的靈魂如何在其他世界投胎,也曾在第十章提到過,為了啟蒙和短時間的消遣,靈界允許靈魂以實驗方式來體驗各式各樣的形狀和模式。然而,為了實際投胎到我們的宇宙或其他多次元的空間,當事人說在他們族群中心的附近,有一些像是時空隧道或是路徑的東西。(稍後,案例二十九的當事人將會描述重生時經過其中一條的感覺。)

人們說這些入口以一排巨大拱門做為通道的象徵,類似大型火車站。有個女人如此形容說:「我們看到的這些入口,就像是較亮或較暗的空間。對我來說,較亮的通道為互動較多的生物界;較暗的區域則是低密度的心靈聚落,很多時候我將會是孤獨的。」當我要她為後者舉個例子時,她說:「在厄恩司世界,我們像棉花糖球似的在氣波上移動,那裡沒有任何實體的東西。繞著彼此轉就足以令人非常興奮了。」另一個當事人在敘述進入較亮的入口時說:「有時在介於投胎為人的期間,我和族群裡的靈魂會去潔司塔的火世界。我們在這個火山似的氣氛下,可以體驗成為火智慧分子的實體和情緒上的刺激。現在我終於知道,為什麼我喜歡在地球上處於超過一百度的溫度裡了。」

一個靈魂的實體停泊處是很重要的。案例二十五的當事人說他所能選擇的地點限於四個城市。靈魂預覽新生活時所能看到的景象多寡,自然視個人情況而定。可供選擇的人生也是精挑細選過的,這表示其他靈魂在我們到達環界之前,就代表我們積極地設定地點的景象。在環界協助靈魂的專員數目向來似乎不多。雖然多數人相信,他們年長的諮詢會成員和個人嚮導都會介入,然而這些人的形象對當事人而言,都還是相當模糊的靈體。

在人類早期的歷史中,當世界人口尚未發展時,當事人記得他們總出生在稀疏的人類聚落中。之後隨著村落的形成,漸至發展為較大型的古文明中心,當事人說他們還是會回到相同的區域;

然而特別是近四百年間，由於大量移民湧至新大陸，環界在地理環境的安排上再度分散開來。在這個人口過剩的世紀裡，則有越來越多的靈魂選擇住在曾去過的地方。

現今的這個趨勢是否意味著靈魂為了種族因素而想回到相同的國家？其實，靈魂並不會基於種族或國籍因素來選擇人生。這種離間人類的產物是在我們童年時期被教導出來的。靈魂的選擇中，除了因為文化的熟悉度而產生的安適感外(不同於對人種的偏見)，我們也必須考慮許多靈魂對沙漠、高山或海洋的喜好。靈魂也可能偏好郊區或都市的生活。

靈魂之所以想回到相同的地理環境，會是因為他們想和前世的家人共度新生活嗎？某些文化的傳統裡，比如美國原住民，靈魂的確會選擇原本的家族血統。一個將死去的人被期待投胎到未出世的孫子身上。在我的案例中，我很少見到靈魂重複前世的家族遺傳，因為這將妨礙其成長和機運。

有時我聽到靈魂在不尋常的業障情況下，投胎到前世的親屬身體中。比如說，如果一對兄妹彼此相當親近，當其中一個在年輕時意外死去後，死者的靈魂就可能想投胎到親屬的小孩身上，以便重建這段中斷的生命連結，完成某項重要任務。

在我的經驗裡，常見的情況是出生沒多久便死了的孩子，其靈魂會投胎至同一對父母的下一個孩子身上。這些都是靈魂事先計劃好的，為了參與發生過悲劇的家庭生活。他們皆涉及如迷宮般複雜的業障課題。不久前我有個案例，當事人的前世才剛出生就死於生產過失。我問他說：「你的生命才幾天大便結束了，這樣的目的為何？」他回答：「這是為了我父母的學習，而不是為我自己，那也是為什麼我選擇以填補者的身分回到他們身邊的原因。」靈魂若是因為沒有時間，只能以短暫的生命回來幫助其他人，而不是為了自己投胎時，有人稱之為「填補的生命」。此案

例中，這對父母親於前世曾經虐待他人的孩童致死。儘管他們在當事人的前世是一對恩愛的年輕夫妻，他們顯然必須經歷過渴求而來的孩子卻還是離開了的那種傷痛才行。唯有經歷過失去孩子的極度痛苦，才能讓這些父母的靈魂更深刻地領悟到切斷血脈的後果。案例二十七將會討論這樣的例子。

　　看未來的生命如何結束並不是靈魂的例行公事。如果靈魂選了一個早夭的生命，通常在環界便看到了。我發現，靈魂會自願選擇那些突然染上不治之症的身體，或是遭人殺害，或是因為某件災難性事件與許多人忽然結束了生命。靈魂並不是因為善變的上帝一閃神，才會在錯誤的時間、地點捲入這些悲劇。每個靈魂參與所選擇之事件皆有其動機。有個當事人告訴我，他身為美國印地安男孩的那一世，事先便計劃好在七歲時結束。他說：「我在找一個短期經歷人性的課程，而這個受虐、受餓的混血兒便已經足夠了。」

　　另一個自願接受恐怖任務的靈魂，更是一個生動的例子。她前世選擇猶太人的女子身體(和另外三位也是靈魂族群的成員)，於1941年從慕尼黑被帶到納粹的死亡集中營(Dachau)。這些人全被分派到同一個營房(也是事先安排的)，在那裡撫慰小孩並且幫助他們活下去。我的當事人於1943年死去，那年她十八歲。她勇敢地完成了使命。

　　儘管事件、種族、文化、地理位置經常最早出現於選擇的過程中，然而它們並不是靈魂來世重大的選擇因素。除了其他的考慮因素，靈魂唯有決定了某個特別的身體，以及運用那個人類的腦袋究竟能學到什麼後，才會真正去投胎。下一章將分析靈魂如何就各種生理和心理因素來選擇身體。

第 **13** 章

選擇新身體

　　在環界，我們的靈魂會預覽同時段一個以上之人類的人生。離開這區域時，多數靈魂便已經對眼前最中意的候選身體心有所屬。靈界的指導者給予我們充裕的機會，讓我們在做最後決定之前，仔細思考自己所看到關於未來的一切。本章將討論促成決定的各種因素。

　　事實上，我們到達環界之前，便已經開始對身體的選擇深思熟慮了。靈魂之所以如此，是為了讓自己準備好預覽地球上不同文化的特定人選。我感覺那些設定銀幕房間的靈魂，事先知道將展示什麼給我們看，因為我們的心裡存有許多想法。為了來世而選擇恰到好處之身體的過程，需要極大的關注。就像之前所說的，在我們拜訪環界的前後，嚮導和同儕也是此評估過程的一部分。

　　聽當事人描述選擇新身體所做的一切準備時，我常不得不注意到靈界的時光流程。我們的老師在環界運用未來的時間，讓靈魂可以評估未完成的課程計劃中，以人類的身分來努力的用處。來世的藍圖因為靈魂本身的難度設定而有不同的差異。如果我們

才剛完成的是一個簡單的人生，做到一點點內在的進步，那麼靈魂於來世可能想要一個必須面對悲傷和悲劇的人生。我也碰過某個靈魂輕易經歷一個毫無挑戰的人生後，為了趕上學習目標而在來世讓自己承受過度動亂的人生。

靈魂的心靈和生物的大腦結合後，不可能永不犯錯。無論我們的靈魂處於哪一層級，一旦身為人類便表示我們都會犯錯，而且有必要於人生中途修正航道。不管我們選的是哪個身體，這種情況都不會改變。

關於靈魂與人類嬰兒之大腦結合的抉擇上，在我們討論其中更複雜的心理因素之前，我先從身體的外形方面切入。雖說靈魂事先知道自己的長相，美國一項全國性調查卻顯示，百分之九十的男女不滿意自己外形上的特徵。這是失憶症的結果。許多不快樂都是因為社會對理想外貌的陳規而產生的。然而，這也是計劃中讓靈魂學習的一部分課程。

多少次我們望著鏡子說：「這真的是我嗎？為什麼我看起來是這個樣子？我是在屬於自己的身體裡嗎？」當我們的身體妨礙到自己認為人生應該做得到的事情時，這些問題尤其令人痛切。我有不少當事人就認為，他們的外形阻礙自己得到滿意的人生。

許多殘障者認為要不是遺傳的錯誤，或是本身是意外傷害下的受害者，他們的人生會更圓滿。或許這聽起來很無情，然而我的案例顯示，很少有真正的身體意外傷害不是靈魂自願承受的。身為靈魂，我們選擇這樣的身體必定有我們的原因。以一個受過傷害的身體活著，並不表示我們在前世傷害過誰，所以這輩子必須償債。如同下一個將討論的案例，當靈魂寄宿在某個受傷的身體裡，這個選擇可能涉及另一種學習課程。

要一個剛受傷的人試著去面對形體上的殘缺，告訴他說他比我們這些身心健康的人更有機會進步神速，是一件很困難的事。

這樣的認知必須靠自我探索。所有當事人的案例歷史令我相信，為了克服身體上的障礙所付出的努力確實會加速進步。那些被社會視為不夠完美的的人所遭受到的歧視，加重其人生負擔。克服身體上的疾病與傷害，讓我們更能堅強地面對嚴酷的考驗。

在我們為自己設定的人生中，身體是一項重要的部分。我們選擇身體的自由，更是基於心理因素，而非估計超過十萬個基因的人體。然而，我想藉本章的第一個案例說明，為何靈魂選擇某些身體的絕大因素在於身體的緣故，毫無沉重的心理暗示。此案例顯示某個靈魂在不同的輪迴中，決定了相互對照般身體的計劃。此案例之後，我們將討論以其他原因選擇身體的靈魂。

案例二十六的當事人是個高挑、身材比例很好的女人。雖然終其一生飽受腳疾復發的困擾，她還是喜歡運動。我從與她的初步訪談中得知她雙腿的隱痛是從中間一直到大腿骨。這些年來，她已經看過許多醫生，然而醫學卻無法證明她的腳哪裡出了毛病。她顯然為此筋疲力盡，願意嘗試任何可以幫她解除痛苦的方法。

當我聽這些醫生說她的不舒服可能是心理因素時，我懷疑她痛苦的根源可能來自前世。探討她的問題來源之前，我決定先帶她經歷幾個前世，弄清楚她選擇身體的動機。當我要她告訴我，讓她覺得最快樂的身體為哪一世時，她說是大約西元八百年身為藍司的北歐海盜。她說藍司是「大自然的孩子」，沿著波羅的海的路線旅行到西俄羅斯。

藍司被形容穿著滾毛邊的長斗篷、柔軟合身的皮褲、綁鞋帶的靴子和戴了一頂金屬裹住的帽子。他手上拿著斧頭和一把沉重的寬刀，作戰時可以輕而易舉地揮舞。當事人再次被心中的影像迷住，佔據整個影像的是「金色微紅的骯髒髮束灑到肩膀上」的戰士。站起來超過六呎高的他，必定是他那時代的巨人，具有強大的力量、寬敞的胸膛和有力的四肢。身為一個具有超強能耐的

男人,藍司和其他斯堪地納維亞人橫渡遙遠的距離,順著河流航行,沿途涉足濃密的原始森林並且搶劫村落。藍司於一次突襲村落的洗劫中遭到殺害。

◎ 案例 26◎

紐:在你剛剛回溯維京人藍司的那一世中,什麼對你而言是最重要的?

人:體驗棒透了的身體和原始的體力。我在地球的所有輪迴中,只有那一世擁有那樣的身體。我不曾恐懼,因為我的身體即使受傷也不會反應疼痛。就任何方面來看都是毫無瑕疵的。我從不生病。

紐:藍司有沒有精神上的煩惱?你在那一世有過任何情緒上的敏感嗎?

人:(爆笑)你在開玩笑嗎?從來沒有!我只為當下的每一天而活。我只擔心沒有足夠的戰鬥、搶劫、食物、飲酒和性。我所有的感覺都只為了物質上的享受。這身體真是了不起!

紐:好,我們來分析一下你在藍司這一生之前,選擇這偉大身體的決定。你在靈界做決定的時候,有沒有要求這個遺傳良好的身體?還是你的嚮導為你做這選擇?

人:諮詢者不會那麼做。

紐:那麼請你解釋為什麼選擇這個身體?

人:我當時要的是地球上最棒的人類樣本,而藍司被提供作為我的參考。

紐:你只有一個選擇嗎?

人:不,我有兩個那時期的人選。

紐:萬一你不喜歡那時期呈現給你的所有選擇呢?

人:(沉思)可以供我選擇的方案似乎總是和我人生想要經歷的吻合。

紐:你會不會覺得諮詢者可能事先知道哪個身體最適合你?還是

他們為了這袋未經選擇的身體摸彩袋而苦惱呢？

人：這裡並不會粗心行事。諮詢者妥善安排每一件事情。

紐：我懷疑諮詢者會不會偶爾出差錯。世上有這麼多新生嬰兒的身體，他們會不會將兩個靈魂分配給一個身體？還是讓某個身體好一陣子都沒有靈魂？

人：(笑)我們又不是在組裝線上。我告訴你，他們很清楚自己在做什麼。他們不會犯那樣的錯。

紐：我相信你。現在談到你的選擇。環界只有兩個身體供你選擇，我很好奇，這對你來說足夠嗎？

人：諮詢者一旦知道我們的需求，我們就不需要太多的生命選擇。在我看到兩個身體選擇前，我已經大約知道自己想要的身體大小、外形和性別。

紐：你因為選擇藍司，淘汰了另一個什麼樣的身體？

人：(停頓)那是羅馬軍人……也是我想要的強健體魄。

紐：身為義大利軍人有什麼不好？

人：我不要……被政府控制(當事人左右搖頭)……太多限制了……

紐：我記得十九世紀時，歐洲大部分地區落入查理曼神聖羅馬帝國的統治之下。

人：那就是成為軍人的麻煩。身為維京人，我不必理會任何人。我是自由的，可以在無政府的荒野中和侵略夥伴四處移動。

紐：那麼自由也是你考慮的因素之一囉？

人：絕對是。行動的自由……打鬥的猛烈……運用我的力量和不受限制的行動。海上和森林裡的生活是強健而穩定的。我也曉得生活的殘酷，但那是野蠻時期，我不比其他人好，但也沒壞到哪去。

紐：但是其他的考慮因素呢？比如個性方面？

人：只要我能以身體完全展現自己，沒有任何事情困擾得了我。

紐：你有伴嗎──小孩？

人：(聳肩)那太不自由了。我四海為家，有過許多女人──有些是自願的──有些不是──這種樂趣增加我表達力量的快感。我不想因為任何方式受到束縛。

紐：所以，你為了擴展純粹肉體的感官，偏好藍司的身體？

人：是的，我想要經歷身體所有的感官至極限，沒別的了。

　　我感覺當事人現在已經準備好解決當下的問題了。我將她從超意識帶入潛意識狀態，要她直接進入與腳痛有關的那一世。

　　幾乎就在同時，她掉入最近的一世，成為西元 1871 年住在新英格蘭的六歲女孩──艾許麗。當艾許麗坐在一輛滿載貨物的私人馬車上時，她突然打開車門，跌到馬車底下。當她撞到鵝卵石的街道時，馬車沉重的後輪輾過她雙腳膝蓋以上的同一地方，壓碎了骨頭。當事人在敘述此一事件的時候，重新經歷了一次腿上的劇痛。

　　雖然在當地醫生的努力之下和長期使用固定夾板，艾許麗的腳骨並無法完全康復。她再也不能站立或是走路，不良的血液循環造成她的腳於短暫的餘生中一再腫脹。艾許麗死於 1912 年，終其一生為多產的作家和弱勢孩子的家教。聽完艾許麗的故事後，我將當事人帶回靈界。

紐：在你選擇身體的歷史中，為什麼會在一個強壯的男人和一個殘障女子之間等了一千年？

人：嗯，當然，我在這兩世之間的輪迴期間更瞭解自己了。我選擇殘廢，以便集中智力發展。

紐：你為這原因選擇殘廢？

人：是的，你看，不能走路使我讀得更多。我發展我的心靈……

而且傾聽我的心靈。因為不會分心，我學會溝通和寫作技巧。我一直都在床上。

紐： 在艾許麗和維京人藍司身上，有沒有任何你靈魂最明顯的特徵？

人： 渴求熱烈地表達自己，那部分的我在兩者身上皆可看見。

紐： 我要你到選擇艾許麗那一刻的環界。告訴我你如何決定這個不尋常的殘缺身體？

人： 我選了一個在美國某地的健全家庭。我要一個充滿自由的地方，讓鍾愛的父母照顧，如此我才能致力於學術發展。我固定寫信給許多不快樂的人，而且成為一個好老師。

紐： 身為艾許麗，你為這個照顧你的家庭做了什麼？

人： 總是朝兩個方向進行——恩惠和義務。我之所以選擇這個家庭，是因為他們需要強烈的愛，和一個可以讓他們終身被依賴的人。我們一家人非常親密，因為在我出生之前他們很寂寞。我來得很晚，是他們唯一的小孩。他們要的是一個終身不嫁的女兒，才不會讓他們再度感到寂寞。

紐： 所以說這是交易囉？

人： 幾乎可以這麼說。

紐： 那麼，讓我們到環界去追蹤這個決定，當你的靈魂第一次看到艾許麗的時候。你曾看到當時發生馬車意外的細節嗎？

人： 當然有，但那不是意外——理當要發生的。

紐： 一旦來到地球，誰對那次墜落有責任？是你靈魂的心靈，還是艾許麗身體的心靈？

人： 我們是一起合作的。她將會玩那個馬車門把……而我利用它……

紐： 告訴我當你在環界的房間裡，看到艾許麗跌落和受傷的情景時，你的靈魂心靈是怎樣想的？

人： 我在想該如何好好運用那個殘缺的身體。我有其他受傷身體

的選擇，但我比較喜歡這個，因為我不想要太多的行動能力。

紐：我想繼續討論因果的問題。如果艾許麗擁有的不是你的靈魂，她還會跌落嗎？

人：(防衛地)我們正好適合對方……

紐：那並沒有回答我的問題。

人：(長時間停頓)即使身為靈魂，仍有一些超過我能理解的力量。當我第一次見到艾許麗……我可以看到沒有我的她……健康……比較老……另一種人生的可能……

紐：現在我們總算抓到一點頭緒了。你的意思是說，如果艾許麗是和其他靈魂展開她的人生，她或許根本不會跌落？

人：是的……有可能……其中之一……她還能選擇少受一點傷害，可以用枴杖走路。

紐：那麼，你是否看到沒有你靈魂的艾許麗，健康快樂地活著？

人：我看到……一個成年女子……正常的腳……不開心地和一個男人在一起……身陷毫無回報的人生而沮喪……悲傷的父母……但是人生活得比較輕鬆。(語氣變得更堅定)不！那樣的過程對我們任何一個人都不好——對她來說，我是最好的靈魂。

紐：你一旦選擇成為艾許麗的靈魂，你是那次跌落的主要推動者嗎？

人：它……我們兩個都是……我們在那一刻是一體的……當她媽媽說她該停下來的時候，她在馬車裡頑皮地跳來跳去、玩著門把。然後……我準備好了，她也準備好了……

紐：你的命運有多麼堅固呢？一旦你成為艾許麗的靈魂，有沒有任何辦法可以讓你抽身離開這整個馬車的意外事件呢？

人：(停頓)我可以告訴你，就在我跌落前，突然靈光一閃。我可以拉回自己，不跌出去。我心底有個聲音說……『這是個機會，不要再等了，就跌下去吧！這是你想要的——這是行動的最好時

機。』

紐： 那特別的時機很重要嗎？

人： 我不想在艾許麗長更大的時候發生。

紐： 但是，這孩子所經歷的痛苦和困難……？

人： 那是很可怕。前五個星期裡的極大痛楚遠超乎想像。我幾乎要死了，但我在忍耐中學習，而我現在看到記憶中藍司的疼痛管理能力幫助了我。

紐： 在你疼痛最劇烈的那段時刻，內心感到後悔嗎？

人： 在苦難最慘的時刻，我的意識時有時無，心靈開始獲得力量。為了駕馭受傷的身體，我開始比較能控制疼痛……躺在床上……醫生也幫不了。我發展出控制疼痛的技巧，之後運用在專注讀書上頭，我的諮詢者也會以巧妙的方式幫助我。

紐： 所以說，因為不能走路，你在那一世收穫很多？

人： 是的，我成了傾聽者和思考者。我和許多人書信往來，並且學習以靈感寫作。我從年輕人身上學到教學技巧，而且感覺到內在力量的引導。

紐： 回到靈界後，你的諮詢者是否為你的成就感到驕傲？

人： 非常驕傲，雖然有人說我變得有點被寵壞和驕縱(笑)，但那是不錯的協調。

紐： 藍司強壯的身體以及柔弱艾許麗的經歷，如何幫助今日的你？還是沒有關連？

人： 我從必須感謝身心合一當中學到很多，天天受益。

　　在當事人重溫她在大街雙腳受傷情景時，我提了一個減少疼痛敏感度的建議。在我們快結束這個階段時，她腳痛的前世記憶完全解除了。後來她告訴我她再也不痛了，定期享受著打網球的樂趣。

　　此案例呈現的兩個前世，大體是在兩個相當不同的環境裡，靈魂為了自我實現所做的身體選擇。靈魂藉由發展個性的不同層面來追尋自我的展現。不管透過許多身體使用何種有形或精神上的工具，業障定律將會佔上風。如果靈魂選擇的是極端的情況，也總會有個相對的選擇來抵銷這個情況，以達到發展的平衡。藍司和艾許麗的身體就是一個業障彌補的例子。印度教信徒相信，一個有錢的男人遲早必成為乞丐，以便讓靈魂充分地發展。

　　從不同的挑戰中求生存，強化了我們靈魂的本質。強化這個詞不該被誤解。我的當事人都說，人生真正的課程來自於體認及身為人類。我們即使是受害者，也還是受益者，因為唯有從失敗和脅迫中站起來，我們才能真正顯示人生的進步。有時候，最重要的學習之一只是學著忘掉過去。

　　當靈魂從各種文化的設定中，仔細考慮某個地球身體的實質特性時，他們也會特別注意人類生活的各個心理層面。這個決定是整個選擇過程中最重要的部分。進入環界之前，靈魂的優勢便是考慮那些影響生物系統之運作的遺傳和環境因素。我聽過靈魂的靈力具有持續的影響力，足以影響其寄宿之人類是外向還是內向、理想還是空想、感性或是理性。由於有這麼多的變數，靈魂需要事先想清楚，究竟什麼樣的的身體類型最適合自己的來世。

　　從我所能蒐集到的資料來看，嚮導和那些操作環界的駐站大師們知道靈魂對於來世某些人類行為的偏好。我感覺有些靈魂比其他靈魂更加慎重地承擔這責任。然而，一個尚未進入環界的靈魂，最多只能考慮自己如何適應某個特定的身體。當靈魂被叫到環界後，猜測的工作便結束了。現在他們必須讓自己的靈性和肉體對陣。靈魂為什麼會因為心理因素而和相隔數千年之久的兩個人類合作，是我下一個案例的基礎。

　　案例二十七的史蒂夫是個德州商人，擁有一家成功的大型服

飾公司。當他在加州渡假的時候，因為朋友的建議來找我。在我問到他的過去時，我注意到他很緊張，而且極度警戒。他用手指玩著鑰匙圈時，目光焦慮地環視著我的辦公室。我問他是不是對催眠感到緊張或害怕，他回答說：「不，我更害怕你將會揭露的事。」

這個當事人告訴我，他的員工們索求無度、不忠誠，而且抱怨之多已經到了令他難以忍受的地步。他解決的辦法便是增加管束員工的紀律和開除他們。我得知他有兩次失敗的婚姻，是個喜歡飲酒作樂的酗酒者。他說最近才試過一個治療課程，但是又停了，因為「他們對我愈來愈吹毛求疵了」。

在我們更深入詳談之後，他說親生媽媽在他出生才一個禮拜，便把他留在德州一個教堂的階梯上，從此失蹤。在孤兒院度過幾年寂寞而不快樂的生活後，一對年紀較大的夫婦收養了他。他補充說這些人是苛刻的嚴厲父母，似乎一直都在否定他。十幾歲離家後，史蒂夫多次觸犯法律，甚至有過自殺的念頭。

我發現他的個性非常武斷，而且不相信權威。他的憤怒來自孤立和受到離棄的感覺。史蒂夫說他感覺自己好像失去了對生活的掌控，而且願意試任何方法幫他「找到真正的自己」。我同意幫他進行潛意識的短期研究——如果他考慮之後在其居住的城鎮附近找個治療師持續輔導的話。

我們將於此案例看到史蒂夫的靈魂如何在回應人類生活的同時，仍保有他靈魂的本性。當我的當事人們討論他們選擇身體的動機時，這樣的連結會在催眠過程中增強。我用此案例來呈現探索本性之困難的原因之一，在於其中的童年創傷。靈魂若是與那些發展出早期性格失序的人類結合，不外乎是為了刻意給自己設定一個困難的人生。帶領當事人到靈界瞭解為何選擇這人生之前，必須先重溫他童年的早期記憶。接下來的摘錄裡，當事人將會再

看到親生母親。這是我遇過最動人的情景之一。

◎案例 27◎

紐：你現在是一周大的嬰兒，你媽媽正看著你，這是她最後一次看到你。即使你只是個嬰兒，你內在成人的心靈知道正在發生的每一件事。向我描述實際發生的事情吧！

人：(開始顫抖)我……我在籃框裡……褪色的藍毯子圍著我……我被放在階梯上……好冷……

紐：在哪裡的階梯？

人：……一個教堂前面……在德州。

紐：誰把你放在教堂的階梯上？

人：(顫抖得更厲害)我媽媽……彎下身來……跟我說再見……(開始哭泣)

紐：你可以告訴我你媽媽離開你的理由嗎？

人：她……還年輕……沒有嫁給我爸爸……他已經結婚了。她正在……哭……我可以感覺到她的眼淚流到我臉上。

紐：看著她。你還看到什麼？

人：(呼吸困難)飄散的黑髮……好美……我伸手摸到她的嘴巴……她親我……柔軟、溫和……她放不下我。

紐：她離開前對你說了什麼嗎？

人：(難以開口)『為了你好，我必須離開你。我沒有錢照顧你。我的父母不會幫我們。我愛你。我將一直愛著你，永遠把你放在心裡。』

紐：然後發生了什麼事？

人：她……握住沉重的門鐶……上頭有動物的那種……敲門……我們聽到腳步聲接近……現在她已經走了。

紐：關於你所看到的一切，你內心是怎麼想的？

人：(幾乎控制不了情緒)哦……她畢竟是要我的……不想離開我……她愛我！

紐：(將手放在當事人的前額，開始一連串催眠的事後建議，如下所示)史蒂夫，你將會記得這個潛意識的記憶。你將會從此保有媽媽的模樣。你現在知道她對你的真正感覺，她的能量一直與你同在。懂嗎？

人：是的……我懂。

紐：現在，把時間往前推，告訴我你對養父母的感覺。

人：從來沒對我滿意過……讓我對每件事感到內疚……(臉上因為淚水和汗水濕了一片)不曉得自己到底是誰……我不是真實的……

紐：(提高嗓音)告訴我你哪裡不真實？

人：我會假裝……(停住)

紐：繼續！

人：我並沒有真正控制好……老是生氣……虐待別人……甚至讓人……絕望……

*備註：*額外調整之後，我引導當事人於潛意識和超意識的心靈之間來來回回。

紐：好，史蒂夫，現在回到你出生前的時刻。告訴我你前世是否和生母一起生活過？

人：(長時間停頓)有。

紐：你和這靈魂在地球上是不是有哪一世比較特別，關係到你們之間身體上或情感上的痛苦？

人：(一陣子過後，雙手緊握椅子的扶手)哦——該死——沒錯，當然了——就是她！

紐：試著放輕鬆，不要跑得太快。數到三之後，我要你進入那一世和這靈魂關係最重要的一刻。一、二、三！

人：(深深嘆氣)哦，我的天……是同一個人……不同的身體……但

是她那時也是我媽媽……

紐：專注在地球的情景。那是白天還是晚上？

人：(停頓)陽光普照。火熱的太陽和沙子……

紐：描述一下豔陽下的沙上發生了什麼事？

人：(吞吞吐吐)我站在自己的廟堂前面……在一大群人面前……保鑣在我背後。

紐：你的名字是什麼？

人：哈榮。

紐：你穿什麼，哈榮？

人：一件長白袍和涼鞋。我手裡握著權杖，上面有條金蛇象徵我的權威。

紐：你的權威是什麼，哈榮？

人：(驕傲地)我是崇高的祭司。

備註：進一步詢問後發現，這名男子是部落的領導者，位於西元前兩千年左右近紅海的阿拉伯半島上。這地區在前古典時期被稱為希巴王國(或是撒巴)。我也得知廟堂是獻給月神的，是泥磚和石頭蓋起來的巨大橢圓形建築物。

紐：你在廟堂前面做什麼？

人：我在階梯上審判一個女人。她是我媽媽。她跪在我面前。當她抬頭看著我的時候，她看起來既憐憫又恐懼。

紐：她的眼神怎麼能同時既憐憫又恐懼呢？

人：她眼神裡有著憐憫，因為她看見毀滅我的力量……我過分控制人民的日常生活了；為了我即將要做的事，她的眼神也流露出恐懼。這讓我為難，但我不能表現出來。

紐：你母親為什麼會在廟堂的階梯上跪在你面前？

人：她闖進倉庫，偷了食物給人們。每年的這時候許多人是飢餓的，只有我能分配食物。這些食物必須小心地估算。

紐：她違反了分配食物的規則嗎？這關係到存活的問題嗎？

人：(唐突)比那更嚴重——她沒服從我，就是在破壞我的權威。我以分配食物作為工具……控制人民。我要他們全都對我忠誠。

紐：你要怎麼處置你的母親？

人：(意念堅定)我媽媽已經觸犯法律。我可以救她，但又必須殺雞儆猴。我決定將她處死。

紐：殺死自己的母親是什麼感覺，哈榮？

人：我必須這麼做。長久以來她已經成為我的威脅——因為她造成人民的動亂。只要她存在一天，我就無法自由自在地統治人民。她到現在還敢挑釁。我將權杖往石階上一丟，下令處置她死。

紐：後來，你因為處死自己的母親而難過嗎？

人：(聲音緊繃)我……不能去想那些事，如果我想保有權力的話。

到此階段，史蒂夫的心靈已經重現兩個憾人心弦的事件，涉及到母親與孩子之間的自發性分離。儘管當事人找到宿命上的連結，然而他在嬰兒期間被捨棄的這件事，不該只是視作單純的因果報應。為了心理治療，我們必須更深入研究。

下一個階段是為了恢復史蒂夫的靈魂本性，為此我帶他進入靈界。在每個案例中，我試著引導當事人回到最合適的靈界地點，以便得到最好的結果。在案例十三中，我使用輔導座談會的地方；至於案例二十七，則是回到他從環界回來的時刻。在此場景中，我要史蒂夫瞭解他當初選擇現在這個身體的理由，以及其他靈魂在他生命裡所扮演的角色。

紐：你在靈界的名字是什麼？

人：蘇瑪斯。

紐：好的，蘇瑪斯，既然我們現在又回到靈界，我想和你一起回

到你看到史蒂夫這男人後的那一刻。你當時有什麼想法？

人：多麼憤恨不平的一個男人……他很氣母親將他丟在門外的台階上……還有那些倔強脾氣的人竟然成為他的養父母……我不知道自己是不是還想要這個身體！

紐：我瞭解，但是其他事情還在發展階段的同時，我們何不暫時先把決定放到一邊？告訴我，你一旦離開環界，接下來真正做了些什麼事？

人：有時候，我可能只是想一個人過一陣子。通常，我急著想知道朋友對我看過的那些生命有何意見，特別是像這麼艱難的一次。

紐：當然了。你有一個以上的選擇嗎？

人：(搖頭)我應該選這個……真是令人不舒服的決定。

紐：告訴我，蘇瑪斯，當你回族群的時候，你會跟其他朋友討論來世和他們其中一些人合作的可能嗎？

人：是的，我們經常這麼做。這些好朋友將出現在我的來世，好比我也加入他們的來世一樣。有些靈魂不會在某幾世出現。那沒關係。我們都彼此討論來世的生活。我要得到他們詳細的意見。你看，我們都那麼熟，不管是對方的優點、缺點，先前的成功和失敗，什麼該注意……那類的事。

紐：你去環界前，是否和他們討論你來世該成為什麼人的細節？

人：哦，有啊！間接談到，不是很具體。現在我已經看過史蒂夫了，其他人和他在那一世的可能關係還有一些空缺。所以我找喬談。

紐：喬是你的嚮導嗎？

人：是的，在我被送到環界去看人生之前，他聽我說了好多我覺得自己該成為什麼樣的人。

紐：好的，蘇瑪斯，你才剛從環界回到自己的族群裡。首先你做了什麼？

人：我談到這個非常不快樂的男人史蒂夫……沒有真正的媽媽……所有那些事……什麼樣的人將在他的身邊……還有他們的計劃……必須適合我們全體才行。

紐：你是指哪些靈魂將選擇哪幾個身體嗎？

人：是的，我們需要確定下來。

紐：靈魂的分配在這階段還可以協商嗎？還是大家只是來說離開環界後選擇的是哪一個身體？

人：沒有人會被勉強去做任何事。我們知道應該做什麼。喬……和其他人幫我們調整……他們被派來完成這個圖……(當事人的臉色轉為嚴肅)

紐：有什麼事正困擾著你嗎？蘇瑪斯。

人：(毫無喜色的態度)哦……我的朋友們離開了……其他人過來了……哦……

紐：我猜你將和其他靈魂討論一些事情。盡可能地放輕鬆。隨著我的指令，你將清楚地告訴我所有發生的事。你明白嗎？

人：(緊張)我明白。

紐：開始！你看到幾個靈魂？

人：有……四個……走向我……喬是其中一個。

紐：誰是第一個？

人：(抓起我的手)那是……艾恩……她想再度成為……我的媽媽。

紐：這靈魂是哈榮和史蒂夫的媽媽？

人：是的，她是……哦……我不要……

紐：怎麼了？

人：艾恩正告訴我時候到了……解決我們的事情……再度以母親和兒子的關係進入一個失序的人生。

紐：但是蘇瑪斯，難道你沒在環界看到史蒂夫的媽媽將嬰兒帶去教堂？

人：我看到這些人……可能性……那還是一個……抽象的考慮……那還不是真正的我。我猜自己需要人家更多的勸服，因為艾恩會在這裡是有原因的。

紐：我想這些剛剛才到的靈魂，沒有任何一個來自你的族群？

人：(嘆氣)不，他們不是。

紐：你和艾恩為什麼等了四千年的地球時間，才討論如何平衡你在阿拉伯對待她的行為？

人：地球的時間根本不具任何意義；它可以只是昨天的事。我只是還沒準備好補償自己身為哈榮時對她造成的傷害。她說這次的環境正適合執行這件事。

紐：如果你的靈魂選擇德州的史蒂夫，艾恩會不會認為這是你命中欠她的？

人：(停頓)我身為史蒂夫的人生並不是要接受懲罰的。

紐：我很高興你瞭解這點。所以，什麼是你要學習的？

人：去……感受家庭關係中的離棄……蓄意分離……

紐：母子之間蓄意造成的分離？

人：是的……完全瞭解什麼是被放逐的感覺。

紐：允許艾恩離開，讓其他靈魂加入我們，蘇瑪斯。

人：(苦惱)艾恩正飄向……喬……過來的是……哦！可惡——是塔魯和卡莉煦！(當事人在椅子上侷促不安。他用手掌向外推，試圖擋住心裡的那兩個靈魂。)

紐：他們是誰？

人：(急促)塔魯和卡莉煦曾經自願當史蒂夫——我的養父母。他們時常在一起。

紐：那，問題又是什麼？

人：我只是不要這麼快又跟他們在一起了！

紐：慢點，蘇瑪斯。你以前和這些靈魂在一起過？

人：(仍然喃喃自語)是的，是的——但是他們對我很嚴厲——特別是卡莉煦。太快了。他們是我在德國那世的岳父母。

備註：我們接著偏離了主題幾分鐘，簡短地談到蘇瑪斯在歐洲的那一世。當時他是個高階軍官，因為疏忽家庭，被太太那方深具影響力的父母鄙視。

紐：你是說塔魯和卡莉煦無法勝任你在德州的養父母角色？

人：(聽天由命地搖了搖頭)不，他們知道自己在做什麼。只是卡莉煦，她總是故意刁難。她選擇成為吹毛求疵、苛求、冷酷的人……

紐：她總是表現那樣的人類行為嗎？

人：嗯，那是她對我的行事風格。卡莉煦不是一個隨和的靈魂。她很獨立，又很堅定。

紐：你的養父塔魯呢？

人：嚴厲……讓卡莉煦主導……可以變得非常漠不關心……孤僻……我這次真的要反抗他們。

紐：好，但他們會讓你學到什麼吧？

人：是的，我知道他們會，但是我還是吵個不停。喬和艾恩來了。

紐：這次討論中你又說了什麼？

人：我要艾恩當我的養母。他們都笑了。喬不贊同我的解釋。他知道我和艾恩比較親。

紐：他們是在取笑你嗎？蘇瑪斯。

人：哦，不，絕對不是那麼一回事。塔魯和卡莉煦問我為什麼不願意和他們改掉我的缺點。

紐：好吧，我感覺你認為這些靈魂合夥逼你決定成為德州嬰兒。

人：不是那樣的。我們在討論我對那人生的不安。

紐：但是我以為你並不喜歡塔魯和卡莉煦？

人：他們瞭解我……我需要嚴苛的人，否則我會駕馭人家。這裡的每個人都認為我習慣縱容自己。他們說服我說，沒有他們的輕

鬆生活將像在踩水。他們都是很有紀律的。

紐：嗯，聽起來你似乎準備好隨他們去德州轉世了？

人：(沉思)是的⋯⋯他們將對身為孩子的我提出許多要求⋯⋯卡莉煦是冷嘲熱諷型的⋯⋯塔魯是個完美主義者⋯⋯失去艾恩⋯⋯那將不是一個好過的人生。

紐：扮演你父母的塔魯和卡莉煦將做些什麼事？

人：塔魯和卡莉煦和我不同⋯⋯在構造方面。我不會去搞亂他們的事。他們那麼固執是有原因的，因為他們必須克服傲慢。

紐：當你在地球時，你的靈魂心靈是否一直都知道那些正面或負面影響你的人在你生命中的重要性？

人：是的，但那並不表示我投胎的人類瞭解我靈魂所知道的事。(笑)那是我們應該在地球上弄清楚的事。

紐：也就是我們現在正在做的事？

人：算是吧⋯⋯我對你撒了一點謊，但是沒關係，我可以利用它。

對於我們為何難以透過意識的心靈去瞭解身為靈魂的知識，至今似乎仍然是個謎。到目前為止，我相信讀者已經發現，即使是在超意識的狀態下，我們確實還能以意識中一部分的明辨能力來觀察自己。藉由連結心靈的所有層面，協助當事人到達內在的自我，是我催眠治療工作中最重要的部分。

我要史蒂夫藉由瞭解他的靈魂領悟到自己行為的動機。以下的對話讓我們更瞭解到，為什麼蘇瑪斯要投胎成為史蒂夫的身體。結束了和喬、艾恩、塔魯和卡莉煦的靈界會面後，我引導蘇瑪斯到靈界某個安靜的場景來討論這個議題。

紐：蘇瑪斯，告訴我，你身為靈魂的真正本性，有多少表現在你投胎的人體上？

人：相當多——但兩者並不完全相似。(笑)好的身體和靈魂結合並不常發生，你也知道。我比較喜歡以前的某幾個身體。

紐：你覺得靈魂是主宰、還是臣服於人類的大腦？

人：很難回答，因為每個身體的大腦都有些微差異，影響到我們如何……以身體來展現自己。沒有我們，人體將相當的空茫……我們是很尊重每個身體的。

紐：你認為沒有靈魂的人體將會如何？

人：哦，被感覺和情緒主宰……

紐：而你認為不同人類的大腦會造成你不同的反應？

人：嗯，那是我……對於某些身體較能運用自如。我無法與所有人類的身體完全合而為一。有些肉體上的情緒會戰勝我，而我……不是很有效率。

紐：像是史蒂夫表現出來的高度憤怒，也可能是受這身體的中央神經系統所影響的嗎？

人：是的，我們會接手這些毛病……

紐：但你在選擇史蒂夫這個身體之前，也知道他是什麼樣的？

人：(反感)沒錯，這也是我把不好的情況搞得更糟的例子之一。我只有在人體的內心平靜時才能夠詮釋，而我也想成為暴怒的人。

紐：你說的詮釋是指什麼？

人：詮釋想法……理解史蒂夫對動亂的反應。

紐：坦白說，蘇瑪斯，你聽起來像是在史蒂夫身體裡的陌生人。

人：我很抱歉給你這種感覺。我們並不會去控制人類的心靈……我們試著以外形去……提升心靈，好讓它看到……世界的意義，以及接受道德……願意理解。

紐：那都很好，而你也以人類的身體幫助自己成長，不是嗎？

人：當然，那是……融合……我們以自己的能量施與得。

紐：哦，你裁製自己的能量來適應寄宿的身體？

人：應該是說，我會視每個身體不同的情緒反應，而使用不同的表達。

紐：讓我們說得更明確一點，蘇瑪斯。在這時刻，你和史蒂夫的大腦之間發生了什麼事？

人：我……感到……被掩蓋了……有時候我的能量疲乏，無法對那麼多的負面事情產生反應。

紐：回頭看看你對哈榮、史蒂夫，和其他人類身體的選擇，他們都有共同吸引你的特點嗎？

人：(長時間停頓)我是個愛交往的靈魂。我喜歡找那種讓自己忙著……積極與別人接觸的人類。

紐：當我聽到積極這個詞，讓我覺得有種挑釁的意味在，而不是自信的感覺。這是你想說的嗎？

人：(停頓)嗯……我被那種會影響別人的人吸引……啊，充滿活力的──全速馬力。

紐：你是那種喜歡控制他人的靈魂嗎？

人：我不會說是控制。我會避免那種和環境沒什麼互動的人。

紐：蘇瑪斯，當你試圖指揮其他生命裡的靈魂時，不就是在控制嗎？

人：(沒有回應)

紐：對於你的人際關係，喬是怎麼說的？

人：嗯……他說我喜歡把權力當作是工具，用來影響有裁決能力的人。我渴望在領導群體中佔有社會和政治地位。

紐：所以，你並不只想待在安靜而謙遜的人類身體裡？

人：當然不。

紐：(逼供)蘇瑪斯，難道你不會以身為哈榮在阿拉伯濫用權力而引以為樂嗎？還有，你以史蒂夫的身分在德州虐待員工時，不也讓你得到滿足嗎？

人：(大聲)不，那不是事實！當你試圖領導他人的時候，事情很

容易不按牌理出牌。把事情弄得一團糟是地球常有的情況。那並不全是我的錯。

紐：有沒有可能哈榮和史蒂夫的行為之所以走入極端，是因為你的靈魂在他們體內？

人：(沉重)我沒有做好，我知道……

紐：嘿，蘇瑪斯，我希望你知道，我不認為你是個壞靈魂，但是或許你容易受人類權威的象徵所誘惑，而使你現在變成一個和社會格格不入的人了。

人：(不安)你開始聽起來像喬了！

紐：我並沒想要那麼做，蘇瑪斯。或許喬是在幫助我們瞭解你的內在到底出了什麼事。

人：有可能。

　　史蒂夫和我已經有效地探觸到他的靈魂。我描述這個當事人時，好比他是兩個人似的，同時拉緊了介於他意識和非意識之間的弓弦。在我運用額外的方法拉近這兩個意識後，我以一連串的問題來結束這個階段。這期間最重要的是不容許他的心靈渙散開來，或是記憶變得分崩離析。為了助長反應的靈敏度，我的問題非常直接而且快速，好讓當事人的回答也跟著加快。

紐：蘇瑪斯，告訴我你原本為什麼接受史蒂夫的身體。

人：為了……克服我喜歡領導他人的欲望……總是希望被賦予責任……

紐：你靈魂的本性，是否和史蒂夫的人生方向衝突呢？

人：我不喜歡那部分的他——爭著當第一，同時想要以自我毀滅來逃避。

紐：如果這點和你矛盾，為什麼它還會存在？

人：……童年……悲傷……(停下來)

紐：我現在正在聽誰說話呢？蘇瑪斯，你為什麼不更主動地幫助身為史蒂夫的自己，克服被艾恩捨棄的羞恥和不被塔魯和卡莉煦所愛的童年而引起的憤怒呢？

人：……現在我已經長大了……並且管理其他人……不會再讓人傷害我了。

紐：蘇瑪斯，如果你和史蒂夫現在正以單一的身分跟我說話，我想知道為什麼你的生活方式如此具有自我毀滅性。

人：(長時間停頓)因為我的弱點是……在地球上使用權力自我保護。

紐：你覺得如果你不以成人的身分控制別人的話，你會被人像小時候那樣對待嗎？

人：(憤怒)是的！

紐：當你不滿意當初選的這個身體時，身為靈魂的你會怎麼做？

人：我……什麼都不理會……

紐：我懂了，但這要怎麼做呢？蘇瑪斯。

人：就是不要……太主動。

紐：因為你受到身體的情緒威脅嗎？

人：嗯……我把自己封閉起來。

紐：所以，你用迴避的方式，消極地面對你來地球所要學習的主要課程囉？

人：啊……嗯。

紐：史蒂夫，你的養父母對你不好，是不是？

人：是的。

紐：現在你看出是為什麼了嗎？

人：(停頓)為了瞭解老是被人批評的感覺。

紐：還有什麼？

人：為了……克服……以及成為完整的個體。(痛苦)我不知道……

紐：我想你其實知道，史蒂夫。告訴我呈現在大家面前那個有毛病的你。

人：(耽擱一陣子之後)假裝快樂——以飲酒和虐待他人來隱藏自己的感情。

紐：你想停止這種掩飾，然後好好工作嗎？

人：是的，我想。

紐：你真正想成為什麼樣的人？

人：(淚流滿面)我……我們不想對人不友善……但也不想冒險成為一個……什麼都不是的人……既沒受到尊敬也沒獲得認可。

紐：所以你騎虎難下？

人：(沉靜)是的，生命是如此痛苦。

紐：你認為這是意外嗎？

人：不，我看不是。

紐：史蒂夫和哈榮，跟著我說：『我要把痛苦還給艾恩、塔魯和卡莉照，他們是為我好才給我這些痛苦。我將繼續我的人生，成為真正屬於我本性的人。』(當事人跟著我重複了三次。)

紐：史蒂夫，你今後將如何表現真正的自己，並且負責讓自己進步呢？

人：(搞錯幾次後)學習變得更誠實。

紐：而且相信自己並不是社會的受害者？

人：是的。

在我再度強調史蒂夫瞭解自己的本性以及此生的任務後，這個案例也近尾聲了。我想幫他解脫，重新體認到身為人的價值，並且對社會有所貢獻。我們談到他對愛和恐懼的選擇，還有和真我頻繁溝通的必要。我覺得我們已經鋪好處理憤恨和缺乏親密的

基礎,我還提醒他往後持續心理輔導。大約一年以後,他寫信來說他恢復得很好,而且發現內心失落的赤子之心。史蒂夫瞭解到他過去的錯誤不是失敗,而是用來改進自己的工具。

案例二十七顯示,我們為自己設定的人生難題,通常始於童年時期。這就是為什麼靈魂在選擇家庭時,考慮得相當慎重。我們每個人投胎前,都自願成為某對父母的孩子,這觀念或許對有些人來說難以接受。儘管平均而言,許多人都體驗過來自雙親的愛,然而我們之中仍有不少人對那些親近我們、該保護我們卻沒有做到的人,存有尚未解決的傷害記憶。我們以為自己在毫無選擇的情況下,成為父母和家庭成員的受害者而長大,然而這種想法是錯誤的。

每當有人說自己因為家庭某些人的行為受到多大的傷害時,我對他們提出的第一個問題便是:「如果你不曾以孩子的身分遇到這個人,你現在缺乏瞭解的會是什麼?」這可能得花上一點時間,但答案終究在我們心裡。我們被某類型的人們扶養長大是有原因的,就像其他人被安排以成年人的身分接近我們的情況一樣。

瞭解自身的靈性意味著瞭解自己為什麼和父母、兄弟姊妹、配偶和好友的靈魂一起投胎。從親友身上得到的痛苦或快樂,通常都有其宿命上的目的。記住,在學習自己課程的同時,我們在地球上也扮演其他人戲劇人生的一部分。

有些人因為生活在恐怖的環境中,因而懷疑靈界是神明仁愛的殿堂。然而,當精神相連的靈魂因為事先的約定而以人間的愛恨關係結伴來地球投胎時,這便是仁愛的極致。克服這些人際關係中的厄難,亦可能表示未來不會再面臨相同的惱人關係。在地球超越這些試煉後,可以增強我們於新人生中的洞察力和靈魂的本性。

處於催眠狀態下的人們,或許難以釐清靈魂本性和人類自我

的差別。如果某個人類的性格於五官和基本欲求之外少有建設，也沒什麼靈性，那麼靈魂便是性格的全部。這就比方說，一個好妒的人所擁有的靈魂不會不好妒。

然而我的案例顯示，靈魂和所有表現在人類個性上的特性之間，還是存有細微的差異。案例二十七呈現了哈榮和史蒂夫在個性方面的相似和不同處。我們永恆的靈魂本性似乎是人類氣質的管理經紀人，我們或許會依據不同的身體來表達不同的自己。

當事人的靈魂顯然為了特定的成長形式，以本身的個性缺點為依據，找尋氣質上配合得來的人類身體。某個過度謹慎的低能量靈魂，可能偏好一個安靜、甚至是相當壓抑的人類，然而，靈魂若是受到鼓勵而去嘗試風險較高的一生，也可能選擇與自己本性完全相反的身體，在氣質方面屬於地球上神經質、雄心勃勃的類型。

靈魂藉由人腦細胞和智能的共生，既可付出又可獲得生命的心靈禮物。永恆意識所產生的深刻感情，和人類的情緒結合於個性中，本來也該如此。我們不需隨著生命的經歷而改變自己，只需改變我們對這些事件的負面反應。亞洲的佛教徒說，悟道是見到靈魂絕對的本性與人類的自我相互對照，並且於人生中因自我而生的作為。

在初級、中級和高級靈魂的章節中，我提供了關於靈魂成熟度的案例。我認為靈魂確實於寄宿的身體中，展現出本性的特定模式，而且對於肉體行為的影響力重大。然而，單就行為的特性便對靈魂的成熟度匆促做出判斷也容易出錯。靈魂設計的計劃有可能包括於某幾世中保存部分的能量，有時候已經有一定發展的靈魂會選擇某種負面行為，只為了特別去學習某類型的身體。

我們已經看到靈魂如何選擇某世想要的身體，但這並不表示它對那身體有絕對的控制力。在一些極端的案例中，和內在衝突

的分裂人格可能導致脫離現實的反應。我覺得這是靈魂無法總是與人類心靈合而為一的徵兆。我曾提到靈魂有可能被人類不穩定的情緒給埋葬掉，在死前成為受到污染的靈魂。如果我們被有形的身體佔據了心靈，或是人生隨著情緒的雲霄飛車起伏，靈魂便會被外在自我所顛覆。

　　歷史上許多偉大的思想家相信，靈魂不可能被人類的身體同化，而人類具備兩種智力；我則認為人類的靈感和想像力來自靈魂。靈魂還會激發人類的大腦。如果沒有靈魂，我們無從得知自己還能有多少推理能力，但我覺得寄宿於身體的靈魂提供我們悟性和抽象的想法。在遺傳和環境的先決條件下，靈魂則給予人類質感。

　　如果大腦真的有承襲而來的生物特性，包括原始的智力和發明的才幹，而且是與靈魂不相干的，那麼在選擇身體的議題上又產生了一個重要的問題。靈魂會選擇那些智力符合他們成長的身體嗎？舉例來說，比較進步的靈魂是不是會偏好聰明的人腦呢？審視過當事人在知識和學術上的成就後，我發現其中並沒什麼關聯；比較不成熟的靈魂並不會偏好資質較差的身體。

　　哲學家康德寫道，人腦只有意識的功能，並不是真正知識的來源。先不管所謂的身體選擇，我發現靈魂確實能透過人類的心靈展現獨特的本性。某人可能有高度的智力，卻在新環境的適應方面採取封閉的態度，對世界僅有少許的好奇。這點在我看來像個初級靈魂。如果我看到某人情緒平穩，興趣和能力專注、實在，而且志在幫助人類進步，我會猜這是個高級靈魂。也有靈魂追尋個人的價值遠勝於自我的需求。

　　靈魂在每一回新人生中，又得自不同的身體重新尋找真實的自我，聽起來似乎是個沉重的負擔。然而，對我們的困境並非不聞不問的靈界大師們，允許一絲曙光穿越我們失憶的封鎖區。當

時機成熟，而我們在地球上發現靈魂伴侶時，以及想起在環界見到人生的種種層面時，靈魂將於來世之前接受單純的輔導。我們將在下一章見到此過程進行的方式。

第14章

準備起航

　　針對選擇某個新人生和身體在身心方面的多重後果，靈魂在諮詢嚮導和同儕後，也就完成了投胎的決定。此時假設他們馬上就會來地球，倒也符合邏輯。然而，在這項輔導的重大準備尚未開始前，這一切都不會發生。

　　到目前為止，我確定大家已經瞭解從環界回來的靈魂，不只要做出來世最好的選擇，也要看如何配合這決定和他人在未來的戲劇人生中合作。在這齣彷彿大型舞台劇的人生中，我們將像男演員或女演員般扮演主角。我們在劇中所做的一切，都會影響劇本裡的其他次要角色(之所以次要，是因為他們不是我們)。他們演出的部分因我們而改變，我們的也因他們而改變，因為當戲碼正在上演的同時，腳本改變了(自由意志的結果)。人生舞台上，那些將與我們密切互動的靈魂是支持我們的陣容，每個人的角色突出，但我們將如何認識他們呢？

　　找尋靈魂伴侶和生命中其他重要的人，是許多來找我催眠的當事人最掛念的事。結果大多數的當事人在超意識的狀態下回答

了自己的問題，因為找尋這些靈魂是他們離開靈界的準備過程中，不可或缺的一部分。靈魂在此階段所去的空間，在靈界普遍被稱為識別區，或是識別課。我得知在這裡的活動就像是為了期末考所做的填鴨式衝刺。也有當事人用先修班這個詞來描述靈魂啟航回地球前，這段在靈界的加強課程。下一個案例談的就是這類的經歷。

為了更清楚地瞭解識別區的靈魂活動，或許應該先給靈魂伴侶這名詞下個定義。對許多人來說，我們最親近的靈魂伴侶就是配偶。然而，就像之前看到的那些案例，我們生命中重要的靈魂也可能是家庭的其他成員，或是某個親密的朋友。他們在地球和我們相處的時間可長可短。真正要緊的是他們在這裡時對我們的影響。

恕我甘冒過度簡化複雜議題的風險，將人際關係大致區分成幾個類別。首先，有一種牽涉到愛的關係，深刻到彼此一旦失去對方，真的都不曉得該怎麼活下去。這是一種身心上的吸引，強烈到沒有任何一方會懷疑彼此的重要性。

其次，也有一些基於夥伴、友誼、和相互尊敬的關係。最後，還有一種多半基於偶遇的關係，提供我們生命某種意義的成分。總之，靈魂伴侶可以藉許多形式現身，而遇見以上種種類別的人，並不像俄羅斯輪盤遊戲那樣隨機。

靈魂伴侶是派來幫助你和他們自己的同伴，以達成彼此的目標。這目標在最好的情況下，可以於不同場合中藉由相互支持而達成。至於認出朋友和愛人的靈魂，則取決於我們最高的意識，這在肉體和精神上都是很棒的神祕經驗。

在各種外形的偽裝下，遇到我們在靈界認識的人可以是和諧愉快、或是令人沮喪的。我們必須從人際關係中學習完全接受身邊的人，而且自己的快樂不是全靠他人而來的。曾經有些當事人

抱持自己並沒有和靈魂伴侶在一起的想法來找我，因為他們的婚姻和男女交往中有著太多的不安和失望。他們沒有理解到，宿命的學習課程為我們每個人設定了困難的標準，而內心的痛苦經驗則是謹慎的生命考驗。它們常是最困難的一種。

不論環境為何，人際關係是我們生命中最重要的一環。當時機與地點成熟，你第一次遇見為你人生帶來某種意義的人時，這是巧合？第六感？似曾相識？還是因果？一閃而逝的回憶——某種熟悉感是否在你心底拉扯？我建議讀者整理一下這類回憶，包括過去與重要人物的初次特殊相遇。是在學校嗎？這人住在你家附近嗎？在工作中或是娛樂時遇見他或她的？有人介紹你們認識嗎？還是純屬機緣？你在那一刻是什麼感覺？

我不喜歡去更改眾人稱呼理論上屬於愉悅的自發性會面，但是類似偶然、湊巧、或是衝動的描述並不適用於關鍵性的接觸，即使不用這些說法也無損其浪漫。牽涉到靈魂伴侶的案例中，我聽過許多親密靈魂的動人描述。他們穿越時空而來，在地球上某個特別地點的某個時刻以血肉之軀尋找對方。我們意識中的健忘的確會讓我們難以遇見特別的人。我們也可能在關鍵時刻轉錯身，錯失與對方的相遇。然而，靈界針對偶發事件備有事先安排的替代方案。

接下來案例中的對話，始於我詢問當事人此生投胎前之那一刻在靈界的活動過程。

◎ 案例 28 ◎

紐：是不是快接近你離開靈界去投胎的時間了？

人：是的……我差不多準備好了。

紐：離開環界後，你靈魂的心靈是否準備好成為你選擇的某人，以及會見地球上事先安排的那些人？

當：是的，每件事開始湧向我來。

紐：要是你對時代或是選擇的特定身體又有別的想法，你可以退出嗎？

人：(嘆氣)是的，我就那樣做過──我們都會──至少我所認識的人都曾有過，但是多數時候再來地球生活是很吸引人的。

紐：如果投胎的前一刻你反悔了呢？

人：並不會那麼……嚴格。我總是會討論各種可能性……下定決心前和嚮導以及同伴討論我對新人生的顧慮。嚮導知道我們何時會拋錨，不過我已經下定決心了。

紐：那，我很替你高興。告訴我，你一旦下定決心來地球，靈界還有什麼跟你有關的重要事情發生？

人：我必須去識別區上辨識課。

紐：你看那地方像什麼？

人：那是觀察性質的會面……和我的同伴……之後我才認得出他們。

紐：當我捻一下手指後，你將立刻進入這個課堂中。準備好了嗎？

人：好了。

紐：(以手指捻出聲響)對我說明你正在做什麼。

人：我……正飄進去……和其他人……去聽演講的人說些什麼。

紐：我想跟你一起去，但是你必須成為我的眼睛──可以嗎？

人：當然，但是我們要快一點。

紐：這地方看起來怎樣？

人：嗯……一個圓形禮堂，中間有個高起來的講台──那是演說者的位置。

紐：我們將要飄進去，然後坐在位子上嗎？

人：(搖頭)我們為什麼需要位子？

紐：只是隨便問問。有多少靈魂在附近呢？

人：哦……大約十到十五個……來世將和我來往頻繁的人們。

紐：這些就是你看到的所有靈魂？

人：不，你剛剛問的是我附近有多少。還有別人……遠一點還有成群的……來聽他們演說者的演講。

紐：你身邊這十或十五個靈魂全來自你的族群嗎？

人：有些是。

紐：這樣的聚會是不是與你前世結束後，在隧道遇見一些靈魂的情況相似？

人：哦，不，那裡比較安靜……只有我的家人。

紐：為什麼那個回鄉會面比我們現在的所在地安靜？

人：那時候才剛失去身體，我還渾渾噩噩的。在這裡，有許多對話正在進行，和一群走來走去的人……參與……我們的能量真的很高亢。聽著，我們必須快一點，我得去聽那些演說者說了些什麼。

紐：這些演說者是你的指導或嚮導嗎？

人：不，他們是幫演員提詞的人。

紐：有靈魂專門負責這方面的事情嗎？

人：是的，他們巧妙地給我們暗示。

紐：好，讓我們靠向這些提詞的人，你繼續告訴我發生了什麼事。

人：我們在講台周圍形成一個圓圈。提詞的人在中心飄來飄去——用手指頭指著每一個人說我們必須注意聽。我必須遵守才行！

紐：(降低聲音)我瞭解，我不會讓你漏聽任何一件事，但是請你解釋一下給暗示是什麼意思。

人：這個演說者被指派來告訴我們來世要找什麼。現在這些暗示被安置在我們心裡，成為人類後便能喚起我們的記憶。

紐：什麼樣的暗示？

人：旗幟——人生道路上的記號。

紐：你可以說得更清楚一點嗎？

人：在人生的某段期間，當重要的事情應該發生時，這些路標趕我們往新的方向去……我們必須知道這些暗示，才能認得出對方。

紐：這堂課發生在靈魂投胎到新人生之前？

人：當然了。我們必須記住細微的事……

紐：但是你們在環界不是已經事先看過來世的細節了嗎？

人：沒錯，但不是這麼細微的細節。此外，我當時並不認識所有和我在來世接觸的人。這堂課是最後的回顧……把我們所有的人聚集在一起。

紐：為了你們這些將影響彼此人生的人？

人：沒錯，這堂課主要算是先修班，因為我們不是到了地球後才去認對方的。

紐：你在這裡見到主要的靈魂伴侶嗎？

人：(臉紅)……她在這裡……還有我來世將會接觸到的其他人……或是他們透過一些方法聯繫到我……其他人也需要屬於自己的暗示。

紐：哦，原來這些靈魂是來自不同族群的混合。他們都將在彼此新的人生中扮演舉足輕重的角色。

人：(不耐煩)沒錯，你一直說話，害我聽不到……噓！

紐：(再次降低聲音)好，數到三後，這堂課將暫停幾分鐘，所以你不會錯過任何事。(輕聲)一、二、三。當你現在開始對旗幟和暗示多做說明時，演說者是安靜的。可以了嗎？

人：我想……可以。

紐：我接下來會稱這些暗示為記憶啟動器。你的意思是不是說，這裡的每個人都跟你有特別的啟動器？

人：那就是我們為什麼會被帶來這裡的原因了。這些人會在我生命中的某段期間出現。我必須試著去……記住一些……他們的行

為……看起來的樣子……行動……說話。

紐：而每個都會啟動你的記憶嗎？

人：是啊，我將會錯過一些。所謂的暗示是為了要馬上點醒我們的記憶，告訴我們：『哦，太好了，你現在在這裡。』在我們內心……我們可以對自己說：『是時候去進行下一階段了。』它們可能看起來微不足道，但這些旗幟是我們人生的轉捩點。

紐：如果人們錯過這些人生道路上的旗幟或辨識用的暗示，就像你所講的，因為你忘了演說者對你說過的話，或是你選擇忽視自己的意願而選了另一條路，結果會如何？

人：(停頓)我們可以有其他的選擇——或許不是那麼好——你可能堅持己見，但是……(停下來)

紐：但是，什麼？

人：(信念堅定)在這堂課以後，我們通常不會忘記這些重要的暗示。

紐：為什麼嚮導不直接告訴我們在地球上所需要的答案？為什麼讓我們過得渾渾噩噩，還得要靠暗示來記住事情？

人：這情形跟我們不是很清楚每件事便來地球的原因一樣。我們靈魂的力量會隨著本身的探索而成長。有時候，人生課程很快便得到解決……往往不會那麼順利。這一路上最有趣的就是轉捩點，我們最好不要忽視這些心靈的旗幟。

紐：好，我將從十數到一，當我數到一時，這堂課將再度開始，你會聽到演說者給予的暗示。我會等你舉起右手的食指後才說話。這是課程結束的暗號，而你將告訴我你必須記住的暗示。準備好了嗎？

人：好了。

備註：我數完後，等了一兩分鐘，當事人便舉起手指頭。這個簡單例子說明了對照地球和靈界的時間是毫無意義的。

紐：沒花多少時間嘛！

人：沒錯。演講的人有好多事情要跟我們大家說。

紐：我想這些用來辨識的暗示細節，現在已經牢記在你心裡了？

人：希望如此。

紐：很好，那麼告訴我這堂課結束前，你獲得的最後一個暗示。

人：(停頓)一個銀色的垂飾……當我七歲大的時候會看到它……我家附近的街上有個女人會帶在脖子上……她總是帶著它。

紐：這銀色的東西如何成為你的記憶啟動器呢？

人：(抽象化)它在陽光中閃爍……引起我的注意……我必須記得……

紐：(命令的語氣)你有能力組合你靈界和世間的知識。(將手放在當事人的前額上)為什麼認識這女人的靈魂對你如此重要？

人：我在街上騎腳踏車的時候遇見她。她面帶微笑……那銀色項鍊很耀眼……我問起它……我們變成了朋友。

紐：然後呢？

人：(惆悵)我們搬家前，我會跟她認識一段短暫的時間，那已經足夠了。她會讀書給我聽，告訴我人生，教我……尊重他人……

紐：當你漸漸長大，其他人會不會本身就成為某種暗示呢？或是提供旗幟來幫助你和他們聯繫？

人：當然，一旦時機成熟，也可能安排開場性質的介紹。

紐：你認識這裡大多數在地球上對你深具意義的人嗎？

人：是的，就算之前不認識，也會在這堂課裡見到他們。

紐：我想也會有人安排愛情關係的會面囉？

人：(笑)哦，那些媒人——是的，他們會那麼做，但是會面也可以是為了友情……把人們聚在一起幫助你的職業生涯……那類的事。

紐：那麼，這些在禮堂和其他地方的靈魂，將在你的人生中和你有各種不同的關係囉？

人：(熱情洋溢)是啊！我現在要聯繫的那個男的，是我棒球隊的。

另一個是畜牧業的合夥人——從小學開始成為我一輩子的朋友。

紐：萬一你在事業、愛情或什麼的遇到錯的人怎麼辦？那是不是表示你錯失了某個重要事件的暗示或紅色旗幟？

人：嗯……那不見得是個錯誤……可能是個跳躍點，推你走入人生的新方向。

紐：好的，現在告訴我，在這個先修班裡，你必須記得的最重要暗示是什麼？

人：梅琳達的笑容。

紐：誰是梅琳達？

人：我的妻子候選人。

紐：梅琳達的笑容有什麼要讓你記得的呢？

人：我們相遇時，她的笑將……聽起來像小鈴聲……鐘聲……我真的沒辦法描述給你聽。然後，我們第一次跳舞時她的香水味……一種熟悉的香氣……她的眼睛。

紐：所以關於靈魂伴侶，你事實上得到一個以上的啟動暗示嗎？

人：是的，我是如此愚鈍，我猜演說者認為我需要更多的線索。當我遇到對的人時，我不希望錯過。

紐：什麼是啟動她認出你的暗示？

人：(露齒笑)我的大耳朵……跳舞時踩到她的腳指頭……我們第一次抱對方的感覺。

　　有一句古老諺語說眼睛是靈魂之窗。當靈魂伴侶在地球相遇時，再也沒有比外形上的特徵來得更強烈的了。至於肉體的其他感官，我在前面章節提過，靈魂保有對聲音和氣味的記憶。演說者會將所有五種感官的感覺用來作為來世辨認的符號。

　　案例二十八的當事人因為我將他與那堂辨識課隔離，開始感到有些不舒服。我加強他視覺上繞著禮堂中央的講台飄來飄去(有

些人用不同的說法)。我給當事人一些時間去接受教學並和朋友交流，然後將他帶離這個地方。

　　我從不會在過程中趕當事人進出靈界的場景，因為我發現，這會妨礙到專注的程度和回憶。當我和這名當事人遠離了其他靈魂時，我跟他談到他的靈魂伴侶，梅琳達。我知道這兩個靈魂對以夫妻關係相處感到最舒服，儘管偶爾也會選擇以不同的關係在一起。在此階段，他們兩個想要確認在地球的這一世會聯繫到對方，而我也想追蹤實際發生的狀況。

紐：你和梅琳達來到了地球後，當兩人都還很年輕時，你們彼此住得近嗎？

人：不，我住在愛荷華，而她住在加州……(沉思)我在愛荷華認識的是克萊兒。

紐：你迷戀克萊兒嗎？

人：是的，我幾乎就要娶她了，不過還是結束了——否則將成為一個錯誤。克萊兒和我並不適合對方，但是因為從高中就在一起了，變成一種習慣。

紐：然後你離開家鄉，去了加州？

人：是的——克萊兒不希望我去，但是我父母想要離開農場，搬去西岸。我喜歡愛荷華，離開這裡和克萊兒對我來說不容易，她那時還在念高中。

紐：有沒有什麼暗示——比如旗幟之類的——幫你決定和父母一起搬走？

人：(嘆氣)是我姊姊對我搖著紅旗子。她說服我說，父母計劃去的那個城市對我會有更多的機會。

紐：你在靈界有看到你姊姊嗎？

人：哦，有啊！她屬於我的圓圈(族群)。

紐：克萊兒是你的靈魂伴侶之一嗎？

人：(停頓)比較像是朋友……只是朋友……

紐：對你來說，離開克萊兒很難嗎？

人：哦，是的……對她來說更難。在高中時我們互相吸引，比較屬於性方面的。那種迷戀並沒有真正的心靈相悉……在地球上很難搞清楚你和其他人該怎麼做……性是個大陷阱……我們可能會越來越厭倦對方。

紐：你和梅琳達對彼此外型的吸引，是否跟克萊兒的不一樣？

人：(停頓)當我和梅琳達在舞會上遇到時，她的身體對我而言具有強烈的吸引力……我猜她也喜歡我的樣子……但是我們彼此都還感覺到有些不一樣的地方……

紐：我要弄清楚這點。你和梅琳達在靈界是不是故意選擇在地球上會吸引對方的身體？

人：(點頭)在……某些程度上來說……但是我們會在地球上彼此吸引，是因為心裡存有對方應該是什麼長相的記憶。

紐：跳舞的場景開始啟動後，你心裡有什麼想法？

人：我現在可以看到全部了。我們的指導者也在那晚幫助我和梅琳達。我會去舞會是臨時起意的。因為我笨手笨腳，所以很討厭跳舞。我還不認識這個鎮裡的任何人，覺得自己很蠢，但我還是被引去那裡。

紐：你和梅琳達在靈界先修班的時候，是否曾經一起編寫這段跳舞的情景？

人：是的，我們當時很清楚。當我在舞會見到她時，根本忘了什麼是驚慌。我做了一件很不符合我個性的事……她正在和另一個男人跳舞，我打斷了他們。我第一次擁著她跳舞的時候，雙腳跟橡皮筋一樣靈活。

紐：你和梅琳達在那一刻還有什麼特別的感覺？

人：好像我們在另一個世界……很熟悉的感覺……跳舞時實在非常不可思議……知道某件重要的事情就要發生了，毫無懷疑……嚮導……相遇的意義……我們心跳加速，令人陶醉。

紐：那為什麼克萊兒會像個糾葛似的，較早出現在你的人生呢？

人：引誘我留在農場……我需要經歷的錯誤路徑之一……另一種生活。我離開後，克萊兒也找到了真命天子。

紐：如果你和克萊兒選擇在一起，而你也錯過姊姊這個旗幟暗示的話，那樣的人生會是一場災難嗎？

人：不會，只是不會像現在這麼好。我們會事先選擇一條主要的人生路徑，其他的選擇也一直都會存在，我們也能從中學習。

紐：在你許多世以來的輪迴中，你是否曾經選錯人生路徑，錯過一些暗示——像是改變工作、搬到另一個城鎮、或是遇到某個重要的人，只因為你在環界或識別區看到的細節被灌輸得不夠徹底？

人：(長時間停頓)暗示一直在那裡。但是，有時候我會駁回自己的……意願。我人生總有那樣一段時期，之所以改變方向是因為想太多、分析太多，或是因為同樣的原因而什麼事都不做。

紐：哦！所以你也可能沒依照靈界的計劃過日子？

人：是啊！那也可能沒有用……我們有權錯過紅旗子。

紐：嗯，我滿喜歡之前關於識別區的談話，我想知道這地方還為你之後的人生做了什麼安排。

人：(遙遠的聲音)是的，有時候當我對人生感到困惑，不曉得接下來該怎麼做時，我就會……比較自己曾經走過的路，想像人生未來可能的方向……然後我就知道該怎麼做了。

　　幫助當事人認出命中注定影響他們人生的人，是我工作中最有意思的一面。我相信那些因為人際關係來找我的人，他們之所以在人生的某個階段出現在我的辦公室裡，並非巧合。我是否因

為協助他們想起種種暗示而破壞了識別課的目的？我不這麼認為，基於兩個原因：他們還不該知道的事，可能並不會於催眠中得知；另一方面，很多當事人只是來確認他們早在心中臆測的事是否是真的罷了。

既然我本身得到三個特別暗示的眷顧才找到老婆，我也可以談談這方面的經驗。青少年時期，我都愛翻閱《看》(Look)雜誌，有一次看到漢彌頓(Hamilton)手錶的聖誕節廣告，上頭有一個漂亮的深髮模特兒，穿著白色的衣服。廣告的標題是——給珮姬，因為她戴的手錶是想像中的丈夫送來的禮物。一種不尋常的感覺在我心裡油然而生，之後我從未忘記這個名字或是臉孔。接著在我二十一歲生日時，我從一個摯愛的阿姨那裡得到相同牌子的手錶。

過了幾年，我在鳳凰城唸研究所，有個星期六正在洗一堆白色的衣服，突然間，第一個暗示在我心裡以這段話啟動了：「是時候了，該去見那個白衣女人。」我想要擺脫這個念頭，但是廣告裡的那張臉孔推開了其他所有的想法。我停下來，看著手上的漢爾頓錶，然後聽到一個命令說：「現在就去。」我想了想哪種人有可能穿白衣服，然後就像著了魔似的，去了鎮上最大的醫院，問服務台是不是有哪個護士符合那名字和外型。

他們說是有這麼一個人正在辦交接。我看到她後，因為她和我心裡想像的相似度而震驚極了。我們的會面有點尷尬和丟臉，但是後來當我們坐在大廳裡，卻像久未碰面的老朋友一樣，連續聊了四個鐘頭未曾休息——這絕對是真的。我一直等到結婚後，才告訴妻子那天跑到她醫院的原因，還有讓我找到她的線索。我不希望她以為我瘋了。事後我卻得知，在我們第一次見面那天，她曾經告訴被嚇到的朋友說：「我剛剛見到將來要嫁的人。」

對於一些重大邂逅，我給人們的建議是，不要對即將發生的事情太過理性化。我們有些最好的決定來自直覺。跟著你的直覺

走。當生命中某個特別時刻即將發生時,它往往就發生了。

許多靈魂啟航前的待辦事項之一,便是再度來到長老委員們的面前。雖然有些當事人只需見一次,多數人都會在死後和重生前見他們一面。靈界是個依序的擬人環境,長老希望加強靈魂重視來世的目標。有時候當事人與長老會面後,還會回自己的族群跟其他靈魂道別,而有些人則說他們立刻就去投胎了;經歷過後者的當事人,以下面這段話描述此場景。

「我的嚮導,瑪格拉,護送我到一個柔和的白色空間,像個充滿雲的地方。如往常一樣,我看到三個諮詢委員等著我。中間的長老似乎最具指揮的能量。他們三個都是橢圓形的臉、高高的顴骨、沒有頭髮、小巧的五官。他們在我眼中似乎沒有性別——不然就是忽男忽女的。我感覺很平靜。氣氛很正式,卻又不會不友善。每個都很和藹地輪流問我問題。他們全都清楚我所有的輪迴,但是不像大家所想的那樣頤指氣使。他們跟我要資料,以評估我的許多動機和以新身體努力的決心。我相信他們之前插手幫過我選擇來世的身體,因為我覺得他們在人生的選擇上是相當熟練的策劃家。委員們要我承諾自己的契約。他們跟我強調堅持的好處,以及即使身處逆境,也要保握住自身的價值。我常容易發怒,他們在審閱我過去的行為和對人事的反應時,特別提醒我這點。他們和瑪格拉給予我相信自己的啟示、希望和鼓勵,尤其遇到險惡的環境時,不要讓事情失控。然後,在我就要走的時候,他們舉臂給我心靈一個正面的能量霹靂,讓我帶著離開,彷彿是最後加強我自信的舉動。」

最初我發覺這兩次會面的奇異處是同族群的靈魂並不盡然去見同一組長老。有一陣子我以為其中應該有所關聯才對,因為同族群的成員都有相同的嚮導,但我錯了。在當事人的心中,即使是資深級的嚮導,在發展上也被認為比這些委員會的全能靈魂們

落後幾步。此委員會的成員類似席思在第十一章所說的長老，但是多了評估靈魂之人生的特殊責任。就某些方面來說，嚮導可以是靈魂的知己，然而這樣的熱絡並沒有延伸到長老身上。我也漸漸瞭解到長老和嚮導在權責方面的不同處，長老可以是許多族群的代表性靈魂。

顯然每個族群的成員都相當尊重這些過程的極度隱密性。他們將個人的長老委員們視如上帝。長老們沐浴在明亮的光芒中，整個場景有種神性的氣氛。某個當事人曾經這麼說：「當我們被帶到這些只住在靈界如此高尚場所的偉大靈魂前，證實了我們對創造源頭的感覺。」

第 15 章

<u>重　　生</u>

　　我們已經看到靈魂如何決定於地球的特定時間和地點來投胎，其中牽涉到的過程是靈界有次序的計劃。當我引導當事人接近離開靈界的那一刻起，他們的靈魂意識大多變得沉靜而內省，有些人則和朋友輕鬆地互相取笑。這些對於前程的反應多半取決於靈魂的個別差異，跟距離上一次的投胎間距沒什麼關聯。

　　重生是一個深邃的經驗。這些準備啟航前往地球的靈魂就像受過戰役鍛鍊的老手，讓自己處於備戰狀態。這是靈魂最後一次享受無所不知的機會，在適應新身體之前曉得自己究竟是誰。我最後一個案例是一名女性的靈魂，她將提供最近一次回地球的完整陳述。

紐：重生的時候到了嗎？

人：到了。

紐：你心裡對回地球的最主要想法為何？

人：在二十世紀生活的機會。那是一個充滿許多改變、令人興奮

的時代。

紐：你已經事先看過這一世了嗎？至少看過一部分了吧？

人：是的……我已經看過……(似乎分了心)

紐：關於來世，你是否還有什麼事情想告訴我的？

人：我正和波瑪(當事人的嚮導)最後一次就我案子(人生)的所有變數談談。

紐：這算是你和波瑪最後的離別會談嗎？

人：是的，可以這麼說。

紐：如果和我談談你來世視情況而改變的計劃，對你會有幫助嗎？

人：(聲音乾澀、相當微弱)我……認為可以直截了當……

紐：你的辨識課是怎麼進行的？我想你應該完成所有準備階段了吧？

人：(還是分心)啊嗯……我已經見過我案子的其他參與者了。

紐：你心裡那些為了在正確時機遇到正確的人的辨認暗示清楚嗎？

人：(緊張的笑意)啊……那些信號……我和其他人的協議……是的，都已經完成了。

紐：不要用任何方式去分析或審查你的想法，告訴我你此刻的感受。

人：我只是……讓自己集中，以便……一舉跳進新的人生……有點擔心……但也感到很興奮……

紐：你會不會有點害怕，或許還會懷疑自己是不是該去地球？

人：(停頓一下，然後快樂地說)有一點……顧慮……對於擺在眼前的事……離開我這裡的家……但是也為這機會感到高興。

紐：所以你離開靈界的心情是錯綜複雜的？

人：當時間迫近時大部分的人都是如此。有幾世在我投胎前，又有不同的想法……但是進度落後的話，波瑪會知道——你也曉得，在這裡是不可能隱瞞任何事情的。

紐：好，假設現在的情形是你一定得走。數到三，你決定去地球的時間已經非常確定，目前正處於離開靈界的最後階段了。一、

二、三！描述一下你現在發生了什麼事。

人：我跟每個人道別。這可能……滿困難的。(堅定地仰起頭來)不管怎樣，他們都希望我好。我離開他們了……獨自飄流。沒什麼多大推力……波瑪讓我得以集中念頭。當我準備得差不多的時候，他來送我……給我鼓勵……讓我安心……他知道我什麼時候準備好離開。

紐：我感覺你現在對重生更樂觀了。

人：是的，這是一段令人振奮和期待的時期……一個新身體……眼前的人生課程……

　　我現在準備讓當事人回到此生之前，離開靈界的最後一刻。經過正常的回溯過程後，我如同第一次帶她進入靈界一樣小心。一開始，先是增強當事人身邊已被安置的能量保護盾，然後運用額外的條件反射技巧，維持她的靈魂與加入地球時孩子般心靈之間的適當平衡。

紐：好，現在波瑪和你一起在靈界的出口。我要你深入內心，以慢動作的方式對我說明你的下一步。開始！

人：(停頓)我們……開始移動……以更快的速度。然後我意識到波瑪……離開我……變成只有我獨自一個人。

紐：你看到和感覺到什麼？

人：哦，我……

紐：維持現狀！你一個人更快地移動。然後呢？

人：(聲音微弱)……離開……斜向離開……經過許多白色的東西……離開……

紐：維持現狀！繼續回報給我……

人：哦，我正……通過……絲質衣服的摺邊……平滑……我在一

條帶子上……一個路徑……越來越快……

紐：繼續！不要停止說話。

人：每件事物都很模糊……我正滑下去……進入一條又長又暗的管道……空心的感覺……黑暗……然後……溫暖！

紐：你現在在哪裡？

人：(停頓)我覺得是在媽媽的身體裡。

紐：你是誰？

人：(咯咯笑)我在一個嬰兒的身體裡面——我是嬰兒。

　　當事人所描述的空心管道，應該不是母親的生育管道，而是類似靈魂於肉體死亡時通過的相同路徑。讀者或許會想，既然我已經在催眠中引導過許多當事人進出無數個前世，為什麼還要特別著眼在出生這件事上。原因有兩個：一，回顧前世並不包括出生的過程。我通常讓當事人以成年人的身分，直接從靈界到下一世；二，如果我讓當事人回到目前的身體中，並且決定要他們重新經歷出生的感覺，對有些人來說，我就得在他們醒來後去除任何一點不舒服的感覺。

　　此時，我應該多提供一點關於靈魂和嬰兒的普遍資訊。所有當事人都告訴我，靈魂從靈界轉換到嬰兒心靈的過程，比回靈界快得多。此差異的原因何在？肉體死亡後，我們的靈魂穿過時間隧道，以循序漸進的方式通過靈界入口。之前我們已經看到，回靈界的路程比來地球更循序漸進，以便讓剛獲自由的靈魂適應環境。然而，當靈魂進入嬰兒的身體時，我們的狀態是無所不知的，這在精神上比肉體結束時更快適應環境。當然，在媽媽子宮裡的同時，我們等於有額外的時間來調適。

　　然而，即使有待在母親身體裡的這段時間，並不表示我們完全準備好去面對出生時突如其來的震動、醫院刺眼的光線、突然

呼吸到空氣和第一次以肉體受人照料。我的當事人們說，比起死亡的時刻，出生時所帶來的實質衝擊還要大得多。

　　靈魂在出生前的某一段時刻會小心地碰觸並進一步加入這敏感、發展中的嬰兒腦袋。當靈魂決定進入嬰兒的身體時，顯然那小孩並無接受或拒絕的選擇自由。從第一次進入的那一刻起，靈魂的人生便開始計時了。依個別靈魂的意願而定，這樣的連結可以在母親懷孕期間的早期或晚期產生。我曾遇過一些案例是靈魂將結合的時間定在出生前的最後一分鐘，但是這種情形並不尋常。我的資料顯示，即使靈魂很早就進入嬰兒的身體，似乎也會在母親懷孕的期間，不時跑到子宮外頭消遙。

　　出生之後，靈魂和肉體的結合便完全固定下來，成為夥伴關係。永恆的靈魂接著成為發展中人類自我的領悟中心。靈魂帶來的靈性力量是無限知覺的傳統產物。雖然我說過，靈魂或許會受限於精神上受到傷害的人類，但他們從未被困住。除了死亡後離開身體外，靈魂也可能在身體睡著時、深沉打坐時，或是手術麻醉時進出身體。在一些大腦嚴重受創和昏迷的案例中，靈魂也會缺席比較久。

　　案例二十九的當事人接著說明靈魂與新的人類身體結合時之創造美。此出生前智慧的生命力結合與案例一所描述的死亡場景，讓我們看到生命的完整循環。

紐：嗯，我很高興你安全抵達了，而且在新身體裡安然無恙。

人：都已經過了五個月了(從懷孕開始算起)。

紐：以小孩的成熟度而言，這是你通常抵達的時間嗎？

人：過去幾世以來……我曾在不同的時間抵達……視嬰兒、母親，和我即將展開的人生而定。

紐：身為靈魂，如果這個嬰兒在母親懷孕期間因為任何原因從母

親的子宮流掉,你會痛苦嗎?

人:一個嬰兒究竟會不會出生,我們會知道的。若是沒有出生,我們並不會感到意外。我們也許還會在附近安撫那個小孩。

紐:那,如果小孩並沒有出生,你們的人生任務也一起流掉了嗎?

人:不,對這樣的小孩來說,就不會有完整的人生任務。

紐:有些流產掉的嬰兒是不是從未有過靈魂?

人:那要看他們有多大。那些很早就夭折的嬰兒通常不需要我們。

備註:這問題在過去,就如現在一樣被熱烈討論。十三世紀時,天主教會發現為了靈魂的存在,必須為沒有出世的嬰兒建立指導原則。聖多馬斯亞奎那(St. Thomas Aquinas)和其他中世紀的神學家任意決定靈魂在受孕四十天後便進駐嬰兒的身體了。

紐:假設某個嬰兒將會出生,你曉不曉得其他靈魂和這些孩子的聚集習慣嗎?

人:(漫不經心)哦,有些因為覺得無聊,會比其他靈魂更愛到處飄,不時進出嬰兒的身體直到出生。

紐:你通常都在做什麼?

人:我是中等,我想。事實上,我不會在某段時刻花費太多時間在嬰兒身上,因為那會變得很無聊。

紐:好,讓我們回到你媽媽的身體裡,留在那裡一段時間。當你並沒有和這未出生的嬰兒在一起時,你都做些什麼?

人:(開懷而笑)你想知道事實嗎?我告訴你,我──我在玩!這是離開的好時間,純粹遊蕩……當嬰兒還不太會動的時候。我和一些做同樣事情的朋友一起玩,在地球上跳來跳去,互相拜訪……到有趣的地方……那些我們前世曾一起住過的地方。

紐:你和其他靈魂難道不覺得,離開未出世的嬰兒這麼長的一段時間,是在逃避你在地球上應擔當的責任嗎?

人:(自衛)哦,快樂一點!誰說是長時間?我不會那麼做的!不

管怎樣，我們艱難的人生習題尚未開始。

紐：當你離開這嬰兒一段時間，你在地球附近的哪個星球上？

人：我們還是在地球上……也試著別太毛躁。我們閒逛的地方多半是在嬰兒的附近。我不希望你以為我們跟未出生的嬰兒之間沒什麼事情可做。

紐：哦……？

人：(繼續)我為這嶄新的心靈而忙，即使它還沒完全準備好。

紐：那我們何不多談談這方面的事？當你的靈魂進入嬰兒的身體，與這新身體共度一生時，告訴我這項任務的範圍。

人：(深深嘆息)一旦我寄宿到某個孩子身上，就必須讓自己的心靈與其大腦同步。我們必須習慣彼此，就像合夥人一樣。

紐：其他人也是這樣告訴我的，但是你和這個嬰兒馬上就能情投意合了嗎？

人：嗯……我在孩子的心靈裡，但也是分開的。我起先慢慢來。

紐：好，你何不說明一下你和這嬰兒的心靈做了些什麼？

人：那是很細緻的，不能太急。我先是溫和地探究……標明連結處……縫隙……每個心靈都是不一樣的。

紐：在這孩子的心靈裡，和你有任何衝突嗎？

人：(柔和)啊……剛開始有點輕微的抵抗……當我追蹤路徑時，它無法完全接受……那很平常……直到熟悉起來(停下來靜靜笑了一陣子)。我一直撞到自己！

紐：當你和這嬰兒整合的時候，它何時受你靈魂的強迫而加入？

人：你用「強迫」這個詞，讓我很不舒服。我們從來不會強迫自己進入未出生的嬰兒體內。我的追蹤已經謹慎地完成了。

紐：你得花好幾世去學習追蹤一個人類的大腦嗎？

人：嗯……要一陣子……新靈魂會在這方面得到協助。

紐：因為你代表了單純的能量，所以你追蹤的是不是大腦電波的

連結，比方說神經傳導、神經細胞之類的？

人：(停頓)嗯，差不多……但我可沒有擾亂任何東西……當我試著瞭解嬰兒腦波的形式時。

紐：你說的是心靈的思路管制佈線嗎？

人：就是一個人如何轉化信號的能力。沒有任何小孩是一模一樣的。

紐：請對我完全坦白。難道你的靈魂不會接掌這個心靈，讓它屈服你的意願嗎？

人：你不瞭解，那是一種合併。在我抵達前，有個……空白，讓我得以填補，使這嬰兒成為完整的個體。

紐：你帶來智力？

人：我們擴展原有的東西。

紐：你可以說得更明確一點嗎？你的靈魂實際上提供什麼給人類的身體？

人：我們帶來……對事情的理解……辨別大腦所見的事實。

紐：你確定最初這孩子不會認為你是她心靈裡的外來者？

人：不，這就是為什麼我們是與尚未發展的心靈合而為一。她會把我當作朋友……一個雙胞胎……將成為她的一部分。就好像這嬰兒等著我來似的。

紐：你認為較高層的力量為你準備這個嬰兒嗎？

人：我不知道，看來似乎如此。

紐：你這項合而為一的工作是在出生前完成的嗎？

人：不完全是，但是出生時我們便開始相互彌補。

紐：所以，這項過程確實花了些時間囉？

人：當然，當我們彼此調適的時候。而且，就像我告訴你的，我有時候還會每隔一些時間就離開這個未出生的嬰兒。

紐：但是那些出生前最後一分鐘才加入嬰兒的靈魂呢？

人：哼！那是他們的作風，不是我。他們得在搖籃裡開始他們的工作了。

紐：在身體幾歲的時候，你的靈魂才停止離開小孩？

人：大概在五、六歲左右。我們通常在孩子開始上學時，便可以運用自如。在這年紀的孩子們，很可以放他們自己去。

紐：你沒有義務得一直和你的身體在一起嗎？

人：如果身體把事情搞砸了──我就會像子彈一樣飛回去。

紐：你和其他靈魂到處玩樂的時候，怎麼會知道事情有變化？

人：每個腦袋都有自己的波動形式──就像指紋一樣。如果指派給我們的嬰兒遇到麻煩，我們馬上就知道。

紐：所以，你一直注意著這個指派給你的嬰兒──內外皆有──在成長的早期階段嗎？

人：(引以為傲)哦，是的，我也注意著父母。他們可能會在嬰兒的附近吵架，造成擾亂的震動。

紐：這情形要是發生的話，身為靈魂的你會怎麼做？

人：盡可能讓孩子平靜下來。透過嬰兒接觸父母，使他們安靜。

紐：給我一個你能接觸到父母的例子。

人：哦，用兩手撥弄父母的臉，讓這嬰兒在他們面前笑。這一類的事讓嬰兒更受到父母的鍾愛。

紐：身為靈魂，你可以掌握嬰兒運動神經的動向嗎？

人：我是……我。我能推動一點點大腦控制動作的部分，有時候也可以搔搔讓小孩發笑的地方……我會做任何帶給家庭和諧的事。

紐：告訴我在母親子宮裡的感覺。

人：我喜歡這種溫暖又舒服的愛。大部分的時間有愛……有時候是壓力。無論如何，我利用這段時間思考，並且計劃出生後要做什麼。我也回想前世的生活，懷念與其他身體合作的機會，這會給我鼓勵。

紐：你前世和靈界的記憶還沒被封鎖？

人：那是出生後才開始。

紐：嬰兒出生後，還會意識到靈魂是誰以及依附的原因嗎？

人：(停頓)孩子的心靈根本沒什麼發展，所以無法理解這類的訊息，不過仍會有部分這方面的知識作為安撫之用，之後逐漸遺忘。在我說得出來的這一刻之前，這類資訊被深鎖在心裡，也是本來應該的方式。

紐：所以你在孩童時期，對前幾世仍保有瞬間即逝的記憶嗎？

人：是的……我們會做白日夢……像小時候那樣的玩法……編故事……有想像出來的朋友……但會逐漸消失。在人生的最初幾年，嬰兒懂的比想像中還多。

紐：好，現在是你此生落地的前一刻。告訴我你正在做什麼。

人：我正在聽音樂。

紐：什麼音樂？

人：我正在聽爸爸放的音樂——讓他非常輕鬆——幫助他思考，我有點為他擔心。

紐：為什麼？

人：(咯咯笑)他想要一個男孩，但是我就快要改變他的想法了！

紐：所以說，這段期間對你來說很有意義囉？

人：(堅定)是的，我忙著計劃以人身來這世界以及第一次呼吸的適當時間。這或許是我能靜下來考慮來世的最後一個機會。當我出去時——我會用跑的。

結　語

本書關於靈魂於肉體死亡後依然存在的內容，是我一生所能發現我們為何在這裡的最佳註解。這些年以來，為了尋找人生意義所花費的時間，並未能讓我準備好去面對那一刻——當某個催眠中的當事人，打開了通往永恆世界的大門。

和我交情最久的朋友，現在是一名天主教神父。當我們還是在山坡上、和沿著洛杉磯海岸步行的小男孩時，我們討論過許多哲學性的東西，但離我們的精神信念還遠得很。他曾告訴我：「我相信你一定很勇敢，才能成為一個無神論者，而且不相信此生以外的任何事物。」我當時並沒那麼想，即使多年以後也是一樣。從五歲開始，我有很長一段時間被父母送到軍事化管理的寄宿學校。那種被遺棄和孤獨的感覺是如此強烈，以至於我除了相信自己之外，並不相信有任何更高的力量。現在我理解到，力量是以一種看不到的巧妙方式賦予在我身上的。我和朋友至今仍對靈性持有不同的理解方式，但我們今日都深信，這宇宙中的秩序與目的皆來自一個更高的意識。

回想起來，我認為人們會來找我催眠應該不是巧合——藉由這種我可以相信的真實媒介——告訴我這個充滿靈魂的世界中，

有關嚮導、天堂般的通道、靈界的研修團和創造本身。甚至到現在，有時我會覺得那些描述靈界和他們在那裡之所在地的人，像是心靈的闖入者，然而他們的知識給了我方向。我依然懷疑自己為什麼是本書關於靈界知識的傳話人，而不是那些原本就很少會嘲諷和懷疑的人。事實上，案例中的人們才是帶給未來希望的真正傳話人，而不是報導者。

感謝那些來找我幫助的人，讓我學到我們是誰以及來自何方。他們讓我理解到，靈魂在地球之主要使命的某個層面，是即使與我們真正的家切斷了連線，精神上仍要生存下去。基本上靈魂在人類的身體裡是孤獨的。在短暫的有形生命中，靈魂在地球上的孤立感使得意識上更難相信此生以外存在任何事物。我們的懷疑誘使我們只想執著於看得見的有形世界。在浩瀚的宇宙大海中，地球只是銀河系周圍一端的一顆沙粒——這樣的科學知識只會加深我們無足輕重的感受。

為什麼地球上的其他生物不會關心死後的生命？難道只是因為我們的自我膨脹，所以討厭把生命想成是短暫的？還是因為我們可以聯繫到更高力量呢？有人覺得對死後的任何想法只不過是一廂情願。我自己就曾經如此認為。然而，我們不是為了生存而被偶然創造出來的——此項觀念是有邏輯可循的。我們確實在宇宙的系統中運作，而這個系統為了某個原因，引導自我作出有形的轉換。我相信是我們靈魂的聲音告訴我們，我們確實有不願死的人性。

我所有談到死後生命的檔案中，並沒有科學基礎足以證明這些當事人所說的是真的。對於那些覺得本書內容太過空前而難以接受的讀者們，我只企盼一件事：除了覺得自己可能有個永遠的本性外，假如你們無法認可其他內容，我認為自己的成就也不少了。

對於那些想要相信有某種東西高於自己的人來說，最難理解的是這世上為何有如此多負面的因果關係，邪惡就是最常見的例子。當我問當事人，仁愛的上帝為何讓痛苦存在時，令人意外的是他們的回答並沒有多大的差異。他們說我們的靈魂自創造者而生，其完全和平的狀態有意讓我們搆不著，我們才會因此更努力奮鬥。

我們從錯誤中學習。因為缺乏優點而曝露出我們本質最重大的缺陷。不好的事物是為了考驗我們，否則我們將失去讓世界更好的動機，也沒有衡量進步的方法。當我問當事人，如老師般的聖靈為何對我們時而寬容時而震怒時，他們有些人回答說，創造者為了某些特別的結果，只對我們展示某些特性。比方說，如果我們將邪惡與審判、慈悲與善良相提並論，而如果上帝只允許我們曉得慈悲，那就不會有審判了。

本書呈現許多層次之靈性能量的秩序與智慧。某項來自高級靈魂們的重要訊息是，我們宇宙的上帝有可能只是幾近完美。如此一來，絕對的完美便延伸到甚至更高的神性源頭了。

我因為本身的工作關係，逐漸相信我們活在一個蓄意被設計成不完美的世界裡。地球是具有聰慧生物之數不盡的世界之一，每個世界都有自己一套不完美的標準來維持和諧。若將這種想法進一步擴展出去，我們可能只是活在許多宇宙中的某個單次元空間裡，而每個宇宙都有自己的創造者以不同的熟練程度治理著，類似本書所看到的靈魂進展。在此萬神殿之下，我們個別住處的神祇被允許以他或她的，甚至是它的方法來治理一切。

如果經由我們努力而變得更有智慧之靈魂創造者的角色如同我們的父母，讓其後裔來到我們宇宙中的星球，那麼，我們是否有可能還有更具神性的祖父母，也就是絕對的上帝？最接近我們的上帝，如同我們一樣仍在求進步的觀念，並不會對那生產神的

至終完美源頭造成任何損失。依我看,至高無上、完美的上帝不會因為允許不盡完美的優越後裔更趨成熟而失去全能,或失去對天地萬物的控制。這些次要的神被允許去創造他們自己不盡完美的世界,以便作為最後啟迪的工具,進而加入至終的上帝。

顯然我們必須接受宇宙中神的干預。如果只是因為神會以痛苦作為教學工具,而認為他們不是最好的,那麼,我們還是得視此為所能擁有的最佳狀況,將自身存在之目的視為神的禮物。當然了,這種想法不是那麼容易傳達給正在遭受肉體痛苦的人,比方說末期病患。生命中的痛苦是特別潛伏的禍害,可以封鎖住我們的靈療力量,尤其如果我們仍處於無法接受的試驗期時,而這些試驗期也是事先注定好的。終其一生,我們的命運是被設計的,因此每個試驗對我們來說都不會大到難以承受。

在泰國北部山裡的一個吳哥廟內,某個僧尼曾經提醒我一個簡單的事實。「生命,」他說:「是供來自我表達的工具,只有在我們聆聽心靈時,才會給予我們所求之物。」這類表達的最高形式是仁慈的行為。我們的靈魂或許離開永恆的家,旅行至遙遠的地方,但我們並不只是觀光客而已。為了自己和別人而成長至更高意識的過程中,我們身負重任。因此,我們的旅程是一個集體的旅程。

我們具備神性,但不完美,活在物質和精神的兩個世界中。當我們學習主宰自己和獲取知識的同時,我們注定要在宇宙的空間和時間之間往返穿梭。我們必須以耐心和決心相信這樣的過程。我們的本質在多數有形的寄宿體中,並非無所不知的,但是從不會失去自我,因為我們總是和這兩個世界保持連結。

不少具備高級靈魂的當事人提到,靈界有個持續增長的現象,亦即「改變地球的遊戲規則」。這些人說當他們於地球早期文化中投胎時,比較不會那麼容易忘掉自我和靈界的生活。似乎近數

千年以來，我們意識中對永生的記憶被封鎖得更緊了，此點促成我們在自我能力的超越上喪失了信心。地球滿是對生命的意義感到空虛而沒有希望的人。缺乏與永生連結的我們，加上隨處可得的毒品和人口過剩的問題，已經造成上頭議論紛紛了。我聽說，近幾世紀經常來地球投胎的許多靈魂們，一旦有機會挑選，就會選擇去比較沒有壓力的世界。有些開通的地方在不會造成思鄉病的情況下，讓靈魂記得許多靈界的事情。於千禧年之際，引導地球命運的大師們似乎也做了些改變，允許我們終其一生中，獲得更多瞭解自己是誰和為什麼來這裡的訊息。

或許在我這項工作中——揭露當事人心靈裡關於靈界存在的事實，最令人滿意的部分是這類意識形態的知識在他們身上產生的效果。曉得我們有個充滿愛的永恆之家等著我們，最大的好處就是接納心靈裡更深奧的靈性力量。我們的歸屬一旦獲得確認，心靈也獲得了平靜；並不是只為了尋求衝突的避風港，而是與宇宙心靈一起統合我們自己。有一天，我們所有的人將完成這段長途旅程，並且到達一種智慧的終極狀態；在那裡，一切皆可達成。

國家圖書館出版品預行編目資料

靈魂的旅程／Michael Newton 作；曾怡菱 譯.
-- 初版. -- 臺北縣淡水鎮：十方書，2003 [民 92]
　面；　公分
譯自：Journey of souls:case studies of life between lives
ISBN 957-28650-0-5(平裝)

1. 靈界　2. 死亡　3. 輪迴

175.9　　　　　　　　　　　　　　92005364

十方書有限公司(02)26260218
http://hon.com.tw

書名：靈魂的旅程 Journey of Souls

作者：Dr. Michael Newton

譯者：曾怡菱

經銷：成信文化事業股份有限公司 (02)22496108

排版：豪鎰電腦排版 (02)23022619

印刷：瑞明彩色印刷有限公司 (02)29917945

民國 92 年 4 月初版
定價 280 元